傳記文學

激荡百年的回响

蔡元培传稿

蔡元培 王云五 等著

传记文学书系

主 编 崔 灿 彭明哲 曾德明
编 委 刘书乔 冯文丹 田 丹

岳麓书社·长沙

"传记文学书系"是我社根据台湾《传记文学》的内容，采其精华、分类汇编的一套大型丛书。《传记文学》自1962年6月创刊至今，发表传记文字与民国史料字数逾亿。本着"为史家找材料，为文学开生路"的宗旨，以轻松隽永的文学笔法书写严肃的近代真人真事，为国家存信史，为名人留伟绩，为平民录亲历。主要内容包括自传、评传、年谱、回忆录、口述史、名人日记、重要手迹、珍贵史料、史事研究等，是中国近现代史最丰富的资料宝库，深受海内外史学界与历史爱好者青睐。

已出书目

从北大到台大：元气淋漓傅斯年	傅斯年 毛子水 等著
激荡百年的回响：蔡元培传稿	蔡元培 王云五 等著
逝者如斯：罗家伦的世界	罗家伦 毛子水 等著
王映霞自传：一个知识女性的独立史	王映霞 著
中国留美幼童书信集	高宗鲁 译注
遥想大学当年：我的大学	邹树文 李济 等著

总　序

岳麓书社依据台湾的《传记文学》，分类编纂，陆续出版"传记文学"书系，这是两岸文化交流史上的大事，是中国近代史和中华民国史研究的大事、喜事。

1962年2月5日，时值春节，曾在北大读书的刘绍唐向当年的校长胡适拜年，谈起胡适长期提倡传记文学，而始终未见实行，他向老师透露，自己正准备创办《传记文学》月刊。胡适虽肯定其志，却以为其事甚难，办月刊，哪里去找这么多"信而有征"的文字，因此不大赞成。不料当年6月1日，绍唐先生主编的《传记文学》竟在台北出刊了。自此，直到2000年2月10日，绍唐先生因病在台北去世，历时38年，共出版453期。每期约30万字，453期就是约13590万字。此外，传记文学出版社还出版了"传记文学丛书"和"传记文学丛刊"，其中包括《民国人物小传》《民国大事日志》等许多民国历史方面的著作。

尽人皆知，绍唐先生没有任何背景，不接受任何政治集团、经济集团的支持，只身奋斗，孤军一人，却做出了台湾官方做不出的成绩，创造了中国出版史上不曾有过的奇迹。因此，绍唐先生被尊为"以一人而敌一国"，戴上了"野史馆馆长"的桂冠。

我在大学学习中国文学，毕业后业余研究中国哲学，1978年4月，调入中国社科院近代史研究所，参加《中华民国史》的编写，自此，即与绍唐先生的《传记文学》结下不解之缘。在众多历史刊物中，《传记文学》最为我所关注。但是，我和绍唐先生相识则较晚，记得是在1995年9月，纪念抗战胜利50周年之际。当时，台湾史学界在台北召开学术讨论会，我和其他大陆学者31人组团越海参加。这是海峡两岸学者之间交流的起始阶段，有如此众多的大陆学者同时赴会，堪称前所未有的盛事。我向会议提交的论文《九一八事变后的蒋介石》，根据毛思诚所藏《蒋介石日记类抄》未刊稿本写成。当时，蒋介石日记存世一事，还不为世人所知，绍唐先生很快通知我，《传记文学》将发表该文。9月3日，闭幕式晚宴，由绍唐先生的传记文学出版社招待。各方学者，各界嘉宾，济济一堂。我因事略为晚到，不料竟被引到主桌，和绍唐先生同席。那次席上，绍唐先生给我的印象是热情、好客、豪饮。次年，我应"中研院"近史所所长陈三井教授之邀访问该所，在台北有较多停留时间。其间，我曾应绍唐先生之邀，到传记文学出版社参观。上得楼来，只见层层叠叠，满室皆书，却不见编辑一人。绍唐先生与我长谈，详细介绍《传记文学》创刊的过程及个人办刊的种种艰辛。绍唐先生特别谈到，办刊者必须具备的"眼力""耐力""定力"等条件，可惜，我没有记日记的习惯，未能将绍唐先生所谈追记下来，至今引为憾事。绍唐先生交游广阔，文友众多，因此宴集也多。每有宴集，绍唐先生必招我参加，我也欣然从远在郊区的南港住所赴会。许多朋友，例如旅美华人史学家唐德刚等都是在这样的场合下认识的。在台期间，台北史学界为纪念北伐战争70周年，召开北伐及北伐史料讨论会，我根据原藏俄罗斯等处的档案，撰写《1923年蒋介石的苏联之行及其军事计划》一文参加，绍唐先生不仅到会，而且当场确定《传记文学》将发表拙文。我离开台北前，绍唐先生再次将我引到他的藏书室，告诉我，凡传记文学出版社出版的图书，喜欢什么就拿什么。我因为"近史所"已赠我大量出版物，又不好意思，只挑选了《陈济棠自传稿》《傅孟真先生年谱》《朱家骅年谱》和李济的《感旧录》等有限几种，回想起来，至今仍觉遗憾。

绍唐先生自述，他有感于两岸的文士因为历史原因等种种关系，"许多史实难免歪曲"，因此，创办此刊，以便"为史家找材料，为文学开生路"。我觉得，绍唐先生的这两个目的，比较成功地达到了。政治对学术，特别是对历史学的干预，古已有之，但是，学术特别是以真实为最高追求目标的历史学，又最忌政治和权力的干预。绍唐先生在台湾的白色恐怖余波犹在的年代，能够不怕"因稿贾祸"，创办刊物，发行丛书，保存大量中国近代史特别是民国史资料，供千秋万代的史家和史学爱好者采用，这是功德无量的盛事、盛业。刊物虽标明"文学"，但是，取文、选文却始终恪守历史学的原则，排斥任何虚构和想象，这也是值得今之史家和文家们借鉴和注重的。

绍唐先生去世后，《传记文学》由中国新闻界的前辈成舍我先生的后裔续办，至今仍是华人世界中的著名历史刊物，衷心希望绍唐先生的事业和精神能长期传承，永放光彩，衷心希望"传记文学"书系的出版，能得到读者的喜欢，助益历史学的繁荣和发展。

杨天石
2015年5月于北京东城之书满为患斋

凡 例

一、原文的繁体竖排改成简体横排。

二、原文中脱、衍、讹、倒之处，均径改，不另加注说明。

三、原文中专名（人名、地名、书名等）及其译名皆一仍其旧，其中或有跟现今通行者有较大区别，而可能导致阅读障碍的，由编者加注进行说明。

四、原文中词语与标准用法有不同者，为尊重作者用语习惯及时代与地域差异等，不做修改，一仍其旧。

五、原文中标点符号的使用有不统一及不符合标准用法的，一仍其旧，其中或有可能导致阅读障碍的，由编者重新标点。

六、原文中的汉字数字不予变为阿拉伯数字，个别阿拉伯数字也不再统一为汉字。但注释部分为统一体例，版本年代及页码均采用阿拉伯数字，以便明晰。

七、所引文章中的纪年，1949年10月1日前的民国纪年一仍其旧，1949年10月1日后均采用公历纪年。

八、原文中1949年10月1日前对于中国共产党和国民党政治机构及职务的称呼均予保留，只对个别明显不符合历史事实的文字做了必要的删改。

九、原文中1949年10月1日中华人民共和国成立后，台湾地区自称"中国""政府"及其政治机构、职务名称、"涉外"用语等，本书均加引号，以示区分。

十、原文中由于作者政治立场等原因，本书做了极个别的删节，不另加说明。但为保留资料的完整性，尊重原文及作者观点，文中难免偶有不妥之处，相信读者自能甄别分辨。

| 目录 |

自叙生平有遗篇

蔡元培自述		002
蔡元培先生传略（选载）		037
蔡孑民先生自传之一章	萧 瑜	082
蔡元培（孑民）小传	陶英惠	087

弟子僚佐话当年

蔡孑民先生与我	王云五	098
对于蔡先生的一些回忆	毛子水	119
随侍蔡先生的经过及我对他的体认	姜绍谟	124
宁粤和谈追随蔡先生的经过	程沧波	134
学人、通人、超人	梅恕曾	142
蔡先生为我解决困难及其遗风对台大的影响	洪炎秋	146
对"卯"字号前辈的一些回忆	何 容	153
蔡元培先生与"国父"的关系	黄季陆	156

蔡元培与胡适	赵家铭	177
蔡元培与中国民权保障同盟	关国煊	194
蔡元培先生的革命思想与活动	邓嗣禹	207
青山有幸埋忠骨	关国煊	233

国子学中名祭酒

蔡先生任北大校长对近代中国发生的巨大影响	陶希圣	264
蔡元培先生与北京大学	罗家伦	270
蔡校长对北大的改革与影响	陈顾远	283
蔡元培先生与中央研究院	孙常炜	291
我最崇敬的蔡董事长	程本海	309
蔡先生的文化思想及与北大中公的两件事	杨亮功	314
我的姑丈及其教育理想	周　新	320

众贤评说蔡先生

蔡先生的贡献	王云五	328
蔡先生的生平事功和思想	王世杰	336
想念蔡元培先生	林语堂	347
蔡元培先生的旧学及其他	蒋复璁	350
蔡元培先生的百岁生日	孙德中	357
关于研究蔡先生的史料	陶英惠	361

自叙生平有遗篇

蔡元培自述

一、我所受旧教育的回忆

我六岁（以阴历计，若按新法只四岁余）入家塾，读《百家姓》《千字文》《神童诗》等。本来初上学的学生，有读《三字经》的，也有读《千家诗》或先读《诗经》的，然而我没有读这些。我读了三部小书以后，就读四书。四书读毕，读五经。读小书、四书的时候，先生是不讲的，等到读五经了，先生才讲一点。然而，背诵是必要的，无论读的书懂不懂，读的遍数多了，居然背得出来。

读书以外，还有识字、习字、对句的三法，是我了解文义的开始。识字是用方块字教的，每一个字，不但要念出读法，也要说出意义。这种方法，现在儿童教育上还是采用的，但加上图画，这是比从前进步了。习字是先摹后临，摹是先描红字，后用影格；临则先在范本的空格上照写，后来将帖子放在面前，在别的空白纸上照写。初学时，先生把住我的手，助我描写，熟练了，才自由挥写。对句是造句的法子，从一个字起，到四个字止，因为五字以上便是作诗，可听其自由造作，不必先出范句了。对句之法，不但名词、动词、静词要针锋相对，而且名词中动、植、矿与器物、宫室等，静词中颜色、性质与数目等，都要各从其类。例如先生出了"白马"，学生对以"黄牛""青狐"等，是好的；若用"黄金""狡狐"等作对，就不算好了。先生出了"登高山"，学生对以"望远海""鉴止水"等，是好的；若用"耕绿野""放四海"等作对，用颜色、数目来对性质，就不算好了。其他可以类推。还有一点，对句时兼练习四声的分别。例如平声字与平声字对，侧声字与侧声字对，虽并非绝对不许，但总以平侧相对为正轨。又练习的时候，不但令学生知道平侧，而且在侧声中上、去、入的分别，也在对句时随时提醒了。

我的对句有点程度了，先生就教我作八股文。八股文托始于宋人的经义，本是散文的体裁，后来渐渐参用排律诗与律赋的格式，演成分股的文体，通常虽称八股，到我学八股的时候，已经以六股为最普通了。六股以前有领题，引用题目的上文，是"开篇"的意义，六股以后又有结论，可以见自领题到结论，确是整篇。然而，领题以前有起讲（或称小讲）十余句，百余字；起讲以前有承题，约四五句，二十余字；承题以前有破题，仅二句，十余字。这岂不是重复而又重复吗？我从前很不明白，现在才知道，这原是一种练习的方法。先将题目的一句演为两句（也有将题目的若干句缩成两句的，但是能作全篇的人所为）；进一步，演为四句；再进一步，演为十余句；最后乃演为全篇。照本意讲，有了承题，就不必再有破题；有了起讲，就不必再有破题与承题；有了全篇，就不必再有破、承与起讲。不知道何时的八股先生，竟头上安头，把这种练习的手续都放在上面，这实是八股文时代一种笑柄。我所以不避烦琐，写出，告知未曾作过八股文的朋友。

我从十七岁起，就自由地读考据、词章等书籍，不再练习八股文了。

二、我在北京大学的经历

北京大学的名称，是从民国元年（一九一二）起的。民国元年以前，名为京师大学堂，包括师范馆、仕学馆等，而译学馆亦为其一部。我在民元前六年（一九〇六）曾任译学馆教员，讲授国文及西洋史，这是我为北大服务之第一次。

民国元年，我长教育部，对于大学有特别注意的几点：第一，大学设法、商等科的，必设文科；设医、农、工等科的，必设理科。第二，大学应设大学院（即今研究院），为教授、留校的毕业生与高级学生研究的机关。第三，暂定国立大学五所，于北京大学外，再筹办大学各一所于南京、汉口、四川、广州等处（是时想不到各省均有办大学的能力）。第四，因各省的高等学堂本仿日本制，为大学预备科，但程度不齐，于入大学时发生困难，乃废止高等学堂，于大学中设预科。（此点后来被胡适之先生等所非难，因各省既不设高等学堂，就没有一个荟萃较高学者的机关，文化不免落后，但自各省竞设大学后就不必顾虑了。）

是年，政府任严幼陵君为北京大学校长。两年后，严君辞职，改任马相伯君。不久，马君又辞，改任何锡侯君。不久又辞，乃以工科学长胡次珊君代理。民国五年（一九一六）冬，我在法国，接教育部电，促回国，任北大校长。我回来，初到上海，友人中劝不必就职的颇多，说北大太腐败，进去了，若不整顿，反于自己的声名有碍。这当然是出于爱我的意思。也有少数的说，既然知道它腐败，更应进去整顿，就是失败也算尽了心。这也是爱人以德的说法。我到底服从后说进北京。

我到京后，先访医专校长汤尔和君，问北大情形。他说："文科预科情形可问沈尹默君，理工科的情形可问夏浮筠君。"汤君又说："文科学长如未定，可请陈仲甫君，陈君现改名独秀，主编《新青年》杂志，确可为青年的指导者。"因取《新青年》十余本示我。我对于陈君，本来有一种不忘的印象，就是我与刘申叔君同在《警钟日报》服务时，刘君语我："有一种在芜湖发行之白话报，发起的若干人，都因困苦及危险而散去了，陈仲甫一个人又支持了好几个月。"现在听汤的话，又翻阅了《新青年》，决意聘他。从汤君处探知陈君寓在前门外一旅馆，我即往访与之订定，于是陈君来北大任文科学长，而夏君原任理科学长，沈君亦原任教授，一仍旧贯；乃相与商定整顿北大的办法，次第执行。

我们第一要改革的，是学生的观念。我在译学馆的时候，就知道北京学生的习惯。他们平日对于学问并没有什么兴会，只要年限满后，可以得到一张毕业文凭。教员是自己不用功的，把第一次的讲义照样印出来，按期分散给学生，在讲坛上读一遍。学生觉得没有趣味，或瞌睡，或看看杂书，下课时，把讲义带回去堆在书架上。等到学期、学年或毕业的考试，教员认真的，学生就拼命地连夜阅读讲义，只要把考试对付过去，就永远不再翻一翻。要是教员通融一点，学生就先期要求教员告知他出的题目，至少要求表示一个出题目的范围。教员为避免学生的怀恨与顾全自身的体面起见，往往把题目或范围告知他们，于是他们不用功的习惯，得到一种保障了。尤其北京大学的学生，是从京师大学堂"老爷"式学生嬗继下来的（初办时所收学生都是京官，所以学生都被称为老爷，而监督及教员都被称为中堂或大人）。他们的目的，不但在毕业，而尤注重在毕业以后的出路，所以专门研究学术的教员，他们不见得欢迎。要是点名时认真一点，考试时严格一点，他们就借个话头反对他，虽罢课也在所不惜。若是一位在政府有地位的人来兼课，虽时时请假，他们还是欢迎得很，因为毕业后可以有阔老师做靠山。这种科举时代遗留下来的劣根性，是于求学上很有妨碍的。所以我到校后第一次演说，就说明"大学生当以研究学术为天职，不当以大学为升官发财之阶梯"。然而，要打破这些习惯，只有从聘请积学而热心的教员着手。

那时候因《新青年》文学革命的鼓吹，我们认识了留美的胡适之君。他回国后，即请到北大任教授。胡君真是"旧学邃密"而且"新知深沉"的一个人，所以一方面与沈尹默、沈兼士兄弟及钱玄同、马幼渔、刘半农诸君以新方法整理国故，一方面整理英文系。因胡君之介绍而请到的好教员，颇不少。

我素信学术上的派别是相对的，不是绝对的，所以每一种学科的教员，即使主张不同，若是"言之成理，持之有故"的，就让他们并存，令学生有自由选择的余地。最明白的，是胡适之君与钱玄同君等，绝对地提倡白话文学，而刘申叔、黄季刚诸君仍极端维护文言的文学，那时候就让他们并存。我相信为应用起见，白话文必要盛行，我也常常作白话文，也替白话文鼓吹，然而我也声明：作美术文用白话也好，用文言也好。例如我们写字，为应用起见，自然要写行楷，若江艮庭君用篆隶写药方，当然不可；若是为人写斗方或屏联，即写篆隶章草，有何不可？

那时候各科都有几个外国教员，都是托中国驻外使馆或外国驻华使馆介绍的。学问未必都好，而来校既久，看了中国教员的阑珊，也跟了阑珊起来。我们斟酌了一番，辞退几人，都按着合同上的条件办理。有一法国教员要控告我，有一英国教员竟要求英国驻华公使朱尔典来同我谈判，我不答应。朱尔典出去后说："蔡元培是不要再做校长的了。"我也一笑置之。

我从前在教育部时，因各省高等学堂程度不齐，故改为各大学直接的预科，不意北大的预科，因历年校长的放任与预科学长的误会，竟演成独立的状态。那时候预科受了教会的影响，完全偏重英语及体育两方面，其他科学比较落后，毕业后若直升本科，则发生困难。预科中竟自设了一个预科大学的名义，信笺上亦写此等字样。于是不能不加以改革，使预科直接受本科学长的管理，不再设预科学长。预科中主要的教课，均由本科教员兼任。

我没有本校与他校的界限，常常为通盘打算，求其合理化。是时北大设文、理、工、法、商五科，而北洋大学亦有工、法两科，北京又有一工业专门学校，都是国立的。我以为无此重复的必要，主张以北大的工科并入北洋，而北洋之法科，克期停办。得北洋大学校长同意及教育部核准，把土木、工矿、冶金并到北洋去了，把工科省下来的经费用在理科上。我本来想把法科与法专并成一科，专授法律，但是没有成功。我觉得那时候的商科，毫无设备，仅以一种普通商业学教课，于是并入法科，使已有的学生毕业后停止。

我那时候有一个理想，以为文理两科是农工、医药、法商等应用科学的基础，而这些应用科学的研究时期仍然要归到文理两科来，所以文理两科必须设各种研究所，而此两科的教员与毕业生必有若干人是终生在研究所工作，兼任教员，而不愿往别种机关去的。所以完全的大学，当然各科并设，有互相关联的便利。若无此能力，则不妨有一大学专办文理两科，名为本科，而其他应用各科，可办专科的高等学校，如德、法等国的成例，以表示学与术的区别。因为北大的校舍与经费，绝没有兼办各种应用科学的可能，所以想把法律分出去，而编为本科大学，然没有达到目的。

那时候我又有一个理想，以为文理是不能分科的。例如文科的哲学，必植基于自然科学，而理科的学者最后的假定，亦往往牵涉哲学。从前心理学附入哲学，而现在用实验法，应列入理科。教育学与美学，也渐用实验法，有同一趋势。地理学的人文方面，应属文科，而地质、地文等方面属理科。历史学自有史以来属文科，而推原于地质学的冰期与宇宙生成论，则属于理科。所以把北大的三科界限撤去，而列为十四系，废学长，设系主任。

我素来不赞成董仲舒罢黜百家、独尊孔氏的主张。清代教育宗旨有"尊孔"一款，已于民元（一九一二）在教育部宣布教育方针时说他不合用了。到北大后，凡是主张文学革命的人，没有不同时主张思想自由的，因而为外间守旧者所反对。适有赵体孟君以编印明遗老刘应秋先生遗集贻我一函，属约梁任公、章太炎、林琴南诸君品题。我为分别发函后，林君复函，列举彼对北大怀疑诸点。我复一函与他辩，这两函颇可窥见那时候两种不同的见解，所以抄在下面。

林君来函：

鹤卿先生太史足下：

与公别十余年，壬子始一把晤，匆匆八年，未通音问，至以为歉。属辱赐书，以遗民刘应秋先生遗著嘱为题词，书未梓行，无从拜读，能否乞赵君作一短简事略见示，谨撰跋尾归之。

呜呼！明室敦气节，故亡国时殉烈者众；而夏峰、梨洲、亭林、杨园、二曲诸老，均脱身斧钺，其不死幸也！我公崇尚新学，乃亦垂念逋播之臣，足见名教之孤悬不绝如缕，尚望我公为之保全而护惜之，至慰至慰。虽然，尤有望于公者：大学为全国师表，五常之所系属。近者外间谣诼纷集，我公必有所闻，即弟亦不无疑信，或且有恶乎阚茸之徒，因生过激之论。不知救世之道，必度人所能行；补偏之言，必使人以可信。若尽反常轨，侈为不经之谈，则毒粥既陈，旁有烂肠之鼠；明燎宵举，下有聚死之虫。何者？趋甘就热，不中其度，则未有不毙者。方今人心丧敝，已在无可救挽之时，更侈奇创之谈，用以哗众。少年多半失学，利其便己，未有不糜沸麇至而附和之者，而中国之命如属丝矣。晚清之末造，慨世者恒曰去科举，停资格，废八股，斩豚尾，复天足，逐满人，扑专制，整军备，则中国必强。今百凡皆遂矣，强又安在？于是更进一解，必覆孔孟，铲伦常为快。呜呼！因童子之羸困不求良医，乃追责其二亲之有隐瘵逐之，而童子可以日就肥泽，有是理耶？外国不知孔孟，然崇仁、仗义、矢信、尚智、守礼，五常之道未尝悖也，而又济之以勇。弟不解西文，积十九年之笔述成译著一百二十三种，都一千二百万言，实未见中有违忤五常之语，何时贤乃有此叛亲蔑伦之论，此其得诸西人乎，抑别有所授耶？

我公心右汉族，当在杭州时间关避祸，与夫人同茹辛苦，而宗旨不变，勇士也！公行时，弟与陈叔通惋惜，公行未及一送，申伍异趣，各衷其是。盖今公为国宣力，弟仍清室举人，交情固在，不能视若冰炭，故辱公寓书殷殷于刘先生之序跋，实隐示明清末季，各有遗民，其志均不可夺也。弟年垂七十，富贵功名前三十年视若弃灰，今笃老尚抱守残缺，至死不易其操。前年梁任公倡马班革命之说，弟闻之失笑。任公非劣，何为作此媚世之言。马班之书，读者几人，殆不革而自革，何劳任公费此神力？若云死文字有碍生学术，则科学不用古文，古文亦无碍科学。英之迭更①，累斥希腊、拉丁、罗马之文为死物，而今仍存者。迭更虽躬负盛名，固不能用私心以蔑古，矧吾国人尚有何人如迭更者耶？须知天下之理，不能就便而夺常，亦不能取快而滋弊。使伯夷、叔齐生于今日，则万无济便之方。孔子为圣之时，时乎井田封建，则孔子必能使井田封建一无流弊；时乎潜艇飞机，则孔子必能使潜艇飞机不妄杀人，所以名为时中之圣。时者与时不悖也，卫灵问阵，孔子行；陈恒弑君，孔子讨。用兵与不用兵，亦正决之以时耳。今必曰天下之弱，弱于孔子。然则天下之强，宜莫强于威廉；以柏灵②一隅，抵抗全球，皆败衄无措，直可为万世英雄之祖，且其文治武功、科学商务，下及工艺，无一不冠欧洲，胡为悱悱为荷兰之寓公？若云成败不可以论英雄，则又何能以积弱归罪孔子？彼庄周之书最摈孔

---

① 指迭更司，今译作狄更斯。——编者
② 今译作柏林。——编者

子者也，然《人间世》一节，又盛推孔子。所谓人间世者，不能离人而立之谓，其托颜回、叶公子高之问难孔子在陈以接人处众之道，则庄周亦未尝不近人情，而忤孔子。乃世士不能博辩为千载以上之庄周，竟咆勃为千载以下之桓魋，一何其可笑也。且天下唯有真学术、真道德，始足独树一帜，使人景从。若尽废古书，行用土语为文字，则都下引车卖浆之徒所操之语，按之皆有文法，不类闽广人为无文法之啁啾；据此则凡京津之稗贩，均可用为教授矣。若《水浒》《红楼》皆白话之圣，并足为教科之书；不知《水浒》中辞吻多采岳珂之《金陀粹编》，《红楼》亦不止为一人手笔，作者均博极群书之人。总之非读破万卷，不能为古文，亦并不能为白话。

若化古子之言为白话演说，亦未尝不是。按《说文》，演，长流也，亦有延之广之之义。法当以短演长，不能以古子之长演为白话之短。且使人读古子者须读其原书耶，抑凭讲师之一二语即算为古子？若读原书，则又不能全废古文矣。矧于古子之外尚以《说文》讲授，《说文》之学，非俗书也，当参以古籀，证以钟鼎之文。试思用籀篆可化为白话耶？果以籀篆之文杂之白话之中，是试汉唐之环燕与村妇谈心，陈商周之俎豆为野老聚饮，类乎不类？弟闽人也，南蛮鴃舌，亦愿习中原之语言，脱授我者以中原之语言，仍令我为舌龂之闽语可乎？盖存国粹而授《说文》可也，以《说文》为客，以白话为主不可也。乃近来尤有所谓新道德者，斥父母为自感情欲，于己无恩，此语曾一见之随园文中，仆方以为拟于不伦，斥袁枚为狂谬，不图竟有用为讲学者。人头畜鸣，辩不胜辩，置之可也。彼又云武曌为圣王，卓文君为名媛，此亦拾李卓吾之余唾；卓吾有禽兽行，故发是言。李穆堂又拾其余唾，尊严嵩为忠臣。试问二李之名，学生能举之否？同为埃灭，何苦增兹口舌？可悲也！

大凡为士林表率，须圆通广大，据中而立，方能率由无弊。若凭位分、势力，而施趋怪走奇之教育，则唯穆罕默德左执刀而右传教，始可如其愿。今全国父老以子弟托公，愿公留意以守常为是。况天下溺矣，藩镇之祸，迩在眉睫，而又成为南北美之争。我公为南士所推，宜痛哭流涕助成和局，使民生有所苏息；乃以清风亮节之躬，而使议者纷集，甚为我公惜之。此书上后可以不必示复，唯静盼好音，为国民端其趋向！故人老悖，甚有幸焉！愚直之言，万死万死！林纾顿首。

我的复函：

琴南先生左右：

于本月十八日《公言报》中得读惠书，索刘应秋先生事略。忆第一次奉函时，曾抄奉赵君原函，恐未达览，特再抄一通奉上，如荷题词，甚幸。

公书语长心重，深以外间谣诼纷集为北京大学惜，甚感。唯谣诼必非实录，公爱大学，为之辨正可也。今据此纷集之谣诼，而加以责备，将使耳食之徒，益信谣诼为实录，岂公爱大学之本意乎？原公之所责备者，不外两点：一曰"覆孔孟，铲伦常"；二曰"尽废古书，行用土语为文字"。请分别论之。

对于第一点，当先为两种考察：（甲）北京大学教员，曾有以"覆孔孟，铲伦常"教授学生者乎？（乙）北京大学教授，曾有于学校以外，发表其"覆孔孟，铲伦常"之言论者乎？

请先察"覆孔孟"之说。大学讲义，涉及孔孟者，唯哲学门中之中国哲学史。已出版者，为胡适之君之《中国上古哲学史大纲》，请详阅一过，果有"覆孔孟"之说乎？特别讲演之出版者，有崔怀瑾君之《论语足征记》《春秋复始》。哲学研究会中，有梁漱溟君提出"孔子与孟子异同"问题，与胡默青君提出"孔子伦理学之研究"问题。尊孔者多矣，宁曰覆孔？

若大学教员，于学校以外，自由发表意见，与学校无涉，本可置之不论。今姑进一步而考察之，则唯《新青年》杂志中偶有对于孔子学说之批评，然亦对于孔教会等托孔子学说以攻击新学说者而发，初非直接与孔子为敌也。公不云乎："时乎井田封建，则孔子必能使井田封建一无流弊；时乎潜艇飞机，则孔子必能使潜艇飞机不妄杀人……卫灵问阵，孔子行；陈恒弑君，孔子讨。用兵与不用兵，亦正决之以时耳。"使在今日，有拘泥孔子之说，必复地方制度为封建，必以兵车易潜艇飞机；闻俄人之死其皇，德人之逐其皇，而曰必讨之，岂非昧于"时"之义，为孔子之罪人，而吾辈所当排斥者耶？

次察"铲伦常"之说。常有五，仁义礼智信，公既言之矣。伦亦有五，君臣、父子、兄弟、夫妇、朋友。其中君臣一伦，不适于民国，可不论。其他父子有亲，兄弟相友（或曰长幼有序），夫妇有别，朋友有信，在中学以下修身教科书中，详哉言之。大学之伦理学，涉此者不多，然从未有以父子相夷、兄弟相阋、夫妇无别、朋友不信教授学生者。大学尚无女学生，则所注意者自偏于男子之节操。近年于教科以外，组织一进德会，其中基本戒约，有不嫖、不娶妾两条。不嫖之戒，决不背于古代之伦理。不娶妾一条，则且视孔孟之说为尤严矣。至于五常，则伦理学中之言仁爱、言自由、言秩序、戒欺诈，而一切科学，皆为增进知识之需。宁有铲之之理欤？

若大学教员，有于学校以外发表其"铲伦常"之主义乎？则试问有谁何教员，曾于何书、何杂志，为父子相夷、兄弟相阋、夫妇无别、朋友不信之主张者？曾于何书、何杂志，为不仁、不义、不智、不信及无礼之主张者？公所举"斥父母为自感情欲，于己无恩"，谓随园文中有之。弟则忆《后汉书·孔融传》，路粹枉状奏融有曰："前与白衣祢衡跌荡放言，云：父之于子，当有何亲？论其本意，实为情欲发耳；子之于母，亦复奚为？譬如寄物瓨中，出则离矣。"孔融、祢衡并不以是损其声价，而路粹则何如者？且公能指出谁何教员，曾于何书、何杂志，述路粹或随园之语，而表其极端赞成之意者？且弟亦从不闻有谁何教员，崇拜李贽其人而愿拾其唾余者。所谓"武曌为圣王，卓文君为名媛"，何为曾述斯语，以号于众，公能证明之欤？

对于第二点，当先为三种考察：（甲）北京大学是否已尽废古文而专用白话？（乙）白话果是否能达古书之义？（丙）大学少数教员所提倡之白话的文字，是否与引车卖浆者所操之语相等？

请先察"北京大学是否已尽废古文而专用白话"。大学预科中有国文一科，所据为课本者，曰模范文，曰学术文，皆古文也。其每月中练习之文，皆文言也。本科中国文学史、西洋文学史、中国古代文学、中古文学、近世文学；又本科预科皆有文字学，其编成讲义而付印者，皆文言也。于《北京大学月刊》中，亦多文言之作。所可指为白话体者，唯胡适之君之《中国古代哲学史大纲》，而其中所引古书，多属原文，非皆白话也。

次考察"白话果是否能达古书之义"。大学教员所编之讲义，固皆文言矣。而上讲坛后，决不能以背诵讲义塞责，必有赖于白话之讲演；岂讲演之语，必皆编为文言而后可欤？吾辈少时读《四书集注》《十三经注疏》，使塾师不以白话讲演之，而编为类似集注、类似注疏之文言以相授，吾辈岂能解乎？若谓白话不足以讲《说文》、讲古籀、讲钟鼎之文，则岂于讲坛上当背诵徐氏《说文解字系传》、郭氏《汗简》、薛氏钟鼎疑识之文，或编为类此之文言而后可，必不容以白话讲演之欤？

又次考察"大学少数教员所提倡之白话的文字，是否与引车卖浆者所操之语相等"。白话与文言，形式不同而已，内容一也。《天演论》《法意》《原富》等，原文皆白话也，而严幼陵君译为文言。小仲马、迭更司、哈德①等之所著小说，皆白话也，而公译为文言。公能谓公及严君之所译，高出于原本乎？若内容浅薄，则学校报考时之试卷，普通日刊之论说，尽有不值一读者，能胜于白话乎？且不特引车卖浆之徒而已，清代目不识丁之宗室，其能说漂亮之京话与《红楼梦》中宝玉、黛玉相埒，其言果有价值欤？熟读《水浒》《红楼梦》之小说家，能于《续水浒》《红楼复梦》等书以外，为科学、哲学之讲演欤？公谓《水浒》《红楼》作者，均"博极群书之人。总之非读破万卷，不能为古文，亦并不能为白话"。诚然，诚然。北京大学教员中，善作白话文者，为胡适之、钱玄同、周启孟诸君。公何以证知为非博极群书，非能作古文，而仅以白话文藏拙者？胡君家世从学，其旧作古文，虽不多见，然即其所作《中国哲学史大纲》言之，其了解古书之眼光，不让清代乾嘉学者。钱君所作之文字学讲义、学术文通论，皆古雅之古文。周君所译之域外小说，则文笔之古奥，非浅学者所能解。然则公何宽于《水浒》《红楼》之作者，而苛于同时之胡、钱、周诸君耶？

至于弟在大学，则有两种主张如下：

（一）对于学说，仿世界各大学通例，循"思想自

---

① 指哈葛德，今译作哈格德，代表作《所罗门王的宝藏》。——编者

由"原则，取兼容并包主义，与公所提出之"圆通广大"四字，颇不相背也。无论有何种学派，苟其言之成理，持之有故，尚不达自然淘汰之命运者，虽彼此相反，而悉听其自由发展。此义已于《月刊》①之发刊词言之，抄奉一览。

（二）对于教员，以学诣为主：在校讲授，以无背于第一种之主张为界限。其在校外之言动，悉听自由，本校从不过问，亦不能代负责任。例如复辟主义，民国所排斥也，本校教员中，有拖长辫而持复辟论者，以其所授为英国文学，与政治无涉，则听之。筹安会之发起人，清议所指为罪人者也，本校教员中有其人；以其所授为古代文学，与政治无涉，则听之。嫖赌娶妾等事，本校进德会所戒也，教员中间有喜作侧艳之诗词，以纳妾狎妓为韵事，以赌为消遣者，苟其功课不荒，并不诱学生而与之堕落，则姑听之。夫人才至为难得，若求全责备，则学校殆难成立。且公私之间，自有天然界限。譬如公曾译有《茶花女》《迦茵小传》《红礁画桨录》等小说，而亦曾在各学校讲授古文及伦理学。使有人诋公为以此等小说体裁讲文学，以狎妓、通奸、争有夫之妇讲伦理者，宁值一笑欤？然则革新一派，即偶有过激之

---

① 即《北京大学月刊》。——编者

论，苟于校课无涉，亦何必强以其责任归之于学校耶？此复，并候著祺。

蔡元培启

八年三月十八日

这两函虽仅为文化一方面之攻击与辩护，然北大已成为众矢之的，是无可疑了。越四十余日而有五四运动。我对于学生运动，素有一种成见，以为学生在学校里面，应以求学为最大目的，不应有何等政治的组织。其有年在二十岁以上，对于政治有特殊兴趣者，可以个人资格参加政治团体，不必牵涉学校。所以民国七年（一九一八）夏间，北京各校学生曾为外交问题结队游行，向总统府请愿，当北大学生出发时，我曾力阻他们，他们一定要参与，我因此引咎辞职，经慰留而罢。到八年（一九一九）五月四日，学生又有不签字于《巴黎和约》与罢免亲日派曹、陆、章的主张，仍以结队游行为表示，我也就不去阻止他们了。他们因愤激的缘故，遂有焚曹汝霖住宅及揿殴章宗祥的事。学生被警厅逮捕者数十人，各校皆有，而北大学生居多数。我与各专门学校的校长向警厅力保，始释放。但被拘的虽已保释，而学生尚抱再接再厉之决心，政府亦且持不做不休的态度。都中宣传，政府将命令免我职，而以马其昶君任北大校长。我恐若因此增加学生对于政府的纠纷，我个人且将有运动学生保持地位的嫌疑，不可以不速去，乃一面呈政府引咎辞职，一面秘密出京，时为五月九日。

那时候学生仍每日分队出去演讲，政府逐队逮捕，因人数太多，就把学生都监禁在北大第三院。北京学生受了这样大的压迫，于是引起全国学生的罢课，而且引起各大都会工商界的同情与公愤，将以罢工罢市为同样之要求。政府见势不可侮，乃释放被逮诸生，决定不签和约，罢免曹、陆、章。于是，五四运动之目的完全达到了。

五四运动之目的既达，北京各校的秩序均恢复，独北大因校长辞职问题又起了多少纠纷。政府曾一度任命胡次珊君继任，而为学生所反对，不能到校，各方面都要我复职。我离校时本预定决不回去，不但为校务的困难，实因校务以外，常常有许多不相干的缠绕，度一种劳而无功的生活，所以启事上有"杀君马者道旁儿，民亦劳止，汔可小休。我欲小休矣！"等语。但是隔了几个月，校中纠纷，仍在非我回校不能解决的状态，我不得已乃允回校。回校以前，先发表一文，告北大学生及全国学生联合会，告以学生救国，重在专研学术，不可常为救国运动而牺牲。到校后，在全体学生欢迎会上演说，说明德国大学学长、校长均每年一换，由教授会公举，校长且由神学、医学、法学、哲学四科之教授轮值，从未生过纠纷，完全是"教授治校"的成绩。北大此后亦当组成健全的教授会，使学校绝不因校长一人的去留而起恐慌。

那时候蒋梦麟君已允来北大共事，请他通盘计划，设立教务、总务两处，及聘任财务等委员会，均以教授为委员。请蒋君任总务长，而顾孟余君任教务长。

北大关于文学、哲学等学系，本来有若干基本委员，自从胡适之君到校后，声应气求，又引进了多数的同志，所以兴会较高一点。预定的自然科学、社会科学、文学、国学四科研究所，只有国学研究所先办起来了。在自然科学与社会科学方面，比较困难一点。自民国九年（一九二〇）起，自然科学诸系请到了丁巽甫、颜任光、李润章诸君主持物理系，李仲揆君主持地质系；化学系本有王抚五、陈聘丞、丁庶为诸君，而这时候又增聘程寰西、石蘅青诸君。在生物系本已有钟宪鬯君在东南、西南各省搜罗动植物标本，有李石曾君讲授学理，而这时候又增聘谭仲逵君。于是整理各系的实验室与图书室，使学生在教员指导之下切实用功；改造第二院礼堂与庭园，使合于讲演之用。在社会科学方面，请到王雪艇、周鲠生、皮皓白诸君。一面诚意指导，提起学生好学的精神；一面广购图书杂志，给学生以自由考察的工具。丁巽甫君以物理教授兼预科主任，提高预科程度。于是，北大始达到各系平均发展的境界。

我是素来主张男女平等的。九年（一九二〇），有女学生要求进校，以考期已过，姑录为旁听生。及暑假招考，就正式招收女生。有人问我："兼收女生是新法，为什么不先请教育部核准？"我说："教育部的大学法令，并没有专收男生的规定，从前女生不来要求，所以没有女生，现在女生来要求，而程度又够得上大学，就没有拒绝的理由。"这是男女同校的开始，后来各大学都兼收女生了。

我实佩服章实斋先生的，那时候国史馆附设在北大，我订了一个计划，分征集、纂辑股。纂辑股又分通史、民国史两类，均从长编入手，并编历史辞典。聘屠敬山、张蔚西、薛阆仙、童亦韩、徐贻孙诸君，分任征集编纂等务。后来政府忽又有国史馆独立之一案，别行组织，于是张君所编的民国史，薛、童、徐诸君所编的辞典，均因篇幅无多，视同废纸。只有屠君在馆中仍编他的蒙兀儿史，躬身保存，没有散失。

我本来很注意于美育的，北大有美术史教课，除中国美术史由叶浩吾君讲授外，没有人肯讲美学。十年（一九二一），我讲了十余次，因足疾进医院停止。至于美育的设备，曾设书法研究会，请沈尹默、马叔平诸君主持；设书画研究会，请贺履之、汤定之诸君教授国画，比国楷次君教授油画；设音乐研究会，请萧友梅诸君主持；均听学生自由选习。

我在爱国学社时，曾断发而习兵操，对于北大学生之愿受军事训练，常特别助成，曾集这些学生编成学生军，聘白雄远君任教练之责，亦请蒋百里、黄膺白诸君到场演讲。白君勤恳而有恒，历十年如一日，实为难得的军人。

我在九年（一九二〇）冬曾往欧美考察高等教育状况，历一年回来，这时校长的任务由总务长蒋君代理。回国后，看北京政府的情形日坏一日，我处在与政府常有接触的地位，日想脱离。十一年（一九二二）冬，财政总长罗钧任君忽以金佛郎问题被逮，释放后，又因教育总长彭允彝君提议，重复收禁。我对彭君此举，在公议上，是蹂躏人权、献媚军阀的勾当；在私情上，罗君是我在北大的同事，而且于考察教育时，为最密切的同伴，他的操守为我所深信，不免大抱不平。与汤尔和、邵飘萍、蒋梦麟诸君会商，均认有表示的必要。我于是一面递辞呈，一面离京。隔了几月，贿选总统的布置渐渐实现，而要求我回校的代表还是不绝，我遂于十二年（一九二三）七月间重往欧洲，表示决心。至十五年（一九二六），始回国，那时京津间适有战争，不能回校一看。十六年（一九二七），国府成立，我在大学院试行大学区制，以北大划入北平大学区范围，于是我的北京大学校长的名义始得取消。

综计我居北京大学校长的名义，十年有半，而实际在校办事，不过五年有半。一经回忆，不胜惭悚。

三、我在教育界的经验

我自六岁至十七岁，均受教育于私塾，而十八岁至十九岁，即充塾师（一八八四年及一八八五年）[①]，二十八岁又在李莼客先生京寓中充塾师半年（一八九四年），所教的学生，自六岁至二十余岁不等。教课是练习国文，并没有数学与其他科学。教国文的方法，有两件是与现在的教授法相近的：一是对课，二是作八股文。对课与现在的造句法相近，大约由一字到四字，先生出上联，学生想出下联来。不但名词要对名词，静词要对静词，动词要对动词，而且每一种词里面，又要取其品性相近的。例如先生出一"山"字是名词，就要用"海"字或"水"字来对他，因为都是地理的名词。又如出"桃红"二字，就要用"柳绿"或"薇紫"等词来对他，第一字都用植物的名词，第二字都用颜色的静词，别的可以类推。这一种功课，不但是作文的开始，也是作诗的基础。所以对到四字课的时候，先生还要用圈发的法子指示平仄的相对，平声字在左下角，上声在左上角，去声右上角，入声右下角。学生作对子时，最好用平声对仄声，仄声对平声（仄声包上、去、入三声）。等到四字对作得合格了，就可以学五言诗，不要再作对子了。

[①] 蔡元培先生的年龄在此文中均采用虚岁计算。——编者

八股文的作法，先作破题，止两句，把题目的大意说一说；破题作得合格了，乃试作承题，约四五句；承题作得合格了，乃试作起讲，大约十余句；起讲作得合格了，乃试全篇。全篇的作法，是起讲后先作领题，其后分作八股（六股亦可），每两股都是相对的，最后作一结论。由简而繁，确是一种学作文的方法。但起讲、承题、破题都是作全篇的雏形，那时候作承题时仍有破题，作起讲时仍有破题、承题，作全篇时仍有破题、承题、起讲，实在是重床叠架了。

我三十二岁（一八九八年）九月间自北京回绍兴，任中西学堂监督，这是我服务于新式学校的开始。这个学堂是用绍兴公款设立的，依学生程度分三斋，略如今日高小、初中、高中的一年级。今之北京大学校长蒋梦麟君、北大地质学教授王烈君，都是那时候第一斋的小学生，而现任中央研究院秘书的马禩光君、任浙江教育厅科员的沈光烈君，均是那时候第三斋的高材生。外国语原有英、法二种，我到校后又增日本文。教员中授哲学、文学、史学的有马湄莼、薛阆轩、马水臣诸君，授数学及理科的有杜亚泉、寿孝天诸君，主持训育的有胡钟生君，在当时的绍兴可为极一时之选。但教员中颇有新旧派别，新一点的笃信进化论，对于旧日尊君卑民、重男轻女的旧习随时有所纠正，旧一点的不以为然。后来旧的运动校董，出面干涉，我遂辞职（一八九九年）。

我三十五岁（一九〇一年）任南洋公学特班教习，那时候南洋公学还只有小学、中学的学生，因沈子培监督之提议，招特班生四十人，都是擅长古文的。拟授以外国语及经世之学，备将来经济特科之选。我充教授，而江西赵仲宣君、浙江王星垣君，相继为学监。学生自由读书，写日记送我批改。学生除在中学插班，习英文外，有学习日本文的，我不能说日语，但能看书，即用我的看书法教他们，他们就试译书。每月课文一次，也由我评改。四十人中以邵闻泰（今名力子）、洪允祥、王世澂、胡仁源、殷祖同、谢沈（今名无量）、李叔同（今出家，号弘一）、黄炎培、项骧、贝寿同诸君为高材生。

我三十六岁（一九〇二年），南洋公学学生全体退学，其一部分借中国教育会之助，自组爱国学社，我亦离公学为学社教员。那时候同任教员的吴稚晖、章太炎诸君，都喜言革命，并在张园开演说会，凡是来会演说的人，都是讲"排满"革命的。我在南洋公学时，所评改之日记及月课，本已倾向于民权、女权的提倡，及到学社，受激烈环境的影响，遂亦公言革命无所忌。何海樵君自东京来，介绍我宣誓入同盟会，又介绍我入一学习炸弹制造的小组（此小组本止六人，海樵与杨笃生、苏凤初诸君均在内）。那时候学社中师生的界限很宽，程度较高的学生一方面受教，一方面即任低级生的教员。教员热心的，一方面授课，一方面与学生同受军事训练。社中军事训练初由何海樵、山渔昆弟担任，后来南京陆师学堂退学生来社，他们的领袖章行严、林力山二君助何君。我亦断发短装与诸社员同练步伐，至我离学社始已。

爱国学社未成立以前，我与蒋观云、乌目山僧、林少泉（后改名白水）、陈梦坡、吴彦复诸君组织一女学，命名"爱国"。初由蒋君管理，蒋君游日本，我管理。初办时，学生很少，爱国学社成立后，社员家中的妇女均进爱国女学，学生骤增。尽义务的教员，在数理方面有王小徐、严练如、钟宪鬯、虞和钦诸君；在文史方面有叶浩吾、蒋竹庄诸君。一年后，我离爱国女学。

我三十八岁（一九〇四年）暑假后，又任爱国女学经理，并约我从弟国亲及龚未生、俞子夷诸君为教员。自三十六岁以后，我已决意参加革命工作，觉得革命只有两途：一是暴动，一是暗杀。在爱国学社中竭力助成军事训练，算是下暴动的种子。又以暗杀于女子更为相宜，于爱国女学，预备下暗杀的种子。一方面受苏凤初君的指导，秘密赁屋，试造炸药，并约钟宪鬯先生相助，因钟先生可向科学仪器馆采办仪器与药料。又约王小徐君试制炸弹壳子，并接受黄克强、蒯若木诸君自东京送来的弹壳，试填炸药，由孙少侯君携往南京僻地试验。一方面在爱国女学为高材生讲法国革命史、俄国虚无党历史，并由钟先生及其馆中同志讲授理化，学分特多，为练制炸弹的预备。年长而根底较深的学生如周怒涛等，亦介绍入同盟会，参加秘密小组。

我三十九岁（一九〇五年），又离爱国女学。嗣后由徐紫虬、吴书箴、蒋竹庄诸君相继主持，爱国女学始渐成普通中学，而脱去了从前革命性的特殊教育。

四十岁（一九〇六年），我到北京，在译学馆任教习，讲授国文及西洋史，仅一学期，所编讲义未完，即离馆。

四十一岁至四十五岁（一九〇七年至一九一一年），又为我受教育时期。第一年在柏林，习德语，后三年在来比锡①，进大学。

四十六岁（一九一二年），我任教育总长，发表《对于教育方针之意见》，据清季学部忠君、尊孔、尚公、尚武、尚实的五项宗旨而加以修正，改为军国民教育、实利主义、公民道德、世界观、美育五项。前三项与尚武、尚实、尚公相等，而第四、第五两项却完全不同。以忠君与共和政体不合，尊孔与信仰自由相违，所以删去。至提出世界观教育，就是哲学的课程，意在兼采周秦诸子、印度哲学及欧洲哲学，以打破二千年来墨守孔学的旧习。提出美育，因为美感是普遍性，可以破人我彼此的偏见；美感是超越性，可以破生死利害的顾忌，在教育上应特别注重。对于公民道德的纲领，揭法国革命时代所标举的自由、平等、友爱三项用古

---

① 今译作莱比锡。——编者

义证明，说："自由者，'富贵不能移，威武不能屈'是也；古者盖谓之义。平等者，'己所不欲，勿施于人'是也；古者盖谓之恕。友爱者，'己欲立而立人，己欲达而达人'是也；古者盖谓之仁。"

学部旧设普通教育、专门教育两司，改教育部后，我为提倡成人教育、补习教育起见，主张增设社会教育司。

我与次长范静生君常持相对的理论，范君说："小学没有办好，怎么能有好中学？中学没有办好，怎么能有好大学？所以我们第一步，当先把小学整顿。"我说："没有好大学，中学师资哪里来？没有好中学，小学师资哪里来？所以我们第一步，当先把大学整顿。"把两人的意见合起来，就是自小学以至大学，没有一方面不整顿。不过他的兴趣偏于普通教育，就在普通教育上多参加一点意见；我的兴趣偏于高等教育，就在高等教育上多参加一点意见罢了。

我那时候，鉴于各省所办的高等学堂程度不齐，毕业生进大学时甚感困难，改为大学预科，附属于大学。又鉴于高等师范学校的科学程度太低，规定逐渐停办；而中学师资，以大学毕业生再修教育学者充之。又以国立大学太少，规定于北京外再在南京、汉口、成都、广州各设大学一所。后来，我的朋友胡君适之等，对于停办各省高等学堂，发见一种缺点，就是每一省会没有一种吸集学者的机关，使该省文化，进步较缓。这个缺点，直到后来各省竞设大学时，才算补救过来。

清季的学制，于大学上有一通儒院，为大学毕业生研究之所。我于《大学令》中改名为大学院，即在大学中分设各种研究所，并规定大学高级生必须入所研究，俟所研究的问题解决后，始能毕业（此仿德国大学制），但是各大学未能实行。

清季学制，大学中仿各国神学科的例，于文科外又设经科。我以为十四经中，如《易》《论语》《孟子》等，已入哲学系；《诗》《尔雅》，已入文学系；《尚书》、三礼、《大戴记》、春秋三传，已入史学系；无再设经科的必要，废止之。

我认大学为研究学理的机关，要偏重文理两科，所以于《大学令》中规定：设法、商等科而不设文科者，不得为大学；设医、工、农等科而不设理科者，亦不得为大学；但此制迄未实行。而我任北大校长时，又觉得文理二科之划分甚为勉强，一则科学中如地理、心理等兼涉文理，一则习文科者不可不兼习理科，所以北大的编制，但分十四系，废止文、理、法等科别。

我五十一岁至五十八（七）岁（一九一七年至一九二三年）任国立北京大学校长。民国五年（一九一六），我在法国接教育部电，要我回国，任北大校长，遂于冬间回来。到上海后，多数友人均劝不可就职，说北大腐败，恐整顿不了；也有少数劝驾的，说腐败的总要有人去整顿，不妨试一试。我从少数友人的劝,往北京。

北京大学所以著名腐败的缘故,因初办时(称京师大学堂)设仕学、师范等馆,所收的学生都是京官,后来虽逐渐演变,而官僚的习气不能洗尽。学生对于专任教员不甚欢迎,较为认真的,且被反对;对于行政司法界官吏兼任的,特别欢迎,虽时时请假,年年发旧讲义,也不讨厌,因有此师生关系,毕业后可为奥援。所以,学生于讲堂上领受讲义及当学期、学年考试时要求题目范围特别预备外,对于学术,并没有何等兴会。讲堂以外,又没有高尚的娱乐与自动的组织,遂不得不于学校以外,竟为不正当的消遣,这就是著名腐败的总因。我于第一次对学生演说时,即揭破"大学生当以研究学术为天责,不当以大学为升官发财之阶梯"云云。于是广延积学与热心的教员认真教授,以提起学生研究学问的兴会,并提倡进德会(此为民国元年吴稚晖、李石曾、张溥泉、汪精卫诸君发起,有不赌、不嫖、不娶妾的三条基本戒,又有不做官吏、不做议员、不饮酒、不食肉、不吸烟的五条选认戒),以挽奔竞及游荡的旧习;助成体育会、音乐会、书法研究会,以供正当的消遣;助成消费公社、学生银行、校役夜班、平民学校、平民讲演团与《新潮》等杂志,以发扬学生自动的精神,养成服务社会的能力。

北大的整顿,自文科起。旧教员中如沈尹默、沈兼士、钱玄同诸君,本已启革新的端绪,自陈独秀君来任学长,胡适之、刘半农、周豫才、周岂明诸君来任教授，而文学革命、思想自由的风气遂大流行。理科自李仲揆、丁巽甫、王抚五、颜任光、李书华诸君来任教授后，内容始渐充实。北大旧日的法科，本最离奇，因本国尚无成文之公私法，乃讲外国法，分为三组：一曰德日法，习德文、日文的听讲；二曰英美法，习英文的听讲；三曰法国法，习法文的听讲。我甚不以为然，主张授比较法，而那时教员中能授比较法的，只有王亮畴、罗钧任（文干）二君。二君均服务司法部，只能任讲师，不能任教授，所以通盘改革甚为不易。直到王雪艇、周鲠生诸君来任教授后，始组成正式的法科，而学生亦渐去猎官的陋见，引起求学的兴会。

我对于各家学说，依各国大学通例，循思想自由原则，兼容并包。无论何种学派，苟其言之成理，持之有故，尚不达自然淘汰之运命，即使彼此相反，也听他们自由发展。例如陈君介石、陈君汉章一派的文学与沈君尹默一派不同，黄君季刚一派的文学又与胡君适之的一派不同，那时候各行其是，并不相妨。对于外国语，也力矫偏重英语旧习，增设法、德、俄诸国文学系，即世界语亦列为选科。

那时候，受过中等教育的女生，有愿进大学的，各大学不敢提议于教育部。我说：一提议，必通不过。其实学制上并没有专收男生的明文，如招考时有女生来报名，可即著录，如考试及格，可准其就学，请从北大始。于是北大就首先兼收女生，各大学仿行，教育部也默许了。

我于民国十二年（一九二三）离北大，但尚居校长名义，由蒋君梦麟代理。直到十五年（一九二六）自欧洲归来，始完全脱离。

我六十一岁至六十二岁（一九二七年至一九二八年），任大学院院长。大学院的组织与教育部大概相同，因李君石曾提议试行大学区制，选取此名。大学区的组织，是模仿法国的。法国分全国为十六大学区，每区设一大学，区内各种教育事业都由大学校长管理。这种制度优于省教育厅与市教育局的一点，就是大学有多数学者、多数设备，绝非厅局所能及。我们心醉合议制，还设有大学委员会，聘教育界先进吴稚晖、李石曾诸君为委员，由委员会决意，先在北平（包括河北省）、江苏、浙江试办大学区。行了年余，常有反对的人，甚至疑命名"大学"有蔑视普通教育的趋势，提议于大学院外再设一教育部。我遂自动辞职，而政府也就改大学院为教育部，试办的三大学区从此也取消了。

我在大学院的时候，请杨君杏佛相助。我素来宽容而迂缓，杨君精明而机警，正可以他之长补我之短，正与元年（一九一二）我在教育部时，请范君静生相助，我偏于理想而范君注重实践，以他所长补我之短一样。

大学院时代，院中设国际出版品交换处，后来移交中央研究院，近年又移交中央图书馆。

大学院时代，设国立音乐学校于上海，请音乐专家萧君友梅为校长（第一年萧君谦让，由我居校长之名）；增设国立艺术学校于杭州，请图画家林君风眠为校长，又计划第一次全国美术展览会，但此会开办时，我已离大学院。

大学院时代，设特约著作员，聘国内在学术上有贡献而不兼有给职者充之，听其自由著作，每月酌送补助费，吴稚晖、李石曾、周豫才诸君皆受聘。

我于六十一岁时参加中央政治会议，曾与吴稚晖、李石曾、张静江诸君提议在南京、北平、浙江等处设立研究院。通过南京一院，由大学院筹办，名曰国立中央研究院，十七年（一九二八）开办，我以大学院院长兼任中央研究院院长。我离大学院后，专任研究院院长，与教育界虽非无间接的关系，但对于教育行政，便不复参与了。

［原载《传记文学》第十卷第一期（一九六七年一月号）］

蔡元培先生传略（选载）

编者按：本刊《传记文学》上期为纪念蔡元培先生百年诞辰，特编印纪念特辑，并选刊蔡氏自述三篇。发表以后，极为国内外学术界所重视，对本刊率先纪念蔡先生百年诞辰，表示赞誉。惟部分读者以本刊未能发表蔡先生较为详细的传记及未刊蔡先生的墨迹为憾。本期我们特将有关蔡氏传略三篇选刊如后，读者自可对此一代教育家有一较为真确的认识。兹先将三文简介如下：

一、蔡孑民先生传略（黄世晖记）

本文为蔡先生口述，由黄世晖（黄夫人之弟）笔录，故其中均以蔡氏自称之口气行文，所记至民国八年（一九一九）止。该文初刊于民国九年（一九二〇）新潮社出版之《蔡孑民先生言行录》。后见于民国卅二年（一九四三）三月重庆商务印书馆出版之《蔡孑民先生传略》，出版时吴稚晖先生在文末曾加一注，时蔡先生已逝。

二、蔡孑民先生传略（下）（高平叔编著）

本文系高平叔接续上述黄世晖文而写，自民国九年（一九二〇）迄民国廿九年（一九四〇）蔡先生逝世止。故作者于题下标一"下"字，实并无上篇，仅表示接续黄文之意。本文曾与黄世晖文暨蔡氏自述两篇及王云五、蒋维乔、黄炎培诸先生文合编为《蔡孑民先生传略》出版。

三、民国教育总长蔡元培（蒋维乔著）

本文较黄世晖文更早。最初发表于民国元年（一九一二）一月商务印书馆出版之《教育杂志》第三年第十期，民国十七年（一九二八）曾编入中华书局出版之《近代中国教育史料》第三册。

蔡孑民先生传略

黄世晖记

一、家世及其幼年时代

蔡氏以明季自诸暨迁山阴[①]，其初以艺山售薪为业，至

[①] 旧县名，治今浙江绍兴市。——编者

孑民之高祖以下，始为商。孑民之祖名嘉谟，字佳木，为某典经理，以公正著。其父名光普，字耀山，为钱庄经理，以长厚称，家中人至以"爱无差等"笑之。孑民之母周氏，贤而能，以民国纪元前四十四年（一八六八）一月十一日（即清同治六年十二月十七日）生孑民。方孑民丧父时，仅十一岁。有一兄，十三岁。又有一弟，九岁。其父素宽于处友，有贷必应，欠者不忍索，故殁后几无积蓄。世交中有欲集款以赡其遗孤者，周氏不肯承认。质衣饰，克勤克俭，抚诸儿成立，每以"自立""不倚赖"勉之。常自言："每有事与人谈话，先预想彼将作何语，我宜以何语应之。既毕，又追省彼作何语，我曾作何语，有误否？以是鲜偾事。"故孑民之宽厚，为其父之遗传性。其不苟取、不妄言，则得诸母教焉。

孑民有叔父，名铭恩，字茗珊，以廪膳生乡试中式。工制艺，门下颇盛，亦治诗古文辞，藏书亦不少。孑民十余岁，即翻阅《史记》《汉书》《困学纪闻》《文史通义》《说文通训定声》诸书，皆得其叔父之指导焉。孑民自十三岁以后，受业于同县王子庄君。王君名懋修，亦以工制艺名，而好谈明季掌故，尤服膺刘蕺山先生，自号其斋曰仰蕺山房。故孑民二十岁以前，最崇拜宋儒。母病，躬侍汤药，曾刲臂和药以进。（孑民有叔父曰纯山，曾因母病而刲臂，家中传说其母得延寿十二年，故孑民仿为之。其后三年，母病危，子民之弟元坚又刲臂以进，卒无效。）居母丧，必欲行寝苫枕块之制，为家人所阻，于夜深人静后，忽挟枕席赴棺侧，其兄弟闻之，知不可阻，乃设床于停棺之堂，而兄弟共宿焉。母丧既除而未葬，其兄为之订婚，子民闻之，痛哭，要求取消，自以为大不孝。其拘迂之举动，类此者甚多。

二、旧学时代

子民以十七岁补诸生，自此不治举子业，专治小学、经学，为骈体文。偶于书院中为四书文，则辄以古书中通假之字易常字，以古书中奇特之句法易常调，常人几不能读，院长钱振常、王继香诸君转以是赏之。其于乡会试所作亦然，盖其好奇而淡于禄利如此。然己丑、庚寅乡会试联捷，而壬辰得翰林庶吉士，甲午补编修，在子民亦自以为出于意外云。

子民二十岁，读书于同乡徐氏，兼为校所刻书。徐氏富藏书，因得博览，学大进。

子民之治经，偏于故训及大义。其治史，则偏于儒林文苑诸传、艺文志，及其他关系文化风俗之记载，不能为战史、政治史及地理官制之考据。盖其尚推想而拙于记忆，性近于学术而不宜于政治，于旧学时代，已见其端矣。

子民二十四岁，被聘为上虞县志局总纂。因所定条例，为分纂所反对，即辞职。一生难进易退，大抵如此。

三、委身教育时代

自甲午以后,朝士竞言西学,子民始涉猎译本书。戊戌,与友人合设一东文学社,学读和文书。是时,康梁新用事,拜康门者踵相接。子民与梁卓如君有己丑同年关系,而于戊戌六君子中,尤佩服谭复生君。然是时梁谭皆在炙手可热之时,耻相依附,不往纳交。直至民国七年(一九一八),为对德宣战问题,在外交后援会演说,始与梁卓如君相识,其孤僻如此。然八月间,康党失败,而子民即于九月间请假出京,其乡人因以康党疑之,彼亦不与辩也。

子民是时持论,谓康党所以失败,由于不先培养革新之人才,而欲以少数人弋取政权,排斥顽旧,不能不情见势绌。此后北京政府,无可希望。故抛弃京职,而愿委身于教育云。

是时绍兴绅士徐君方经营一中学校,名曰绍兴中西学堂。徐君自为堂董,而荐子民为监督。校中有英法两外国语,然无关于思想。子民与教员马用锡君、杜亚泉君均提倡新思想。马君教授文辞,提倡民权女权。杜君教授理科,提倡物竞争存之进化论,均不免与旧思想冲突。教员中稍旧者,日与辩论,子民常右新派。旧者恨之,诉诸堂董。堂董以是年正人心之上谕送学堂,属子民恭书而悬诸礼堂。子民愤而辞职。

孑民为中西学堂监督时，丧其妻王氏。未期，媒者纷集。孑民提出条件，曰：（一）女子须不缠足者；（二）须识字者；（三）男子不取妾；（四）男死后，女可再嫁；（五）夫妇如不相合，可离婚。媒者无一合格，且以后两条为可骇。后一年，始访得江西黄尔轩先生之女，曰世振，字仲玉，天足，工书画，且孝于亲（曾因父病刲臂），乃请江西叶祖芗君媒介，始订婚焉。是时，孑民虽治新学，然崇拜孔子之旧习，守之甚笃。与黄女士行婚礼时，不循浙俗挂三星画轴，而以一红幛子缀"孔子"两大字。又于午后开演说会，云以代闹房。

其时孑民好以公羊春秋三世义说进化论。又尝为三纲五伦辩护，曰："纲者，目之对，三纲，为治事言之也。国有君主，则君为纲，臣为目；家有户主，则夫父为纲，而妇子为目。此为统一事权起见，与彼此互相待遇之道无关也。互相待遇之道，则有五伦。故君仁、臣忠，非谓臣当忠而君可以不仁也。父慈、子孝，非谓子当孝而父可以不慈也。夫义、妇顺，非谓妇当顺而夫可以不义也。晏子曰：'君为社稷死则死之。'孔子曰：'小杖则受，大杖则走。'若如俗所谓君要臣死，臣不得不死，父要子死，子不得不死者，不特不合于五伦，亦不合于三纲也。"其时孑民之见解盖如此。

庚子辛丑之间，子民与童亦韩君至临安县①，为绍兴侨农设一小学校。又在浙江省城议改某书院为师范学校，未成。

辛丑，膺澄衷学堂总理刘君之请，代理一月。

是年，南洋公学开特班，招生二十余人，皆能为古文辞者。拟授以经世之学，而拔其尤，保送经济特科。以江西赵从蕃君为管理，而子民为教授。由学生自由读书，写日记，送教授批改。每月课文一次，由教授评改。子民又教诸生以读和文之法，使自译和文书，亦为之改定云。是时，子民于日记及课文评语中，多提倡民权之说。学生中最为子民所赏识者，邵闻泰、洪允祥、王莪孙、胡仁源、殷祖伊诸君，其次则谢沈（无量）、李同（叔同）、黄炎培、项骧、贝寿同诸君。

是年之冬，蒋观云君与乌目山僧发起女学校，子民与陈梦坡君、林少泉君赞成之。罗迦陵女士任每月经费之一部。建设后，名曰爱国女学校，由蒋君管理。及蒋君赴日本，由子民管理之。

是时留寓上海之教育家叶浩吾君、蒋观云君、钟宪鬯君等，发起一会，名曰中国教育会，举子民为会长。

南洋公学自开办以来，有一部分之教员及管理员，不

---

① 今浙江省杭州市临安区。——编者

为学生所喜。吴稚晖君任公学教员时，为组织卫学会，已起冲突。学生被开除者十余人。吴君亦以是辞职，赴日本。而不孚人望之教员，则留校如故。是年，有中院第五班生，以误置墨水瓶于讲桌上，为教员所责。同学不平，要求总理去教员；总理不允，欲惩戒学生，于是激而为全体退学之举。特班生亦牺牲其保举经济特科之资格而相率退学。论者谓为孑民平日提倡民权之影响。孑民亦以是引咎而辞职。

南洋公学学生既退学，谋自立学校，乃由孑民为介绍于中国教育会，募款设校，沿女学校之名，曰爱国学社，以孑民为代表，请吴稚晖君、章太炎君等为教员。与《苏报》订约，每日由学社教员任论说一篇（孑民及吴、章诸君，凡七人，迭任之，一周而遍），而苏报馆则每月助学社银一百圆以为酬。于是苏报馆遂为爱国学社之机关报矣。吴君又发起张园演说会，倡言革命。会南京陆师学堂退学生十余人，亦来学社，章行严君其一也。于是请彼等教授兵式体操，孑民亦剪发，服操衣，与诸生同练步伐。无何，留日学生为东三省俄兵不撤事，发起军国民教育会，于是爱国学社亦组织义勇队以应之。是时，爱国学社几为国内惟一之革命机关矣。

方爱国学社之初设也，经费极支绌。其后名誉大起，捐款者渐多，而其中高材生，别招小学生徒，授以英算，所收学费，亦足充社费之一部。于是学社勉可支持，而其款皆由中国教育会经理，社员有以是为不便者，为学社独立之计划，布其意见于学社之月刊。是时会中已改举乌目山僧为会长，而孑民为副会长与评议长。于是开评议会议之。孑民主张听学社独立，谓鉴于梁卓如与汪穰卿争《时务报》，卒之两方面均无结果，而徒授反对党以口实。乌目山僧赞成之，揭一文于《苏报》，贺爱国学社独立，而社员亦布《敬谢中国教育会》一文以答之。此问题已解决矣。而章太炎君不以为然，以前次评议会为少数者之意见，则以函电招离沪之评议员来，重行提议，多数反对学社独立。孑民以是辞副会长及评议长，而会员即举章君以代之。于是孑民不与闻爱国学社事矣。

方孑民尽力于爱国学社时，其兄鉴清亦在上海，甚危之。与戚友商议，务使孑民离上海。然孑民对于学社，方兴高采烈，计无所出。及其决计脱离学社，于是由沈乙斋君从容劝其游学，孑民言游学非西洋不可，且非德国不可，然费安从出？沈谓吾当为君筹之。其后告以汤张刘徐等，均每月贷款若干，可以成行。于是探行程于陈敬如君，则谓是时启行，将以夏季抵红海，热不可耐，盍以秋季行？且盍不先赴青岛习德语？于是有青岛之行。

当孑民任南洋公学教员时，曾于暑假中，游历日本。到东京未久，适吴稚晖君以陆军学生事，与驻日公使蔡钧冲突，由日警强迫上船。是时，陆仲芬君等将伴送至长崎。相与议曰："万一所乘船直赴天津，则甚危，谁可偕去？"孑民以在日本无甚要事，且津京均旧游地，则曰："我偕去。"于是偕吴君归国。或疑孑民曾在日本留学者，误也。

张园之演说会，本合革命与排满为一谈。而是时邹蔚丹君作《革命军》一书，尤持"杀尽胡人"之见解。孑民不甚赞同，曾与《苏报》中揭《释仇满》一文，谓"满人之血统，久已与汉族混合。其语言及文字，亦已为汉语汉文所淘汰。所可为满人标志者，惟其世袭爵位，及不营实业而坐食之特权耳。苟满人自觉，能放弃其特权，则汉人决无杀尽满人之必要"云云（其文惟从前坊间所印之《黄帝魂》曾选之），当时注意者甚鲜。及辛亥革命，则成为舆论矣。

孑民到青岛不及一月，而上海《苏报》案起，不涉孑民。案既定，孑民之戚友，以为游学之说，不过诱孑民离上海耳。今上海已无事，无游学之必要，遂取消每月贷款之议。而由孑民之兄，以上海有要事之电，促孑民回。既回，遂不能再赴青岛，而为外交报馆译日文以自给。

孑民在青岛，不及三月，由日文译德国科培氏《哲学要领》一册，售稿于商务印书馆。其时无参考书，又心绪不甚宁，所译人名多诘屈。而一时笔误，竟以空间为宙，时间为宇，常欲于再版时修正之。

四、革命运动时代

子民既自青岛回，中国教育会新得一会员，为甘肃陈竞全君。自山东某县知县卸任来沪，小有积蓄，必欲办一日报。乃由子民与王小徐君、汪允宗君等组织之。陈君任印刷费及房费，而办报者皆尽义务，推王君为编辑。以是时俄事方亟，故名曰《俄事警闻》。不直接谈革命，而常译述俄国虚无党历史以间接鼓吹之。每日有论说两篇，一文言，一白话，其题均曰告某某，如告学生、告军人之类。此报于日俄战争后，改名《警钟》。其编辑，由王君而嬗于子民又嬗于汪允宗、林少泉、刘申叔诸君。自王君去后，均不免直接谈革命，历数年之久，卒被封禁云。

是时西洋社会主义家废财产、废婚姻之说，已流入中国。子民亦深信之，曾于《警钟》中揭《新年梦》小说以见意。惟其意，以为此等主义，非世界大多数人承认后，决难实行，故传播此等主义者，万不可自失信用。尔时中国人持此主义者，已既不名一钱，亦不肯作工，而惟攫他人之财以供其挥霍，曰："此本公物也。"或常作狭邪游，且诱惑良家女子，而有时且与人妒争，自相矛盾。以是益为人所姗笑。子民尝慨然曰："必有一介不苟取之义，而后可以言共产；必有坐怀不乱之操，而后可以言废婚姻。"对于此辈而发也。

自东京同盟会成立后，杨笃生君、何海樵君、苏凤初君等，立志从暗杀下手。乃集同志六人，学制造炸药法于某日人，立互相监察之例，甚严。何君到上海，访孑民，密谈数次，先介绍入同盟会，次介绍入暗杀团，并告以苏君将来上海，转授所学于其他同志。其后苏君偕同志数人至，投孑民。孑民为赁屋，并介绍钟宪鬯君入会，以钟君精化学，且可于科学仪器馆购仪器药品也。开会时，设黄帝位，写誓言若干纸，如人数，各签名每纸上，宰一鸡，洒血于纸，跪而宣誓，并和鸡血于酒而饮之。其誓言，则每人各藏一纸。乃教授制炸药法，若干日而毕。然能造药矣，而苦无弹壳。未几，黄克强、蒯若木、段□书诸君，先后自东京来，携弹壳十余枚。是时王小徐君、孙少侯君已介绍入会，乃由孙君携弹药至南京隐僻处，试之，不适用。其后杨笃生君来，于此事尤极热心，乃又别赁屋作机关，日与王钟诸君研究弹壳之改良。其时费用，多由孙君担任，而经营机关，则孑民与其弟元康任之。元康既由孑民介绍入会，则更介绍其同乡王子余、俞英厓、王叔枚、裘吉生及徐伯荪诸君。徐君是时已联络嵊、天台诸会党，而金、衢、严、处诸府会党，则为陶焕卿君所运动。孑民既介绍陶君入会，则乘徐、陶二君同到上海之机会，由孑民与元康介绍陶君于徐君，而浙江会党始联合焉。制弹久不成，杨君奋然北行，抵保定，识吴樾君及其他同志三人，介绍入会，并为吴君介绍于孑民，言吴君将送其妹来上海，进爱国女学校。吴君后来函，言有事不能即来。未久而中国第一炸弹，发于考察宪政五大臣车上。孑民等既知发者为吴君，则弹必出杨君手，恐其不能出京。孙少侯君乃借捐官事，北上，访杨君于译学馆。知已被嫌疑，有监察者。其后杨君卒以计，得充李木斋君随员而南下。

孑民既却《警钟》编辑之任，则又为爱国女学校校长。其时并不取贤母良妻主义，乃欲造成虚无党一派之女子。除年幼者，照通例授普通知识外，年长一班，则为讲法国革命史、俄国虚无党主义等，且尤注重化学。然此等教授法，其成效亦未易速就。其后，遂由中国教育会中他会员主持，渐改为普通中学校矣。

五、游学时代

孑民在上海所图皆不成，意颇倦。适绍兴新设学务公所，延为总理。丙午春，遂回里任事。未久，以所延干事受人反对，后又以筹款设师范班受人反对，遂辞职。

是时清政府议派编检出洋留学，孑民遂进京销假，请留学欧洲。无何，愿赴欧美者人数太少，而政府又绌于经费，悉改派赴日本。孑民不愿，而译学馆自杨笃生君出京后，尚未得适当之国文教员，章一山君延孑民任之，兼授西洋史。教授数月，颇受学生欢迎。

丁未，孙慕韩君任驻德公使，允每月助孑民以学费三十两。又商务印书馆亦订定，每月送编译费百元。孑民于是偕孙君赴柏林。

在柏林一年，习德语外，并编书，又由孙君介绍，以国文授唐氏子弟四人（每月得修德币百马克）。第二年，迁居来比锡，进大学听讲，凡三年。于哲学、文学、文明史、人类学之讲义，凡时间不冲突者，皆听之。尤注重于实验心理学及美学，曾进实验心理学研究所，于教员指导之下，试验各官能感觉之迟速、视后遗象、发音颤动状比较表等。进世界文明史研究所，研究比较文明史。又于课余，别延讲师到寓所，讲授德国文学。此四年中，编《中学修身教科书》五册、《中国伦理学史》一册，译包尔生《伦理学原理》一册。

《中国伦理学史》谓："孟子之杨朱即庄周，为我即全己之义，《庄子》中说此义者甚多。至《列子·杨朱篇》，乃魏晋间颓废心理之产物，必非周季人所作。"又清儒中特揭黄梨洲、戴东原、俞理初三氏学说，以为合于民权女权之新说。黄、戴二氏，前人已所注意，俞氏说，则孑民始拈出之。

孑民在来比锡时，闻其友李石曾言食肉之害，又读俄国托尔斯泰氏著作，描写田猎惨状，遂不食肉。尝函告其友寿孝天君，谓"蔬食有三义：（一）卫生，（二）戒杀，（三）节用。然我之蔬食，实偏重戒杀一义。因人之好生恶死，是否迷惑，现尚未能断定。故卫生家最忌烟酒，而我尚未断之。至节用，则在外国饭庄，肉食者有长票可购，改为蔬食而特饪，未见便宜。(是时尚未觅得蔬食饭馆，故云尔。)故可谓专是戒杀主义也。"寿君复函，述杜亚泉君说："植物未尝无生命，戒杀义不能成立。"孑民复致函，谓："戒杀者，非论理学问题，而感情问题。感情及于动物，故不食动物。他日，若感情又及于植物，则自然不食植物矣。且蔬食者亦非绝对不杀动物，一叶之蔬，一勺之水，安知不附有多数动物，既非人目所能见，而为感情所未及，则姑听之而已，不能以论理学绳之也。"

六、教育总长时代

辛亥，武昌起义，孑民受柏林同学之招，赴柏林助为鼓吹。未几，回国，于同盟、光复两会间，颇尽调停之力。南京政府成立，任教育总长。是时，陆伯鸿君方主任商务印书馆之《教育杂志》，曾语孑民谓"近时教育界，或提倡军国民主义，或提倡实利主义，此两者实不可偏废"。然孑民意以为未足，故宣布"蔡孑民对于教育方针之意见"，谓："教育界所提倡之军国民主义及实利主义，固为救时之必要，而不可不以公民道德教育为中坚。欲养成公民道德，不可不使有一种哲学上之世界观与人生观，而涵养此等观念，不可不注重美育。"美育者，孑民在德国受有极深之印象，而愿出全力以提倡之者也。

孑民所谓公民道德，以法国革命时代所揭著之自由、平等、友爱为纲,而以古义证明之。谓"自由者,富贵不能淫,贫贱不能移,威武不能屈,是也,古者盖谓之义。平等者,己所不欲,勿施于人,是也,古者盖谓之恕。友爱者,己欲立而立人,己欲达而达人,是也,古者盖谓之仁"。

孙中山既辞总统职,欲派员迎袁项城来南京就职,其资格须同盟会会员而又现任阁员者,以孑民为合格,故派之。此行人人知必不能达目的,然南京政府,必须有此一举,遂往迎。及北京兵变,知袁氏决无南来之望,乃承认其在北京就总统职。孑民有宣言,见当时北京各报。

唐少川君在北京,拟南北混合内阁名单,仍以教育总长属孑民,而孑民力持不可,荐范静生君自代,已定矣。范君时适在南京,闻讯,即行,并言决不承认。而外间不知因由者,且谓中山怪孑民不能迎袁来南,故褫其职。于是唐君仍商于孑民,孑民不能不承认矣。混合内阁中,总理已入同盟会,其他阁员,则自司法、教育、农林、工商四部外,皆非同盟会会员也。同盟会员主用内阁制,以为事事皆当取决于国务院;而非同盟会员,主用总统制,以为事事须承旨于总统。于是最当冲之财政军政大问题,皆直接由总统府处理,并不报告于国务会议。孑民愤然,谓不能任此伴食之阁员,乃邀王亮畴、宋遁初、王儒堂三君密议,谓宜辞职,尽由彼等组织一纯粹非同盟会之内阁。均赞成,乃以四人之公意告唐少川君,唐亦赞成。其后,唐君辞职,孑民等虽备受挽留，决不反顾。人或疑其何以固执若此，不知彼等已早有成约，且孑民为倡议人，决无唐去而独留之理也。孑民有宣言一篇，当时各报均载之。

孑民在教育总长任，于普通教育司、专门教育司外，特设社会教育司，以为必有极广之社会教育，而后无人无时不可以受教育，乃可谓教育普及。又改大学之八科为七科。以经科并入文科，谓《易》《论语》《孟子》等已入哲学门，《诗》《尔雅》已入文学门，《尚书》、"三礼"、《大戴记》、"春秋三传"已入史学门，毋庸别为一科。又以大学为研究学理之机关，宜特别注重文理两科，设法商等科而不设文科者，不得为大学，设医工农等科而不设理科者，亦不得为大学云。

七、第二游学时代

民国元年（一九一二）夏，孑民既辞职，秋，遂偕眷属再赴德国，仍至来比锡，仍在大学听讲，并在世界文明史研究所研究。二年（一九一三）夏，得上海电，以宋案促归国，遂归。奔走调停，亦无效果，卒有赣宁之战。是年秋，孑民复偕眷属赴法国，住巴黎近郊一年。欧战开始，遂迁居法国西南境，于习法语外，编书，且助李石曾、汪精卫诸君，办理留法俭学会，组织华法教育会，不能如留德时之专一矣。

在法，与李、汪诸君初拟出《民德报》，后又拟出《学风》杂志，均不果。其时编《哲学大纲》一册，多采取德国哲学家之言。惟于宗教思想一节，谓"真正之宗教，不过信仰心。所信仰之对象，随哲学之进化而改变，亦即因各人哲学观念之程度而不同。是谓信仰自由。凡现在有仪式有信条之宗教，将来必被淘汰"。是孑民自创之说也。

孑民深信徐时栋君所谓《石头记》中十二金钗，皆明珠食客之说。随时考检，颇有所得。是时应《小说月报》之要求，整理旧稿，为《石头记索隐》一册，附《月报》分期印之。后又印为单行本。然此后尚有继续考出者，于再版、三版时，均未及增入也。

其时又欲编《欧洲美学丛述》，已成《康德美术学》一卷，未印。编《欧洲美术小史》，成《赖斐尔》一卷，已在《东方杂志》印行。为华工学校编《修身讲义》数十首，《旅欧杂志》中，次第印行。

八、大学校长时代

五年（一九一六）秋，孑民在法，得教育部电，促返国，任北京大学校长，遂于冬间回国。六年（一九一七）一月，始任事于北京大学。其时北京大学学生，颇为社会所菲薄。孑民推求其故，以为由学生之入大学，仍抱科举时代思想，以大学为取得官吏资格之机关。故对于教员之专任者，不甚欢迎。其稍稍认真者，且反对之。独于行政司法界官吏之兼任者，虽时时请假，年年发旧讲义，而学生特别欢迎之，以为有此师生关系，可为毕业后奥援也。故于讲堂上领受讲义，及当学期学年考试时，要求题目范围特别预备外，对于学理毫无兴会。而讲堂以外，又无高尚之娱乐与学生自动之组织。故学生不得不于学校以外，竞为不正当之消遣。此人格所由堕落也。乃于第一日，对学生演说时，即揭破"大学学生，当以研究学术为天责，不当以大学为升官发财之阶梯"云云。于是推广进德会，以挽奔竞及游荡之习，并延积学之教授，提倡研究学问之兴会，助成体育会、音乐会、画法研究会、书法研究会等，以供正当之消遣。助成消费公社、学生银行、校役夜班、平民讲演团等，及《新潮》等杂志，以发扬学生自动之精神，而引起其服务社会之习惯。从前大学预科，自为组织，不求与本科第一年相衔接。于是第一步，解散独立组织，使分隶各科。第二步，改为预科二年，本科四年，合六年课程，通盘计画，不使复重。

理科之门类既未全，设备亦甚单简，教室实验室又无可扩张。而工科所设之门，与北洋大学全同，同为国立大学，京津相去又近，无取重设。于是商之教育部及北洋大学，以工科归并北洋，而以北洋之法科归并北京。得以所省工科之地位及经费，供扩张理科之用。

旧有商科，毫无设备，而讲授普通商业学。于是第一步，并入法科，为商业学门。第二步，则并商业门亦截止，而议由教育部别设完备之商科大学。

子民之意，以为大学实止须文理科，以其专研学理也。而其他医、工、农、法诸科，皆为应用起见，皆偏于术，可仿德国理、工、农、商高等学校之制而谓之高等学校。其年限及毕业生资格，皆可与大学齐等。惟社会上，已有大学医科、大学工科之习惯，改之则必启争端。故提议以文理科为本科大学，以医、工、农、法、商为分科大学。所谓分科者，以其可独立而为医科大学、工科大学等，非如文理科必须并设也。（比较元年之见解，又进一层。）又现行之专门学校四年制，于适当时期截止。因日本并设各科大学与专门两种，流弊已见，我国不必蹈其覆辙也。在校务讨论会通过，教育部则承认此制，而不用本科分科之名。

子民又发见文理分科之流弊，即文科之史学、文学均与科学有关，而哲学则全以自然科学为基础，乃文科学生，因与理科隔绝之故，直视自然科学为无用，遂不免流于空疏。理科各学，均与哲学有关；自然哲学，尤为自然科学之归宿。乃理科学生，以与文科隔绝之故，遂视哲学为无用，而陷于机械的世界观。又有几种哲学，竟不能以文理分者：如地理学，包有地质、社会等学理；人类学，包有生物、心理、社会等学理；心理学，素隶于哲学，而应用物理、生理的仪器及方法；进化学，为现代哲学之中枢，而以地质学、生物学为根底。彼此交错之处甚多。故提议沟通文理，合为一科。经专门以上学校会议及教育调查会之赞成，由北京大学试办。

又发现年级制之流弊，使锐进者无可见长。而留级者每因数种课程之不及格，须全部复习，兴味毫无，遂有在教室中瞌睡偷阅他书及时时旷课之弊，而其弊又传染于同学。适教员中有自美国留学回者，力言美国学校单位制之善。遂提议改年级制为单位制，亦经专门以上学校会议通过，由北京大学试办。

上皆孑民长北京大学博采众议励行革新之荦荦大端也。

国史馆停办后，仿各国例，附入北京大学史学门。孑民所规画者，分设征集、纂辑两股。纂辑股又分通史、民国史两类。通史先从长编及辞典入手，长编又分政治史及文明史两部。政治史，先编记事本末及书志，以时代为次，分期任编，凡各书有异同者，悉依原文采录之，如马骕《绎史》之例。俟长编竣事，乃付专门史学家，以一手修之为通史，而长编则亦将印行以备考也。文明史长编，分科学、哲学、文学、美术、宗教等部，分部任编，亦将俟编竣，而由文明史家一手编定之。辞典，分地名、人名、官名、器物、方言等，先正史，次杂史，以次及于各书，分书辑录，一见，再见，见第几卷第几页，皆记之。每一书辑录竟，则先整理之为本书检目。俟各书辑录俱竣，乃编为辞典云。两年以来，所征集之材料及纂辑之稿，已粲然可观矣。

子民以大学为囊括大典、包罗众家之学府，无论何种学派，苟其持之有故、言之成理者，兼容并包，听其自由发展。曾于《北京大学月刊》之发刊词中详言之。然中国素无思想自由之习惯，每好以己派压制他派，执持成见，加让嘲辞，遂有林琴南君诘问之函，子民据理答之。其往复之函，具见各报，国人自有公评也。

九、言行杂录 （已分记各节，补记数条于下）

子民最不赞成中国合食之法，而亦不赞成西洋菜，以为烹饪之法，中国最为进步，惟改合食为分食可矣。于管理爱国女学校时，于办绍兴学务公所时，于长教育部时，皆提倡之。于北京大学，特备西洋食具，宴外宾时，均用中国酒菜。

子民最不喜坐轿，以为以人舁人，既不人道，且以两人或三人四人代一人之步，亦太不经济也。人力车较为经济矣，然目视其伛偻喘汗之状，实大不忍。故有船则乘船，有公车则乘公车。彼以为脚踏车及摩托车，最文明。必不得已而思其次，则马车。以两人一马代步，而可容三四人，较轿为经济。能不竭马力，亦尚留爱物地步。其不得已而乘人力车，则先问需钱若干，到则付之，从不与之计较也。

子民于应用文极端赞成用国语，对于美术文，则以为新旧体均有美学上价值。新文学,如西洋之建筑、雕刻、图画,随科学哲学而进化。旧文学,注重于音调之配置,字句之排比,则如音乐,如舞蹈,如图案,如中国之绘画,亦不得谓之非美术也。

子民对于欧战之观察,谓国民实力,不外科学美术之结果。又谓此战为强权论与互助论之竞争。同盟方面,代表强权论。协约方面,代表互助论。最后之胜利,必归互助论。曾于浙江教育会及北京政学会演说之,时为五年(一九一六)之冬,两方胜负未决也。

子民对于宗教,既主张极端之信仰自由,故以为无传教之必要。或以为宗教之仪式及信条,可以涵养德性,子民反对之,以为此不过自欺欺人之举。若为涵养德性,则莫如提倡美育。盖人类之恶,率起于自私自利。美术有超越性,置一身之利害于度外。又有普遍性,独乐乐不如与人乐乐,与寡乐乐不如与众乐乐,是也。故提出以美育代宗教说。曾于江苏省教育会及北京神州学会演说之。

子民又提倡劳工神圣说,谓:"出劳力以造成有益社会之事物,无论所出为体力,为脑力,皆谓之劳工。故农、工、教育家、著述家,皆劳工也。商业中,惟消费公社,合于劳工之格。劳工当自尊,不当羡慕其他之不劳而获之寄生物。"曾与《勤工俭学传序》及天安门演说时畅言之。

子民小名阿培,入塾时,加昆弟行通用之元字,曰元培。其叔父茗珊君字之曰鹤卿。及孑民治小学，慕古人名字相关之习，且以鹤卿二字为庸俗，乃自字曰仲申，而号曰崔颐。及在爱国学社时，自号曰民友。至《警钟》时代，则曰："吾亦一民耳，何谓民友。"乃取"周余黎民，靡有孑遗"二句中字，而号曰孑民，以至于今焉。孑民曾改名蔡振，则因彼尝为麦鼎华君序《伦理学》，谓"四书五经，不合教科书体裁"，适为张南皮所见，既不满麦书，而谓蔡序尤谬妄。商务印书馆恐所印书题蔡元培名，或为政府所反对，商请改署。故孑民于所译包尔生《伦理学原理》，及所编《中国伦理学史》，皆假其妻黄女士之名，而署蔡振云。

近时蒋梦麟博士于到北京时，对于北京大学学生演说，讲到蔡先生的精神。谓："（一）温良恭俭让，蔡先生具中国最好之精神。（二）重美感，是蔡先生具希腊最好之精神。（三）平民生活，及在他的眼中，个个都是好人，是蔡先生具希伯来最好之精神。蔡先生这精神，是那里来的呢？是从学问来的。"闻者均以为确当。

（注）同盟会在蔡先生四十一岁（一九〇五年乙巳，光绪三十一年），造炸弹亦在爱国学社后，今插入爱国学社时，非事实，乃因决意革命连带而叙入耳。（吴敬恒识）

蔡孑民先生传略（下）

高平叔编著

民国八年（一九一九），青岛外交问题，激起空前之罢学风潮，首起于北京大学，次及于北京各校。五月四日，北大及北京各校学生有执旗示威举动。旗书"誓死争青岛"，"卖国贼曹、章、陆"等字样，并殴伤章宗祥，焚毁曹汝霖住宅。学生被捕者三十余人，北京十四校校长向警厅保释，先生以北大校长至愿一人抵罪，均未允。五月九日，总统徐世昌颁布命令，历述伤人焚宅等事，且有将滋事学生送交法庭依法办理等语，先生颇愤懑，遂于五月十日上午八时出走天津，留递辞呈两件，一致徐总统，一致教育总长傅增湘，表明辞职之意，措词极为坚决，并在北京各报发表启事云：

> 我倦矣！"杀君马者道旁儿"，"民亦劳止，汔可小休"，我欲小休矣。北京大学校长之职，已正式辞去；其他向有关系之各学校，各集会，自五月九日起，一切脱离关系。特此声明，惟知我者谅之！

先生出京后，国人对上述启事颇多误解，而于"杀君马"一语尤甚。有谓先生当段祺瑞内阁时代，有某种印刷物为段所忌；又谓先生主北大时，取学术自由主义，容纳新旧学派，为旧派所嫉；又谓学潮爆发时，政府有解散大学，罢免校长之主张，而一般旧官僚以此次学潮为北大倡导新学派之结果，咸集矢于先生；尚有望文生义者，谓"君"者指政府，"马"者指曹章，"道旁儿"指各校学生。实则先生以为非自身离京不足以弥平学潮，外传云，均非事实。

先生离京数月，学潮方始平息。政府及北大教职员学生挽留函电叠至，彼时，先生在杭州，与北来友人等商定程序。先请蒋梦麟氏北上，继发表告北京大学学生暨全国学生联合会书。九月，返校。

九年（一九二〇）十一月，教育部派先生往欧美考察教育，与罗钧任氏同行，罗氏考察司法。先至巴黎，法国教育部表示对于吾国学者之钦崇，特授先生荣誉学位，典礼极隆重。旋赴荷兰、瑞典、意大利、比利时、德、英等国。

黄仲玉夫人于先生抵巴黎次日在北京逝世，先生在瑞士撰祭文云：

呜呼，仲玉，竟舍我而先逝耶！自汝与我结婚以来，才二十年，累汝以儿女，累汝以家计，累汝以国内国外之奔走，累汝以贫困，累汝以忧患，使汝善书、善画，善为美术之天才，竟不能无限发展，而且积劳成疾，以不得尽汝之天年，呜呼！我之负汝为如何耶！

我与汝结婚以后，屡与汝别，留青岛三阅月，留北京译学馆半年，留德意志四年；革命以后，留南京及北京九阅月，前年留杭县四阅月，加以其他短期之旅行，二十年中，与汝欢聚者不过十二三年耳。呜呼，孰意汝舍我如是其速耶！

凡我与汝别，汝往往大病，然不久即愈。我此次往湖南而汝病，我归汝病剧，及汝病渐痊，医生谓不日可以康复，我始敢放胆而为此长期之旅行。岂意我别汝而汝病转剧，以至于死，而我竟不得与汝一诀耶！

我将往湖南，汝恐我不及再回北京，先为我料理行装，一切完备。我今所服用者，何一非汝所采购，汝所整理？处处触目伤心，我其何以堪耶！

汝孝于亲，睦于弟妹，慈于子女，我不知汝临终时，一念及汝死后老父老母之悲切，弟妹之伤悼，稚女幼儿之哀痛，汝心其何以堪耶！

汝时时在纷华靡丽之场，内之若上海及北京，外之若柏林及巴黎，我间欲为汝购置稍稍入时之衣饰，偕往普通娱乐之场所，而汝辄不愿。对于北京妇女以酒食赌博相征逐，或假公益之名以鹜声气而因缘为利者，尤慎避之，不敢与往来。常克勤克俭以养我之廉，以端正子女之习惯。呜呼！我之感汝何如，而竟不得一当以报汝耶！

汝爱我以德，无微不至，对于我之饮食、起居、疾痛、疴痒，时时悬念，所不待言。对于我所信仰之主义，我所信仰之朋友，或所见不与我同，常加规劝，我或不能领受，以至与汝争论，我事后辄非常悔恨，以为何不稍稍忍耐，以免伤汝之心。呜呼！而今而后，再欲闻汝之规劝而不可复矣，我惟有时时铭记汝往日之言以自检耳。

汝病剧时，劝我按预约之期以行，而我不肯，汝自料不免于死，常祈速死，以免误我之行期。我当时以为此不过病中愤感之谈，及汝小愈，则亦置之。呜呼，岂意汝以小愈促我行，而竟不免死于我行以后耶！

我自行后，念汝病，时时不宁。去年十一月二十八日，在舶中发一无线电于蒋君，询汝近状，冀得一全愈之消息以告慰，而复电仅言小愈，我意非全愈则必加剧，小愈必加剧之讳言，聊以宽我耳，我于是益益不宁。到里昂后，即发一电于李君，询汝近况，又久不得复。直至我已由里昂而巴黎，而瑞士，始由里昂转到谭蒋二君之电，始知汝竟于我到巴黎之次日，已舍我而长逝矣！呜呼，我之旅行为对于社会应尽之义务，本不能以私废公；然迟速之间，未尝无商量之余地。尔时，李夫人曾劝我展缓行期，我竟误信医生之言而决行，致不得调护汝以蕲免于死。呜呼，我负汝如此，我虽追悔，其尚可及耶！

我得电时，距汝死已八日矣，我既无法速归，归亦已无济于事，我不能不按我预定计划尽应尽之义务而后归。呜呼，汝如有知，能不责我负心耶？！

汝所爱者，老父老母也，我祝二老永远健康，以副汝之爱。汝所爱者，我也，我当善自保养，尽力于社会，以副汝之厚爱。汝所爱者，威廉也，柏龄也，现在托庇于汝之爱妹，爱护周至，必不让于汝；我回国以后，必躬自抚养，使得受完全教育，为世界上有价值之人物，有所贡献于世界，以为汝母教之纪念，以副汝之爱。呜呼，我所以慰汝者如此而已，汝如有知，其能满意否耶？

汝自幼受妇德之教育，居恒慕古烈妇人之所为，自与我结婚以后，见我多病而常冒危险，常与我约，我死则汝必以身殉。我谆谆劝汝，万不可如此，宜善抚子女，以尽汝为母之天职。呜呼，孰意我尚未死而汝竟先我而死耶！我守我劝汝之言，不敢以身殉汝，然我早衰而多感，我有生之年亦复易尽，死而有知，我与汝聚首之日不远矣。

呜呼，死者果有知耶？我平日决不敢信；死者果无知耶？我今日为汝而决不敢信；我今日惟有认汝为有知，而与汝作此最后之通讯，以稍稍纾我之悲悔耳！呜呼，仲玉！

先生在欧洲各国考察毕，于十年（一九二一）七月赴美国接受纽约大学哲学博士荣誉学位，旋遍游美国各大都市，为北京大学建筑图书馆向华侨募捐。是年十月，教育部电请过檀香山出席太平洋教育会议，归国。

十一年（一九二二），彭允彝氏长教育。时罗钧任忽以金佛郎案被逮，比开释，彭氏再请拘捕，罗氏又入狱。引起先生及蒋梦麟、邵飘萍诸氏之不平，先生遂发表启事，表示与彭氏不能合作，悄然出京，住天津颇久。启事原文如下：

《易经》说："小人知进而不知退。"我国近年来有许多纠纷的事情，都是由不知退的小人酿成的，而且退的举动，并不但是消极的免些纠纷，间接的还有积极的势力。当民国七年南北和议将开的时候，北京有一个和平期成会，我也充作会员，会员里面有好几位任北方代表的，中有一位某君在会中发言道："诸君知道辛亥革命，清室何以倒得这样快？惟一的原因，是清朝末年，大家知北京政府绝无希望，激烈点的固然到南方去做革命运动；就是和平点的也陆续离北京去，那时的北京几乎没有一个有智识有能力的人，所以革命军一起，袁项城一进京，清室就同'摧枯拉朽'的倒了。现在的政府也快到末日了，且看他觉悟了没有？若是这一次他还不肯开诚布公与南方协议，那就没有希望了，我们至少应该相率离京,并家眷也同去。"我那时候听了这一番话,很为感动!当时的坏人,大抵是一无所能的居多,偶有所能,也是不适于时势的,他所以对付时局,全靠着一般胥吏式机械式的学者,替他在衙署里面办财政,办外交等等,替他在文化事业上作装饰品,除了这几项外,他还有什么维持的能力呢?所以这般胥吏式的学者,只要有饭吃,有钱拿,无论什么东西都替他做工具,如俗语说的"有奶便是娘"的样子。实在是"助纣为虐",他们的罪,比当局的坏人还多一点儿。

八年的春季,华北欧美同学会在清华学校开会。有一部分会员提出对于政治问题的意见,在会场上通过,我那时就问他们:"我们提出去了,万一政府竟置之不理。我们怎么样?我个人的意思,要是我们但为发表意见,同新闻记者的社论一样,那就不必说了;若是求有点效果,至少要有不再替政府帮忙的决心。"我那时候就缕述某君的话告大家,并且申说:"现在政府那一个机关能离掉留学生?若留学生相率辞职,政府当得起么?"此是我第一次宣传某君的名言。去年春假,教职员联席会议,因教育经费没有着落,请八校校长出席发表意见,我从前一年从欧美回来,不久即进病院,这一回算是第一次出席联席会议,我那时声明我的意见:说是教育费不发,教职员无论为教课上进行障碍,或个人生计困难，止须向校长辞职；若教职员辞职的多了，校长当然向政府辞职，我想这种辞职的效力，要比罢课包围教育当局还大得多。也缕述某君的一番话备他们参考，这是我第二次宣传某君的名言。但是我个人性质，是曾经吴君稚晖品评过，叫做"律己不苟而对人则绝对放任"，我自己反省起来，觉得他的品评是很不错，我对于某君的名言，虽然是极端的佩服，但是除前说两次宣传外，偶然于谈话时传述过几次，却从没有这种主张向何等人作积极的运动，不过自己向这个方面准备。我是一个比较的还可以研究学问的人，我的兴趣也完全在这一方面，自从任了半官式的国立大学校长以后，不知一天要见多少不愿意见的人，说多少不愿意说的话，看多少不愿意看的信，想腾出一两点钟看看书，竟做不到了，实在苦痛极了！而这个职务，又适在北京，是最高立法机关行政机关所在的地方，止见他们一天一天的堕落，议员的投票，看津贴的有无，阁员的位置，禀军阀的意旨，法律是舞文的工具，选举是金钱的决赛，不计是非，只计利害；不要人格，只要权利，这种恶浊的空气，一天一天的浓厚起来，我实在不能再受了！我们的责任，在指导青年，在这种恶浊空气里面，要替这几千青年保险，叫他们不致受外界的传染。我自忖实在没有这种能力，所以早早想脱离关系,让别个能力较大的人来担任这个保险的任务。

"五四"风潮以后,我鉴于为一个校长去留的问题,生了许多的枝节;我虽然抱了必退的决心,终不愿为一人的缘故牵动学校,所以近几年来在校中设各种机关,完全以诸位教授为中坚,决不致因为校长问题发生什么危险了。

到现在布置得如此妥当,我本来随时可以告退,不过为校中同人感情的牵率,预备到学期假中设法脱离?不意有彭允彝提出罗案再议的事件,叫我忍无可忍,不得不立刻告退了。罗案初起,我深恶吴景濂、张伯烈的阴恶,因为他们为倒阁起见,尽可用弹劾质问的手续,何以定要用不法行为,对于未曾证明有罪的人剥夺他的自由?我且深怪黎总统办事的糊涂,受一两个人的胁迫,对于未曾证明有罪的人草草的下令逮捕,与前年受张勋胁迫下令解散国会实在是同一糊涂。我那时候觉得北京住不得了,我的要退的意思已经很急迫了。但是,那时候,这个案已交法庭,只要法庭能依法办理,他们倒阁的目的已达,不再有干涉司法的举动,或者于法律保障人权的主义,经一番顿挫,可以格外昭明一点,不妨看他一看。现在法庭果然依法办理,宣告不起诉理由了,而国务院乃竟提出再议的请求,又立刻夺剥套未曾证明有罪的人的自由，重行逮捕。而提出者，又非司法当局，而为我的职务上天天有关系的教育当局，我不管他们打官话打得什么样圆滑，我总觉得提出者的人格是我不能再与为伍的，我所以不能再忍而立刻告退了。

先生以黄夫人逝世，已逾期年，家庭状况不能不续娶，其择偶条件：（一）原有相当认识；（二）年龄略大；（三）须熟谙英文而能为先生之助者。先生属意爱国女学旧同学周峻（养浩）女士。周女士在先生主持爱国时，即来就学，又进承志、启明诸校；毕业后，服务社会多年，且素有出国志愿。先生当托徐仲可夫人介绍（徐夫人前任爱国女学舍监，与养浩夫人善），得夫人同意，遂于十二年（一九二三）七月十日在苏州举行婚礼。婚后，先生、夫人携同女公子威廉、公子柏龄同往比利时，夫人及女公子进不鲁塞美术学校研究艺术，公子入比国劳动大学研究工艺。

十三年（一九二四）春，夫人及女公子感于比利时研究艺术之不宜，改往法国，夫人进巴黎美专，女公子入里昂美专，公子仍留比学工，先生则往来于比、法两国间，照料夫人、女公子、公子学业；并襄助李石曾、吴稚晖诸氏办理里昂中法大学及华法教育事宜。

十三年（一九二四）秋，先生赴伦敦，与陈剑翛、黄建中、潘绍棠诸氏为退回庚子赔款之运动。旋得教育部电请赴荷兰、瑞典出席民族学会，该会专研讨哥伦布未发见新大陆前的美国民族问题，先生撰有论文一篇，由谢寿康氏译为法文送会。与会，遇德国民族学家但采尔教授，但教授为先生留来比锡大学时之同学，劝先生往汉堡大学研究（汉堡民族博物馆材料极丰富），先生遂于十四年（一九二五）偕夫人赴德，在汉堡大学研究民族学。

先生于十五年（一九二六）二月依教育部电促返国。是时，先生尚未辞去北大校长。抵沪，适平、津交通断绝，无法北上，乃留沪参加江、浙、皖三省联合会，该会系响应国民革命军北伐之组织。浙江省科学院筹备处成立，推先生兼任正主任。是年冬，先生任浙江政治分会委员，赴宁波出席会议，时北洋军阀在浙又占优势，分会委员分途暂避，先生与马夷初氏同往象山，又改往临海，再乘带鱼船往福州。

先生在福州及厦门两阅月，由集美学校借捕鱼船送至温州，又换船至宁波，再由宁波到杭州，参加浙江政治分会。国民政府成立，遂进京，参加中央政治会议，任中央监察委员，国民政府教育行政委员会委员，试办北平、江苏、浙江三大学区。同年，先生又与李石曾、张静江诸氏提议设中央研究院及北平、浙江研究院，通过，由大学院呈准先设中央研究院。先生以大学院长兼任中央研究院长。

十七年（一九二八）五月，先生在大学院召开第一次全国教育会议，集各省市教育行政主管人员、大学校长、及专家七十余人，会期亘两星期，议案四百余事，凡教育上重要问题多得适当之解决。是年，政府改组，大学院改为教育部，先生不愿兼任部长，并辞去所兼任之监察院长及司法部长，辞函中有"去志早决，义无返顾"等语，先生一生难进易退，大抵如此。

先生自辞去大学院长、监察院长、司法部长，专任中央研究院院长后，对国事仍异常关怀。二十年（一九三一）冬，与张溥泉诸氏赴粤，代表中央接洽和议，当邀同粤方代表孙哲生诸氏来沪，作进一步协商，结果颇圆满。二十一年（一九三二），受教育部委托整理中央大学。叠次中央执监委员会全体会议，均出席发表意见。其他有关文化学术之重要设施，如中华教育文化基金董事会、故宫博物院、北平及上海图书馆、伦敦艺术展览会，靡不参与。而于中央研究院，尤殚思竭虑，力图进展；二十四年（一九三五）九月，罗致全国学者组织中央研究院评议会，并举行第一次、第二次会议，规划推进学术研究工作颇详。

先生"尚推想而拙于记忆，性近于学术而不宜于政治"，颇欲研究民族学以终老。先生曾言："我是一个比较的还可以研究学问的人，我的兴趣也完全在这一方面，自从任了半官式的国立大学校长，不知每天要见多少不愿意见的人，说多少不愿意说的话，看多少不愿意看的信，想腾出一两点钟看看书，竟做不到了，实在苦痛极了！"南来以后，烦杂更倍往昔,先生遂于二十四年(一九三五)七月,发表启事,声明三事:(一)辞去兼职;(二)停止接受写件;(三)停止介绍职业。抄录原文如下:

以元培之年龄及能力,聚精会神,专治一事,犹恐不免陨越;若再散漫应付,必将一事无成。今自八月起,画一新时代,谨为下列三项之声明,幸知友谅之。

(一)辞去兼职

荀子有言:"行衢道者不至。"又曰:"鼫鼠五技而穷。"治学治事,非专不可。余自民元以来,每于专职以外,复兼其他教育文化事业之董事及委员等,积累既久,其数可惊。"老者不以筋力为礼,贫者不以货财为礼。"虽承各方体谅,不以奔走权门,创捐巨款相责,而文书画诺,会议主席,与及其他排难解纷,筹款置产之类,亦已应接不暇,衰老之躯,不复堪此,爰次辞去,略加左方;其所不及,以此类推。

一、中国公学校董兼董事长。二、上海法学院校董。三、上海美术专科学校校董兼主席校董。四、爱国女学校董兼主席校董。五、苏州振华女学校董。六、南通学院校董。七、北平孔德学校校长。八、中华职业教育社评议员。九、中华教育文化基金董事会董事及董事长。十、故宫博物院理事及理事长。十一、鸿英教育基金董事会董事及董事长。十二、寰球中国学生会会员。十三、全国国语教育促进会会长。十四、中国经济统计社社员。十五、中华慈幼协会会员。十六、国际问题研究会会员。十七、太平洋国际学会会员。十八、大同乐会董事长及副董事长。十九、音乐艺文社社员。二〇、杭州农工银行监理。二一、中国教育电影协会监事。二二、上海市图书馆临时董事会董事及董事长。二三、国立北平图书馆馆长。

（二）停止接受写件

余不工书，而索书者纷至，除拨冗写发者外，尚积存数百件，方拟排日还债，而后者又接踵而至，将永无清偿之一日。今决定停收写件，俟积纸写完，再行定期接受。

（三）停止介绍职业

事需人，人需事，谙悉两方情形者，本有介绍之义务。然现今人浮于事，不知若干倍。要求介绍者几乎无日无之，何厚于此？何薄于彼？一而二，二而三，以至于无穷。遇有一新设之机关或机关之长官更迭时，则往往同时同处接到我多数之介绍函,其效力遂等于零,在我费无谓之光阴,在被介绍者耗无谓之旅费,在受函者亦甚费无谓之计较与答复,三方损失,何苦而为之!近日政府有全国学术工作咨询处,社会有职业指导所,各报亦有"自我职业介绍"及"谋事者鉴"等栏,且现在各国失业调查及救济之方策,我政府亦必将采用,个人绵力,氾可小休!

二十五年(一九三六)冬,先生忽卧病,濒危者再,卒以诊治得宜,调养经年,渐告痊可,此后身体转弱,时愈时发。八一三沪战后,先生忧怀国事,每欲驰往国外,争取友邦同情;二十七年(一九三八)春,移居香港,二十八年(一九三九)迁往九龙柯士甸道新寓,又拟转入内地,襄理大计,笔者是年秋过港,先生犹殷殷以昆明相晤为期,言犹在耳!但以高年远行,不堪劳瘁,均未果行。同年,先生为国际反侵略运动大会中国分会撰会歌一首云:

公理昭彰,战胜强权在今日,概不问,领土大小,军容赢诎。文化同肩维护任,武装合组抵抗术。把野心军阀尽排除,齐努力。我中华,泱泱国。爱和平,御强敌。两年来,博得同情洋溢。独立宁辞经百战,众擎无愧参全责。与友邦共奏凯旋歌,显成绩。

先生于二十九年（一九四〇）三月三日在九龙寓所失足仆地，伤及内部，虽经输血手术，终以年高体弱，回天乏术，延止五日晨九时四十五分逝世，享年七十四岁。遗夫人周养浩女士，子无忌、柏龄、怀新、英多；女威廉（二十八年逝世）、晬盎。先生得病经过有如王云五先生所述：

蔡先生年来息影香港，深居简出；去岁迁往九龙新寓后，更少来港。今年废历新正初四日，先生偕夫人公子等来港访谈，旋偕香港仔午膳，顺游浅水湾等处，游兴甚浓，精神亦健。本月（三月）三日先生在寓失足仆地，初以为无碍，旋竟吐血一口，家人恐慌，即召医诊治。惟因时值星期假日，故所延西医朱惠康至午始到，并为加延马利医院内科主任凌医生会同诊察，认为先生年事已高，宜防意外，故即商定过海入养和医院，悉心诊疗。途中由朱医生及蔡夫人侍伴。入院后，详为诊察，脉搏如常，似无大碍，乃为注射血止剂及葡萄糖针。本人于蔡先生赴院前及入院后，均往探望，见精神尚佳，无何异状。四日晨十一时再往医院探望，闻蔡夫人言未续吐血，医师亦谓如不转变，或可出险；时蔡先生正睡着，故未与谈，即行辞出。

讵至午后二时，即接蔡夫人电话，谓先生病势转危，本人急往探视，知从肛门排血甚多，精神骤衰，且不甚清醒，急为先后延请李祖佑、李树芬及外籍医师惠金生、郭克等四医生，会同朱医生诊治，均认系胃瘤出血，恐难救治。初，各医均主施行输血手术营救，惟蔡夫人以先生年事已高，恐输血反应甚大，不能抵抗，故非至万不得已时，不愿施行；至是，以先生病势沉重，气息仅存，故不得已决定实行输血；惟时已深夜，原已验定之输血人遍觅不得，当时侍奉左右之蔡先生胞侄太冲及内侄周新，自愿输血，经赶往香港大学实验室检验，蔡君之血同型，乃即返院施行手术。在输血前，蔡先生已入极危险之状态，惠医生已断定无救。惟郭医生仍努力输血施救。输血后，经过良好，先生精神亦转佳，本人至今晨（即五日晨）四时始辞出。当以输血收效甚速，故定今日（五日）再行二次输血。今晨八时，接医院电话知蔡先生又转危，本人即赶往医院，一面通知商务印书馆在职工中征求输血者，一面赶请医生急救。乃至九时四十五分，愿输血者数人赶至，未及施行手术，而先生已撒手长逝，痛哉！

民国教育总长蔡元培

蒋维乔

先生名元培，字鹤卿，浙江绍兴山阴人，孑民其号也。为人诚实恳挚，无一毫虚饰。自其幼时，沉潜好读书，学于其叔铭三（珊）先生。叔馆于里中徐氏，徐氏富藏书，先生因得遍观其所藏，学乃大进。为文奇古博雅，声名藉盛。己丑举于乡，壬辰以翰林院庶吉士，授职编修。顾天性恬淡，不屑屑于仕进，不常居北京。戊戌政变后，先生知清廷之不足为，革命之不可以已，乃浩然弃官归里，主持教育，以启发民智。既而来海上，主南洋公学特班讲席。特班生内皆优于国学，得先生之陶冶，益晓然于革命大义。时适汉口唐才常事败之后，清政府钳制集会结社甚厉；先生于壬寅夏秋之交，与海上同志谋立一会。违远时忌，乃定名为中国教育会，默输民族主义。众议教育之根本在女学，乃先创立爱国女学校，时十月二十四日也。其年南洋公学学生，因教员非礼压制，全体大哗，先生持正论，右学生与当事者力争，争之不获，学生皆罢课，先生亦自请辞职。退学生百余人，谋自建学社，举代表赴教育会求赞助，会中允助以经费，更由会员任教科。癸卯之春，社乃成立，名曰爱国学社。先生于是为男女两校校长；自校长以下至教员，皆躬亲义务，别以译著自给。先生更兼教育会会长，以鼓吹革命为己任，时时开会演说，而以《苏报》为机关。影响所及，风靡全国。

先是俄人自拳匪乱后，隐据东三省，至是尚不撤兵，国人愤激，留日学生组织义勇队谋击俄人，先生率会员学生，亦创义勇队于海上以应之。而会员章炳麟著《驳康有为书》，邹容著《革命军》，皆刊印小册，不胫而走。端方在鄂侦知之，告密清廷，清廷严谕江督魏光焘，责其形同聋聩，使逮捕先生与章炳麟、吴敬恒、黄中央、邹容等六人，将置之法。魏乃照会各国领事逮捕，各领事持人道主义勿之许。清廷复严责魏，魏惧，乃用南洋法律官担文计，使上海道代表江督为原告，控先生等于会审公廨，各国领事允之。

外患方亟，而是时爱国学社学生团体忽与教育会冲突，内讧又作，而捕者适至，学生纷纷避匿，吴敬恒、黄中央等或避西洋，或至日本，先生则往青岛，而章炳麟、邹容则就逮。狱决：章炳麟监禁三年；邹容监禁二年。学社遂解散，惟女校由会员维持，得存。未几，先生复由青岛返。会俄人占据东三省之谋益显，先生组织对俄同志会，创《俄事警闻》日报，以警告国人。对俄同志会者，即义勇队之变相。所谓名为拒俄，实则革命者也。东京之义勇队既改为军国民教育会，日俄战争既起，复改为秘密结社，名光复会，先生与对俄同志会会员皆合于光复会。其后光复会易名中国革命同盟会，先生遂为同盟会会员，屡与杨守仁及其他同志，为制造炸弹之秘密机关，辄以禁网方密，而经济又奇困，卒无成功。甲辰夏，先生复主持爱国女学校校务。乙巳往北京，主译学馆讲席。先生自青岛归时，恒每日入狱存问章、邹二人。邹容死于狱，先生又密集同志为营葬于华泾，立碣于上曰"邹君之墓"。丁未，先生往德意志留学。盖向者在青岛及北京时，已习德语，至德后逾年，即入来比锡大学，修哲学、心理学、美学，仍以译著自给。自先生之游学于德，于今五载矣。会民国军起，乃匆匆返国。既返，则往来于宁、沪、浙之间，参与大事。临时政府成立，遂任今职。

　　余于壬寅之秋，赴中国教育会，始与先生相见。癸卯春，率妻子至海上，置妻于女学，置子于男学，而助君理校务，亦以译著自给。君之办女学也，不规规乎普通科目，而注重精神；而又夙抱社会主义，顾不轻以语人。盖壬癸之间，知革命主义者尚鲜，至社会主义，则未经人道，偶有一二留学生道及之，类皆不矜细行，为世诟病。先生尝语余曰："夫惟于交际之间，一介不苟者，夫然后可以言共产；夫惟于男女之间，一毫不苟者，夫然后可以破夫妇之界限。社会主义固在此不在彼也。"先生平居休休然，终日无疾言遽色；余性褊急，愤世嫉俗，自与先生日夕相处，而气质为之一变。然先生之处世，长于知君子，而短于知小人，故谋事往往多失败。又尝告余曰："吾人适于治学，不适于办事，我不负人，人或负我，所以灰心；然而竟不能灰，奈何？"先生绝无耳目四肢之嗜好，至德国后，即持素食，不事家人生产，恒尽力社会事业，而忘其家，并忘其身。时至贫乏，不克自存，戚友知之，或贷以金，则称量其所需而受，不肯苟取也。

嗟乎！自壬癸以来，十年之间，世事之变迁，于今为烈；革命之豪杰，既遭挫折，中途改节者，吾见亦多矣。余性愚拙，又多疾病，遂不能与世之豪杰相周旋。而惟志先生之志，扶持其手植之爱国女学校于勿替，亦云隘矣。然十年之间，志先生之志，未敢稍变其节，则又未尝不硁硁自信。夫世界幻象也，吾之形骸幻象中之一物也，而常有至大至善之物，随有生以俱来，所谓真我是也。惟能修养精神，以见真我者，斯能无人我相，故功成而我不必居，名成而我不必享。无我、无功、无名，斯能实践社会主义。若而人者，其于世之自命豪杰，汲汲焉攘窃功名以自快一日之私者，何如哉！夫能无我、无功、无名，而实践社会主义者，微先生又谁与归？

［原载《传记文学》第十卷第二期（一九六七年二月号）］

蔡孑民先生自传之一章

萧　瑜

此蔡孑民先生为余自述其身家轶事,而余笔记之也。蔡先生无传记,更无自传。民国八年(一九一九),北京大学新潮社编印《蔡孑民先生言行录》时,曾首载黄君某(似为其黄夫人之弟)所撰先生事略。记其少时青年之生平,然无一语及其身家先世。七七事变起,余在巴黎,十一月,余偕一热心赞助我国抗战之法国友好专程东归,谒蒋委员长于汉口。法友以接洽便利之故,择居香港。余亦同居九龙半岛酒店。住至翌年九月,始为第四次之游法。时蔡先生及其家人亦避居九龙。其租房及所刻名片,均用周子余姓名。居常以不见客为原则,故往来无生客而见客亦甚少。余时往谒,先生亦不时来访,每见常作剧谈。盖以居处邻近,时较清闲,欲以清谈破寂寥也。所谈多属哲学宗教范围。时余正研究法国大哲学家居友(J. M. Guyau)学说,因亦涉及先生"以美育代宗教"之讨论。先生曾闻居友之名，而未读其书。常命余译述讲解，戏言上课，并作笔记。并令余校阅其笔记，其虚心好学，老而弥笃，感人如此！蔡先生常闻余曾祖曾为书院山长及曾文正公家庭教师，一日问之及余家世，因此余亦敢闻先生之家世，先生娓娓不倦详告之。余闻之欣然肃然笔记之。此民国二十九年（一九四〇）七月二十六日下午事，距先生逝世九月之前也。是日，先生精神焕发，谈笑多时而不倦。清茶一瓯，对食（食茶见《宋史》）对语。余屡问先生今日得毋倦乎，明日再作续谈可也。先生曰："不倦！不倦！有趣！有趣！"去今将三十年，而先生墓木拱矣。回忆笑谈，如在昨日。海天神溯，曷胜呜咽！

余（蔡先生自称，以下全同）家明末由诸暨迁至山阴，余祖先有营木材业者，因遭同行人妒忌，被斧砍伤。受伤后遂不复理木材业。此余闻祖先轶事之最早者。自此祖又两世，至我曾祖，行四。余曾祖之兄行三者，营绸缎业于广东，因偷关被捕，将处极刑，家中营救，罄其所有，免于一死。

余祖父营典当业，为当铺经理。遂在笔飞坊自置一房，坐北朝南，有大厅三楹。生我父兄弟七人。先三叔好武艺，外出，不知所往，亦不知所终。留在家同居者只六子耳。六叔七叔年最幼，长子及二四五子均已结婚。先祖又在屋后加盖五楼五底以备大家庭合住之用。余等为大房，住一楼一底之外，尚多一骑楼，骑楼虽多只一间，亦意存优待于长子也。

余生于清同治六年（一八六八）丁卯，十二月十七日亥时，初言十八日子时，后改正为十七日亥时。其时无钟表，计时亦难准确。

余同胞兄弟四人，四弟早殇，实为兄弟三人，即余有一兄一弟。

余有两姊均未出阁，均在二十左右病故，有一幼妹，亦早殇。

先父面方，肤色颇黄，先母面椭圆，肤色白皙。余兄弟姊妹七人，凡居单数者均像母，居双数者均像父，余行二，故像父亲。

先父为钱庄经理，二叔为绸缎店经理，四叔亦经营钱庄，五叔七叔为某庄副经理，全家经商，惟六叔读书。

余家至我六叔，始考试入学。（秀才）后并补廪（廪生）。自六叔以前，祖传无读书登科之人。

余幼时，先父延聘教师在家教读。年十一，先父见背，家中不克复延教师，即附学他处。先父之丧为夏六月，是年下半年起，余即寄居姨母家附近读一年。十二岁十三岁，又在一李先生家附读两年。十四岁，始从王子庄先生学作八股文，王先生其时八股文名家也。余从王先生学至十七岁，余入学游泮矣（秀才）。

十八岁、十九岁余自设馆教书。

自二十岁起,不复授徒。余在徐家校书矣。绍兴有徐家,藏书甚富,又喜校书印书,喜以文会友,故亦延聘及我。余自此不复作八股,改作辞章考据之学。

二十一、二、三、四岁四年中均校书徐家,多得读书之益。

二十四岁,己丑年(光绪十五年,一八八九年),余入乡闱中式(举人)。

此后成进士及殿试,言行录等处已说及,不必赘述矣。述其未说及者一二如次:

余入同盟会在乙巳年(光绪三十一年,一九〇五年),为同盟会成立之年,或其次年,介绍入会者何海樵也。

次年,黄克强持孙先生手书来,派余为上海支部部长。是年余返绍兴故乡一行。

又次年丁未,余随孙宝琦赴德,彼任钦差,余往留学,由西比利亚行,同行者有齐寿山。(作者按:为齐如山之弟,后蔡先生任教育总长时,寿山任秘书。)

寿山告余,李石曾先生吃素,及其理由。余以为然,因亦吃素。直吃至民国十年(一九二一)腿病不能行走,医生感觉病时素食不易调理,为简便计,劝我恢复肉食,我从之,实仍偏重素食,惟不如以前之严格耳。

戊申年(光绪三十四年,一九〇八年)我始游巴黎。

辛亥革命余在德国，得陈英士电，促即回国，余乃取道西比利亚东归。归后，命我任教育总长，此后诸事，知者更多矣。

一九五二年余与先室孝隐住法国南部地中海边之甘城（Cannes）①，适林语堂君夫妇亦同寓此城。一日，林来为其在纽约出版之《天风月刊》告急。因取我此文笔记稿本抄缮一通寄去，标题《蔡孑民先生自述身家轶事》。因《天风月刊》阅者不多，蔡先生先世及入学入（国民）党经过，出自口述、本即自传，珍贵史料，世多罕闻。故今重加整理，以应《传记文学》杂志纪念特辑之需。此文与《天风月刊》所刊者，其标题文体均不一致，既非"再版"，更非"转载"也。作者在南美乌拉圭并识。

［原载《传记文学》第十卷第一期（一九六七年一月号）］

---

① 即戛纳。——编者

蔡元培（孑民）小传

陶英惠

蔡元培，字鹤卿，号崔颅，又字仲申、民友、孑民，并曾化名蔡振、周子余。清同治六年十二月十七日（一八六八年一月十一日）生，浙江省山阴县（今绍兴）人。其先世于明朝末年由诸暨迁至山阴。从高祖开始全家都经商，只有六叔铭恩（茗珊）读书，以廪膳生乡试中式。元培在其指导下，读了许多中国经史典籍。父亲光普（耀山），为人长厚，慷慨好施，在任钱庄经理时，因获利甚厚而加倍发放年终奖金，为东家不满，责令赔偿，遂郁悒以殁。时元培仅十一岁，兄弟孤苦无依，又无积蓄，幸赖母亲周太夫人典质衣饰，克勤克俭，抚养成人。

元培六岁（一八七二）入塾，十四岁（一八八〇）受业于同县八股文名家王懋修（子庄），从读《礼记》与《左传》等。十七岁（一八八三）补诸生，开始广泛的自由读书。十八岁（一八八四）在家设馆教书两年，为从事教育工作之始。二十岁（一八八六）起，在同乡名藏书家徐树兰家校书，得博览群书，学问大进。二十三岁（一八八九）参加浙江乡试（己丑亲政恩科）中举，翌年入京会试中式，为贡士，因考完未等放榜即返乡，故未能参加本科殿试。同年秋，上虞县志局开局，元培被聘为总纂，因所定条例为分纂反对，不久即辞职。二十六岁（一八九二）再入京补行殿试，中壬辰科二甲第二十四名进士，获授翰林院庶吉士。二十八岁（一八九四）散馆，升补编修。时中日甲午战败，朝士竞言西学，元培亦开始涉猎译本西书，学习日文，以间接吸取世界新知。

光绪二十四年（一八九八）八月，戊戌政变发生，元培认为康梁之所以失败，是由于不先培养革新人才，而欲以少数人戈取政权，排斥顽旧，不能不情见势绌。乃于九月间弃职返里，委身于教育工作。时徐树兰正在经营绍兴中西学堂，荐元培为监督（即校长）。教职员中有新旧两派，元培提倡新思想，时与旧派辩论，旧派运动堂董干涉，乃于次年辞职。时元配王夫人因产后失调去世，乃于二十六年（一九〇〇）续娶黄夫人世振（仲玉）。二十七年（一九〇一）代理上海澄衷学堂总理一月，嗣转任南洋公学特班总教习，并与友人蒋智由（观云）等于是年冬发起爱国女学校。二十八年（一九〇二）三月，与在沪教育家叶瀚（浩吾）、蒋智由、钟观光（宪鬯）等发起组织中国教育会，被推为首任会长。暑假赴日本游历，旋伴送吴敬恒（稚晖）回沪。十月，南洋公学发生学潮，元培辞职，并助退学生组织爱国学社，从此公言革命无忌。又与《苏报》订约，由学社教员为《苏报》撰论说，苏报馆则每月资助学社银一百圆，于是《苏报》遂成为学社之机关报。是年，元培并由张元济（菊生）介绍任商务印书馆编译所所长，筹编教科书。二十九年（一九〇三）正月，与吴敬恒等发起张园演说会，发表排满革命言论。五月，学社离教育会独立，元培愤走青岛，闰五月，《苏报》案发，未被牵连。七月，自青岛返沪，于十月创办《俄事警闻》日报，三十年（一九〇四）正月，改名《警钟日报》。六月，辞《警钟日报》编务，接任爱国女学校校长。是年秋，光复会成立，被推为会长，秘密结纳各地会党，预备进行暗杀与暴动。三十一年（一九〇五）九月，加入同盟会，并被推为上海分会会长。三十二年（一九〇六）秋，赴北京任译学馆教习，讲授国文及西洋史。三十三年（一九〇七）五月，赴德留学，在柏林一年，除习德语外，并编译书籍。翌年，迁居来比锡，进大学听讲，凡三年。所听的课程有：哲学、文学、文明史及人类学等，尤注重实验心理学及美学。辛亥武昌起义，至柏林与留德学界协助宣传与募款，九月即启程返国，结束了初次游学生活。

民国元年（一九一二）元旦，"国父"孙中山先生在南京就任临时大总统，元培被任命为首任教育总长。二月八日，发表《对于新教育之意见》，主张以军国民主义、实利主义、公民道德、世界观及美感五种教育为今后教育方针。四月，南京临时政府结束北迁，袁世凯继任临时大总统，由唐绍仪组阁，元培仍蝉联教育总长。为征集全国教育家意见，特发起临时教育会议，于教育宗旨、学校系统、各级学校令及采用注音字母等重大议案，均获有圆满结果。七月，因不满袁世凯之擅专独断，辞职出京，于九月间偕眷再度赴德，仍到来比锡，在大学听讲，并在世界文明史研究所研究。

民国二年（一九一三）六月，二次革命将起，回国奔走调停，失败，于九月再度赴欧，住巴黎近郊一年。三年（一九一四）七月，欧战发生，迁居法国西南部，于习法语外，从事编书。五年（一九一六）六月华法教育会成立，被推为中国会长。十月启程返国，十二月二十六日，被任命为国立北京大学校长。

六年（一九一七）一月四日，就任北大校长，立即推行一连串重大而新颖的改革。首先改正学生错误的观念，不要以大学为升官发财的阶梯，应以研究学术为天职；又持兼容并包、思想自由宗旨，为北大创下学术自由的学风，影响深远。民国元年（一九一二）二月，元培与吴敬恒、李煜瀛、张人杰等，先后发起三个改良社会的团体：一为进德会（八不会），一为六不会，一为社会改良会，其重要戒约有：不狎邪、不赌博、不置妾、不吸烟、不饮酒等。七年（一九一八）一月，元培又在北大成立进德会，以贯彻之，并在北大设立评议会及各科教授会，以实行教授治校。八年（一九一九）三月，发表复林纾（琴南）长函，说明办理北大方针及对新文化运动之主张。"五四"事件发生，与各校长营救被捕学生后，辞职出京，经各方挽留，始回京复职。九年（一九二〇）暑假，在北大招收女生，为国立大学有女生之始。十一月，为筹划里昂中法大学事赴欧，并考察大战后各国高等教育改革状况。十年（一九二一）一月，黄夫人病逝北京。元培历游法、比、德、奥、意大利、荷兰、瑞典等国考察。五月，法总统赠与三等荣光宝星勋章。又至英国交涉退还庚子赔款事。六月自英赴美，接受纽约大学所赠名誉法学博士学位。八月，代表我国出席太平洋教育会议。会后返国。十一年（一九二二）四月，在北京非宗教大同盟会中发表演说，表示支持。十月，举行国民裁兵运动大会。是年冬，财政总长罗文干以金佛郎案被逮，释放后，因教育总长彭允彝提议，又再收禁，元培以彭氏蹂躏人权，献媚军阀，乃于十二年（一九二三）一月辞职出京，并发表宣言，主张对北洋政府不合作。七月，与周峻（养浩）女士在苏州结婚。是年秋，携眷赴比利时，然后到法国协助李煜瀛（石曾）、吴敬恒等办理里昂中法大学。十三年（一九二四）一月，国民党在广州召开第一次全国代表大会，元培当选候补中央监察委员。十四年（一九二五）七月，代表中华教育改进社到爱丁堡参加世界教育会联合会第一届大会。同年秋，到德国汉堡大学研究民族学。法国里昂大学赠予名誉博士学位。十五年（一九二六）春返国，在江浙预备响应国民革命军北伐，被孙传芳通缉。七月八日，辞北大校长职务。冬，任浙江省政府委员。

十六年（一九二七）三月，就任浙江临时政治会议委员。浙省主席张人杰（静江）未到任前，由元培代理。四月，任上海政治委员会委员，与张人杰、吴敬恒等联名发表"护党救国"通电。国民党全面"清党"。五月，中央政治会议决议设立中央研究院，元培为筹备委员之一。六月，改教育行政委员会为中华民国大学院，以管理全国学术及教育行政事宜，特任元培为院长，并仿法国教育制度，在江苏、浙江、北平三区试行大学区制。九月，国民党中央特别委员会成立，元培为委员之一，并被推为国民政府常务委员。十一月，中研院筹备会通过组织条例，元培以大学院院长兼任中研院院长。十七年（一九二八）三月，就任代司法部部长职。四月，中研院脱离大学院，直隶国民政府，仍由元培任院长。五月，大学院在南京召开全国教育会议。八月，呈辞本兼各职，于十月获准，此后即专任中研院院长。是年八月三十日，国民党中常会决议设立五院，十月八日，中常会议决任元培为监察院院长，但未就职，至十八年（一九二九）八月二十九日，辞职获准。选任赵戴文继任。赵亦未到任。十九年（一九三〇）十一月十八日推选于右任为院长。

十八年（一九二九）一月，被选为中华教育文化基金董事会董事长，教育部聘为国语统一筹备委员会委员。八月，被聘为国立北平图书馆馆长。九月，复受命为北京大学校长，由陈大齐代理，直至十九年（一九三〇）九月始辞去校长名义。九一八事变后，与张继、陈铭枢赴粤，代表中央与粤方洽商共赴国难。十二月，与陈铭枢在国民党中央党部延见北平学生示威团，被学生殴伤。二十一年（一九三二）底，与宋庆龄等发起"民权保障同盟"，杨铨（杏佛）为总干事。二十二年（一九三三）六月，中研院总干事杨铨遇刺死。二十三年（一九三四）五月，聘丁文江（在君）继任。二十四年（一九三五）九月，中研院成立评议会，以促进国内外学术研究之合作与互助。二十五年（一九三六）一月，丁文江病逝长沙，聘朱家骅（骝先）为中研院总干事。是年冬，元培害了一严重的伤寒症，多次濒危，此后身体即渐弱。七七事变爆发后，时局急转直下，中研院迁至后方，元培于二十七年（一九三八）一月走香港，旋迁居九龙，原想稍事休养，即转赴后方；终因健康不佳，医药方面，香港当较内地方便，故未能即行。八月，因脑贫血症，调养数月始愈。而朱家骅因公务繁忙，不克兼顾院务，改聘任鸿隽（叔永）为总干事，主持院务，遇有重要事情，元培仍遥为指示。二十八年（一九三九）七月，与张一麐等在港发起新文字运动，任名誉理事长。二十九年（一九四〇）三月三日，在九龙寓所失足仆地，伤及内部，不幸于五日逝世，享年七十四岁，卜葬于香港仔坟场。遗夫人周女士，子无忌、柏龄、怀新、英多；女威廉（适林文铮，二十八年逝世）、睟盎。

其著述分为两类列下：（一）编撰或译述之专书：《哲学要领》（光绪二十九年九月，商务）、《妖怪学讲义录总论》（光绪三十二年八月，上海亚泉学馆，后归商务）、《伦理学原理》（宣统元年九月，商务）、《哲学大纲》（民国四年一月，商务）、《文变》（光绪二十八年四月，商务）、《中国伦理学史》（宣统二年七月，商务）、《华工学校讲义》（民国五年八月起在旅欧杂志连载，至八年八月印成专书）、《石头记索隐》（在《小说月报》七卷一至六期连载，民国六年九月，商务）。此外，尚有《简易哲学纲要》（疑为《哲学大纲》之改名）、《学堂教科论》、《教授法原理》、中学《修身教科书》（原为五册，民国元年六月修正合订一册，商务）等，笔者尚未觅得。（二）由他人代为辑印之文集：《蔡孑民先生言行录》（民国九年十月，北大新潮社编印）、《蔡元培言行录》（陇西约翰编，民国二十年五月，上海广益书局）、《蔡孑民先生传略》(高平叔编,民国三十二年三月,重庆商务)、《蔡元培选集》(一九五七年,北京中华书局编印)、《蔡元培先生遗文类钞》(孙德中编,一九六一年一月,台北复兴书局)、《蔡元培民族学论著》(中国民族学会编,一九六二年一月,台北中华书局)、《蔡元培选集》(一九六七年一月,台北文星书店编印)、《蔡元培自述》(一九六七年九月,台北传记文学社编印)、《蔡元培先生全集》(孙常炜编,一九六八年三月,台北商务)。其根据上列各书改头换面予以影印或重行排印者,不再赘述。但其著述,经过以上多次的搜集和重复刊行,仍不免有遗珠之憾。

[原载《传记文学》第三十一卷第二期(一九七七年八月号)]

弟子僚佐话当年

蔡孑民先生与我

王云五

我认识蔡孑民先生,始于民国元年(一九一二)一月下旬,但我开始听到他的大名,则在临时大总统府成立后一二日。由于报纸刊载各部首长的名字,蔡先生被列为教育总长,其时我从事教育工作已有六七年,平素对于教育的制度备极关怀,因而对新政府的新教育首长,当然想略知其历史。不久,我便探悉蔡先生是一位翰林,却具有革命思想,且曾在上海组织中国教育会。这时候,我已由"国父"孙中山先生邀任临时大总统府秘书,正在清理手边未了的事,不日便要晋京任职,绝无另行求职之意。只是积久欲吐有关教育的意见,现在面对一位可以进言的主管部长,姑且尽我言责,至于能否发生影响,固所不计。于是,我便抽出一些工夫,写了一件建议书,现在追忆起来,大约包括有下列各项建议:

（一）提高中等学校程度，废止各省所设的高等学堂，在大学附设一二年的预科，考选中等学校毕业生或相当程度者入学，预科毕业者升入本科。

（二）大学不限于国立，应准许私立；国立者不限于北平原设之一所，全国暂行分区各设一所。那时候我主张，除北平原有所谓京师大学堂外，南京、广州、汉口应尽先各设一所。

（三）各省得视需要，设专门学校，其修业年期较大学为短，注重实用。

按我国清末学制，各省设高等学堂一所，其大旨系仿日本的高等学校。惟日本所设的高等学校与大学有相当比例，程度也能衔接，故高等学校毕业生多能升入大学。我国各省份设高等学堂，其毕业人数断非设立京城唯一的国立大学所能容纳，且各省高等学堂虽相当于大学预科，然因程度不齐，多未能达成预科的作用，于是实际的作用，仅成为高等的普通学校。我认为不如将中等学校程度提高，完成普通教育，其有志深造者，径行考升大学直接附设的预科，预科改由大学所附设，其程度自较易与大学本科衔接。不若各省高等学堂所造就者，大半不能升入大学，徒成为普通教育之额外提高，在教育的作用上不免等于一种浪费。因此，我一方面主张增设国立大学，并分区设立，以便升学；一方面主张准许设置私立大学，使那时已具基础之若干教会学校得于符合条件后升格为大学,以宏造就。至于为适应需要,并应准许各省设立专门学校,为期较大学为短,与清末的高等学堂和现在的专科学校相当,与大学分道扬镳,而改进当时高等学堂的空泛效用,使更合于实用。以上便是我对民国学制改进的建议大要。

我以一个未曾受过高等教育的青年,居然提供许多关于高等教育的意见,不能不说是一种大胆的尝试。真想不到此一建议书,从上海邮寄到南京教育部以后,不过十日左右,我便在南京临时大总统府服务中接到由上海家里转来蔡先生的一封亲笔信,大意说对我所提供的意见认为极中肯,坚邀我来部"相助为理"。

我既承"国父"孙先生的厚意,在一席谈话之后,自动委以机要之职,现在又以尚未谋面,仅凭一纸意见书,又承蔡先生邀请相助为理。在鱼与熊掌之间,既不应见异思迁,又不愿放弃久怀改进教育而一旦获得可能实现的机会,幸而在不得已请示孙先生之际,承他老人家爱护有加,令我半日留府服务,半日前往教育部相助。于是,我才敢持着蔡先生的手书,前往教育部面谒。想不到经此一度面谒之后,我对于蔡先生,不仅做了半年左右的属员,而且缔结了三十年的深交。尤其是在抗战初期,蔡先生因体弱不能跋涉远来后方,我因主持商务印书馆,不能不往返于后方与香港之间,初时同住商务印书馆的临时宿舍,继则时相过从。蔡先生视我如手足,我则视蔡先生如长兄,在蔡先生逝世时,我成为朋友中惟一的随侍病榻送终者。人生际遇真有不可思议之处。兹更就记忆,概述蔡先生与我三十年间的关系。

且说当时的教育部,草创伊始,还未曾订什么官制。记得在教育部服务的各人,都由蔡先生致送聘书,任为筹备员。工作上虽有差别,实际上也难免要分为主办的和协办的地位,却没有阶级高低的区分,所领津贴也一律为每月六十元。由于我只以半日来部办公,而且是同人中年纪最轻的(当时只有廿四岁),当然不可能成为主办人员。那时候和我一起工作的有钟宪鬯(观光)、蒋竹庄(维乔)和汤爱理(中)诸君。钟君年事很高,曾在上海开办理化研习所,闻蔡先生一度加入听讲;蒋先生曾参加蔡先生主持的中国教育会;汤先生则系日本留学生,专攻法律。我们日常的工作,多半是讨论民国的新学制和课程,惟以临时大总统孙先生下野,政府不久便北迁,在南京时代,一切规划还没有定议。

是年三月,唐少川(绍仪)先生受任为国务总理后,南京政府各机关开始北迁。蔡先生仍任教育部总长,我也随往北京任职。这时候,我奉派为专门司第一科科长,前清学部员外郎路壬甫(孝植)为第二科科长,英国留学硕士杨焕之(曾诰)为第三科科长。我们的司长林少旭(棨)是专攻法律的留日毕业生,原任学部参事。至与我在南京共同工作之钟、蒋、汤三君,均任参事。北迁后的教育部次长是范静生

（源濂）先生，原系学部郎中。我在长官和同事间资历最浅，年纪也最轻，但由于蔡先生之赏识，我也能努力工作，对上对下与对同僚均甚融洽。据我的主管司长说，我以一个毫无行政经验的人，不仅处理公务有如老吏，对于公文的起草修正，也无不适合分际。在蔡先生留京任职的几个月内，我的工作记得系以对大学令和专门学校令的起草，以及对京师大学堂的协助接收为主。上述两令实际上已把我在南京政府初成立时对蔡先生的建议三点完全采纳。至对于京师大学堂的接收之事，系由我与第三科长杨君会同办理。我以一个初出茅庐且从未进入大学之门的青年，总算应付得宜，而会同办理之杨君却一切归功于我。因此，我在当时的教育部科长中，与普通教育司的许寿裳科长（后来迭任教育厅长，终于台省教育厅长任内）齐名。许先生是蔡先生的同乡后辈，我却是一个毫无关系的后进，同受蔡先生的拔擢，侧闻蔡先生常引以自慰。

但是好景不长，是年六月间，唐内阁以责任内阁不能负责而辞职。蔡先生本来与唐少川先生毫无渊源，却坚请连带辞职，其风度与唐先生原对袁世凯总统有深切关系而不惜坚辞者，同为政治界之美谈。唐内阁辞职后，由陆徵祥继而组阁；蔡先生去职后，则由原任次长范静生先生继任，而以原任蔡先生秘书长董恂士（鸿祎）君为次长。初时一切萧规曹随，尚无何问题发生。后来由于专门司司长林少旭先生改任高等审判厅厅长；在他以法律专材从事司法工作，当然用得其长，但是问题便发生在他的继任人选。林先生一向和我相处得很好，尤其对我的能力与负责精神不断表示赞扬，在他要离开教育部时，私下曾对我有所表示，并言将力保我继任专门司司长，及至他的新任命发表，司中同人也一致认为我之继任实为当然之事。想不到最后决定，却是以第二科路科长升任。路先生平时对我非常客气，骤膺此命，形色上也表示万分不安。后来据林先生密告我，当他保举我继任之时，范总长好像满口答应，想不到经过几日后，范先生突然密告林先生，说以我的能力和负责精神，升任司长极适当，惟经详加考虑，以路先生资历极深，原任学部员外郎，与范先生仅次一级，一旦由资历较浅如我者擢升，难免不使路先生失望；好在我年事尚轻，来日方长，暂缓升任当无问题。范先生的抉择当然未可厚非，但我毕竟少不更事，乍闻新命，心里确不免有几分难过，幸而平素遇事尚能与他人易地设想，经过了一二日，也就释然。后来因为路司长侧重保守，司中同人富于积极精神的新进者颇多不满，甚至学部旧人，夙与路司长共事者间亦具有同感，遂使我处境甚感困惑，除极力遏抑自己情感外，还矫情转劝他人。可是矫情的结果，偶然不免落出不自然的状态。消息间接传到刚从德国回来的蔡先生耳朵里，听说他曾传述意见，劝当局把我调任北京大学的预科学长，不知何故又有人从中阻挠，否则后来一段不必要的纠纷，当可消除于无形。蔡先生爱我之深，更可于此见之。

范先生不久也去职，接任者由海军总长刘冠雄兼署，但刘总长毕竟对教育为外行，仅历月余也就请辞兼职，继而兼署者为农林总长陈振先。陈先生是留美农学专家，对于教育亦甚有兴趣，此次于二年（一九一三）三月兼署教育总长，原想实干一番。他虽是广东人，与我同乡，但因我是外江的广东人，对同乡人物认识不多，陈先生也素未谋面。因此，当他到部之初，并不知有我这一位同乡。可是我之被卷入旋涡，真想不到竟起于我平素不重视的乡谊关系啊！

事情是这样的。由于江浙为文化最发达之区，教育界的杰出人物往往不能舍江浙二省而他求。因此，教育部此时的高级职员中，包括次长和四位参事中的三位与三位司长中的两位，都是籍隶江浙两省。这并不因为蔡先生是浙江人之故。兼署总长陈先生独以广东人出任最高首长，如果能与各位高级幕僚随和，像湖南籍的范前总长一般，那就当然不会发生问题。可是陈先生毕竟有些抱负，而且习闻美国政务官与事务官的关系，不免实行他的总长职权。初时为着发布一篇文告，吩咐原任的秘书人员起草，经办的秘书狃于故习，不免要商询主管司的意见。结果，对于总长的主张不免有重大的修正。陈先生以身为总长竟不能指挥一位秘书，实以农林部中并无适当人员可以调来相助，因向其某一小同乡（新会县[①]籍）诉苦。他那位小同乡颇知我，力言近在教育部内的一位富有经验与能力的同乡何以不加利用。陈先生听了这段话，次日一早到部，便约见我详谈，既略知我的抱负，遂将其意欲发布的文告嘱我起草。我便在他的办公室内，花了不满两小时，写成二三千言的文告，送给陈先生核阅。他感到十分满意，因即表示要我以专门司第一科科长之职调兼总长的主任秘书。我认为既承赏识，自不难有发展抱负的机会，略不谦辞。以此兼职，我遂得出席部务会议，彼时的部务会议，系以部次长、参事、司长及主任秘书构成，主任秘书也具有相当重要性。

在我参加的最初几次部务会议中，由于陈先生对各项议案不甚熟知其经过者，辄先征询我的意见，我因对部务大都熟悉，间有不甚了然者，必先调查档案，或向主管单位详询经过，于是多能对陈先生提供适当的意见，所以会议进行尚属顺利。后来却发生一项有关政治的问题，查那时候的国会议员被选资格中，包括有中央学会会员一项特殊资格。由于原规定颇为含糊，致有相当于专门学校的许多杂牌学校毕业生纷纷比附要求；从宽从严，应由教育部决定。在讨论此一问题的部务会议中，除社会教育司夏司长曾佑无意见外，其他参事三人（原额四人中有一人外调）与普通、专门两司司

[①] 今广东省江门市新会区。——编者

长意见一致，却与陈兼总长的主张相左。陈先生不肯屈服于多数之幕僚，而五位高级幕僚一致反对总长，致酿成僵持之局。那时候，我国的公务员服务法虽还没有颁定，但是幕僚对于长官的主张虽得陈述相反的意见，惟一经长官决定，幕僚便应服从，绝不能以属员的多数团结对抗长官，此为世界一般政治的通则。因此，我不得不维护行政上的原则，力劝各参事、司长，在已尽其言责之后不宜过分坚持，想不到因此竟触众怒，认为我袒护同乡的长官。最后，全体参事、司长除社会教育司司长夏先生外，一致对陈总长以集体辞职为要挟，陈总长不为所动，皆予照准。除派我暂兼专门司司长外，并派杨科长曾诰及彭视学守正兼署参事。董次长为表示对于辞职参司五人之同情，亦请病假不到部。陈先生初时态度坚决，不予置理。我对这几位辞职的参事、司长，虽多从南京时代开始共事，平素感情也还融洽，可是为着政治上的原则，不得不支持陈总长，以免恶例一开，将来政务官不能发生其对政治的作用，转为僚属集体把持，无异太阿倒持。如果陈先生能够坚持到底，此一原则或可确立不移。可惜得很，陈先生不知受到外间什么压力，突然请辞兼署教育总长之职，改由请假中之董次长暂代部务。不久又由汪大燮来长教部，于是已辞职照准之各位参事、司长，大都复职或转职，杨曾诰、彭守正二君也各回任本职，我只好出于辞职之一道了。此一事件发生后，在人情上，我似乎有些对不起几位从南京开始共事的朋友，尤以多系蔡先生所用之人，然而在公事上，我是问心无愧的。后来蔡先生听到此事，却未尝对我有何不满。二十年后，当我和蔡先生时相把晤之时，偶然谈起此事，我颇咎自己当时的少年气盛，但蔡先生认为我的主张绝对正确，并力言在处理公务之时，断不可顾及私情。

民国十年（一九二一），我开始担任商务印书馆的编译所所长，蔡先生也已从国外倦游归来。由于商务印书馆和我均与蔡先生有旧关系，对于编辑和校阅之任务，常向蔡先生请求指教或相助。前任编译所所长而现任该馆监理之张菊生先生和蔡先生为科举同年，对蔡先生的称谓常用其旧日的别号"鹤卿"，于是我也逐渐从"孑民"先生改称为鹤卿先生，倍益亲切。我对于商务印书馆编译出版方面有所创作，事前辄向蔡先生请教；个人偶有作述，亦几乎无一不请蔡先生指正。蔡先生对于我有所举措，无不鼓励有加。例如民国十四五年间（一九二五至一九二六年），我从事于检字法之研究，发明四角号码检字法，蔡先生首先为我作序，其末有如下之一段：

> 中国人创设这一类方法的，我所知道，自林玉堂先生五母笔、二十八子笔始。林先生的草案虽五六年前曾演给我看，然而他那具体的排列法，至今还没有发表；

107

我还不能亲自演习，究竟便利到何等程度，我还不敢下断语。最近见到的，就是王云五先生这种四角号码检字法了。他变通永字八法的旧式而归纳笔画为十种；仿照平、上、去、入四音的圈发法，而以四角的笔画为标准；又仍以电报号码的形式，以十数代表十笔，而以〇兼代无有笔画之角。这种钩心斗角的组织，真是巧妙极了。而最难得的是与他自己预定的八原则，都能丝丝入扣。王先生独任其劳，而给人人有永逸的实用，我们应如何感谢呢？

又民国十七年（一九二八），当我创作中外图书统一分类法，向蔡先生请教时，他也自动为我作序，有片言道破内容的下列两段文字：

王云五先生博览深思，认为杜威的分类法比较地适用于中国，而又加以扩充，创出新的号码，如"十""廿""士"之类，多方活用。换句话说，就是一方面维持杜威的原有号码，毫不裁减；一方面却添出新创的类号来补充前人的缺点。这样一来，分类统一的困难，便可以完全消除了。

著者姓名，中文用偏旁，西文用字母，绝对不能合在一列。若是把中文译成西文，或把西文翻成中文，一定生许多分歧。其他如卡特所编的姓氏表，于每个姓氏给以一个号码，也是烦杂而无意义。要一种统一而又有意义可寻的方法，莫如采用公共的符号，可以兼摄两方的。这种公共的符号，又被云五先生觅得了。

民国十六七年（一九二七至一九二八），我开始筹备"万有文库"初集的编印，其中对于书目的拟订，煞费思量，并欲借此以一个具体而微的图书馆，以低廉的价格和最便利的方法，供应于读书界。此一措施极承蔡先生鼓励，对于书目的决定，亦迭承指正，关于著译的人选，亦多承推荐。蔡先生的学生知好极多，自动恳求蔡先生向我介绍书稿或推荐职业者，蔡先生大都是来者不拒，而且每一次都是亲笔作简单的介绍。但他亲自对我说，他的介绍目的，只是让我知道其书稿或其人的来源，由我自行注意，因为他绝对没有工夫把每一部书稿都读过，或把每一个人的服务能力考验过，才写信介绍。因为这是各有专长的事，一部书稿到了我们的编译所，也是分交有关的专家审查；一个人被推荐后，也应经过考验；所以他的介绍书只是使我注意其来历而已。至有特别推介之必要者，蔡先生的信定然写得较为具体而详尽。我领会此意，所以对于蔡先生的一般推介函，多不另作详尽的考虑。这一点可能是我与蔡先生性情不同的地方。我因为从事出版事业多年，遇事注重实际，对于介绍函绝少书写，尤其是习惯成了自然，一旦破例，辄易使人误会为真正的推介。蔡先生毕生度着学者的生活，同时富于中国的人情味，多年以来对于推介之请求既然是来者不拒，一旦予人以峻拒，定然使受者万分难堪。因此，到了晚年，他还是保持此种多年习惯。这完全是由于处境不同，我之尊重蔡先生的习惯，正如我自己保持自己的习惯一般。

民国十八年（一九二九），我在商务印书馆任职已满八年，在编译所方面，应付二三百位的读书人还不感任何困难，而负担艰巨工作，特别是多至二千册的第一集"万有文库"也已顺利出版，假使我继续下去，对于原有的任务尚鲜有问题。问题却发生在与我本无直接关系的任务上。自从民国十五年（一九二六）以来，上海的劳资纠纷迭起，商务印书馆的工会是企业界中最具势力者之一。纠纷之起当然以印刷所为主，发行所及总务处次之；编译所间有少数人活跃，大多数皆为新旧学者，态度稳健。因此，工潮的发生，如果不是由印刷所所长从事局部的应付，便应由总经理协理与人事科长作全盘的应付，在理是不应轮到我头上的。但因那时候的总经理为印刷所所长鲍先生兼任，他年事已高，且平素笃实不善言辞，其他经协理等亦多属于这一类型，因此某一次工潮闹大了，我不能不挺身而出，结果应付尚属得当，一场风波随而平息。此后一遇劳资纠纷，资方都一致推我出马交涉，竟使不应负责的我转而负了全面的责任。这些消极的事，偶尔担负尚无不可，若渐渐变成家常便饭，对于一位需用脑力以应付出版计划和学术研究的人，那就未免是近乎残酷了。因此之故，我对于商务印书馆的任务，原具有最高兴趣者，其兴趣便逐渐随工潮之继涨增高而低落，于是决心摆脱，并先设法物色替人。适数年前为编译所聘得何柏臣（炳松）君为史地部部长，经年来的注意观察，认为尚适于继我之任，于是开始作辞职的打算。适中央研究院成立，蔡先生担任院长，并罗致我的一位旧学生杨杏佛（铨）为总干事，杏佛又兼任社会科学研究所所长。我偶与杏佛谈及脱离商务印书馆之决心，杏佛初时力劝不可，经我详加剖析，卒亦赞同，因言社会科学研究所新成立，他以总干事兼任，原系暂局，设我辞商务职获准，愿举贤自代，一如八年前胡适之君举我代任商务编译所所长之故事，且同为我的及门，已有先例，应步后尘。我力言万万不可，因我对商务编译所正苦于行政成分太多，如能摆脱，只愿担任纯粹为学术致力之研究工作，否则我又何必薄商务而不为。杏佛卒以此事转告蔡先生，蔡先生深知我近来之辛劳，谓商务设许我脱离，则中央研究院极欢迎我来参加，但对杏佛之荐我自代，他赞成我的主张，谓社会科学研究所所长职务，虽不若商务编译所之烦，我既为节劳而辞商务，则中研院应聘我为研究员，使我得由八年来多半努力于行政者，转而殚精于研究工作。蔡先生之知我爱我，闻之使我至为感奋。经数度磋商，我对商务编译所卒达成推荐何柏臣君为代之愿望，而对中央研究院则接受专任研究员之聘约，然固辞不获已，仍兼该所法制组主任名义。好在开始时只是一人一组，仅有助理研究员三数人相助，譬如大学之系主任仍兼教授，与院长之难免行政工作者有别。

约莫在民国十八年（一九二九）九十月间，我便移转工作阵地于中央研究院社会科学研究所。我首先择定的一个研究问题便是"犯罪问题"，而以向若干监狱作个案调查为出发点，首先计划了一个调查表，并罗致了三位助理研究员，一是北大习法律的，一是燕京大学习社会学的，又一是东吴法学院习法律的。他们都很努力而合作。原拟以一年工夫从事调查，第二年则着手于分析与研究。想不到仅仅经过了三四个月的安静生活，我又给一件较前更麻烦的工作所纠缠。原因是商务印书馆的总经理兼印刷所所长鲍先生突然逝世，继任人选在印刷所所长一职尚无问题，而对于总经理职务，董事会再三考虑，认为只有我最为适当，经一致通过后，分别推人劝驾。我本来为避麻烦而请辞，如果接受此职，麻烦有加无减，当然力为拒绝，可是经不了商务的元老和当局纷纷吁请，几于逐日到我的研究所或家中相劝。后来我以情不可却，乃提出一项不可能被接受的条件，就是说我虽曾在商务任职八年，但所经验者只限于编译和出版，总经理主持全局，尤须精于管理，必不得已我只好在名义上就职以后，即往欧美研究企业管理，为期至少半年，然后返国负责。此外，我还提及商务印书馆向来采取合议制，由总经理、两位协理和三位所长构成，此种制度不适于现代的管理，我如担任此席，似须取消合议制，改为总经理负责制。真想不到，这两条件都获董事会完全接受，于是不得已就职，即日以协理李拔可先生代理。我随即于民国十九年（一九三〇）三月左右出国考察，同时也就不得不放弃社会科学研究所的任务。蔡先生夙为商务印书馆好友，也只好答应我辞职，计任职不满半年，遂又结束了我第二次在蔡先生领导下的职务。

我在民国十九年（一九三〇）九十月间考察完毕，返国即在商务印书馆实行科学管理，越一年颇著成效。不幸于二十一年（一九三二）一月二十八日闸北之战，商务印书馆总厂被日本飞机全部炸毁，不得已歇业半年，清理后于同年八月复业，赖科学管理之彻底推行，效率大增，恢复甚速。旋即发表印行"大学丛书"，以谋学术独立，经组织"大学丛书"委员会，审查书稿。委员会得蔡先生领衔倡导，全国学术专家无不乐予合作，迄于二十六年（一九三七）八月全面抗战起，不满五年，印行之"大学丛书"多至三四百种。同时期内，我又编印"万有文库"第二集二千册，其中收入"国学基本丛书"及"汉译世界名著"各数百种，自拟定书目以迄校阅，也多赖蔡先生指导协助。

最后的一个阶段，蔡先生与我相处于香港，直至其去世时为止。自二十六年（一九三七）八月上海发动的全面抗战以后，我为着策划商务印书馆的应变工作，经于是年十月间离沪前往香港，因为商务印书馆在香港设有一个相当规模的印刷厂，一面为维持战时生产，一面为规划在后方设厂，以备长期抗战。到了香港不久，蔡先生亦自上海由周子竞、丁西林陪同来港，拟取道前往西南。惟自港前往西南道途跋涉，至为辛苦，蔡先生此时高年多病，恐不能支持。周、丁二君因我在香港，照料有人，遂以相托。我遂迎蔡先生到商务的临时宿舍，与我和商务自上海来此之二三同人相处。濒行周子竞以周夫人胞弟之资格，转述周夫人之嘱托，恐蔡先生饮酒过多，有碍健康，每日当以一次一大玻璃杯绍酒为限。我当然奉命维谨，仅于晚饭时供应绍酒一大杯，午饭不另供酒。未几内人携幼儿学善自上海续来，也同住于该宿舍。我以午间陪蔡先生用膳有内人及幼儿在，所以我自己便在商务印书馆办公室用膳，以省往返时间。内人知道蔡先生善饮，午间也供酒一大杯，晚膳时我不知此事，也照例供酒，于是每日一次增为二次，发觉后也不便更改。但以蔡先生的豪量，此区区者实不足道，惟自蔡夫人来港另租住宅后，闻每日仅以一次饮半杯，足见对蔡先生之健康更为审慎矣。蔡先生在宿舍内与我等相处约三个月，晨夕有暇，我和他畅谈今古，无所顾忌。蔡先生语多精辟，我皆择要记述于日记中，不幸在太平洋战事发生后，因我适留重庆，家人走避他处，寓中所存八九年日记均被焚毁，此时亦无从追忆。我们的宿舍系临时租赁跑马地崇正会馆的三楼全层，学善时甫入初中读书，假日或放学后余暇，辄由蔡先生携同沿跑马地一带散步，散步时闲话亦时有启发，以十一二岁之幼童，虽无写日记的习惯，然潜移默化已著效不鲜。

次年（民国二十七年）二月，蔡夫人携儿女自上海来港，遂觅租房屋于九龙柯士丁道①，其地空旷，闻亦时携儿女散步。我因事忙，每星期仅能渡海访问一次，其间并由商务印书馆同人奉访一二次，探询有何事代为办理。时蔡先生目力渐弱，然仍不废读，我乃择由上海携来木板大字本书借供消遣，蔡先生阅毕，辄交商务同人携回，另行易取他书。每书阅毕，有意见辄函告我，现将手边所存有关此事之蔡先生亲笔函二通照录于后：

（一）昨承枉顾领教为快。顷奉惠函，以弟目疾，选书之大字者备阅，深感关切。《游志汇编》，准于阅毕后缴换他书。又承赐《演繁露》一部，拜领，谢谢。

（二）承赐借《游志汇编》二十册，字大，于晚间浏览，不感困难，今已读毕，奉还，谢谢。此书体例甚

---

① 今称为柯士甸道。——编者

特别，无卷第，无序目，每篇自计页数，极似现代教科书中之活页文选，未知各种目录书中曾著录否。如尊处尚有其他大字之书，仍请便中检书一二部赐借为荷。

我素有读书和藏书之癖，私藏多至七八万册，皆留在上海，除来港时随带极少数外，商务印书馆陆续有人调香港办事，每次我均托其从沪寓中检带若干来港，因此港寓渐积渐多，且多系佳本，上述《游志汇编》即系明版罕传本。后来某日，我迎蔡先生及夫人等渡海来寓小叙，并参观我陆续自沪移来的较佳版本。越数日，接蔡先生手函，如次：

前星期备承招待，得纵览收藏珍品，又扰盛馔，感荷之至。昨承赐学政世兄所摄相片，甚为精美，永留纪念，谢谢。

以上所谓珍品，大部分当然是书籍，这些书籍实为蔡先生留港时期赖以消遣之要具。因为蔡先生来港目的，原系取道前往西南，主持中央研究院，无如抵港后初因患病不能远行，嗣则交通日益困难，只能暂留，遥领院务，然因此深居简出，轻易不肯公开露面。甚至对各方通信，亦常化名为"周子余"，盖周为夫人之姓，兼含"周余黎民，靡有孑遗"之义，以暗示"孑民"二字。至对我的通信，因系至好，且由专人转送，无不仍用"元培"或"培"字。

蔡先生留港期间，只有一次例外地公开演说，那就是在民国二十八年（一九三九）五月二十日，出席香港圣约翰大礼堂美术展览会，并发表演说。是日，中外名流毕集，主席为香港大学副校长史乐诗，香港总督罗富国爵士等均列席。蔡先生的演说词也临时由我担任英译。

蔡先生留港将及二年，此次独破例公开讲演，表面上似为爱好美术，实际上承他密告我，业已决计近期离港前往后方，借此有关学术的集会出现一次，以示对香港公众的话别。又因彼时中英交谊甚笃，香港政府，特别是总督罗富国等，虽尊重蔡先生意见，不便正式应酬，然暗中爱护有加。此一集会为香港大学所发起，依英国通例，大学的副校长为实际的校长，而所谓校长辄由达官贵人挂名，彼时港督罗富国即兼任港大校长。蔡先生利用此一半官式的机会，与港督在此晤面，以示临别向地主道谢，实寓有深意，他人多无从悬揣，只看蔡先生经此一度公开出现后，直至二十九年（一九四〇）三月逝世，并未第二次公开出现，便知其然。但是，蔡先生此次虽怀有不避辛劳跋涉前往后方的决心，卒因身体复感不适，愈后，仍荏弱不堪，蔡夫人爱护备至，坚阻其行，以至郁郁长逝于香港。深知蔡先生内心如我者，不禁为之扼腕也。

蔡先生在积极准备入内地时，忽患感冒，缠绵若干时日，愈后体力更衰弱，以致迟迟不克成行。同时，香港对内地之交通除飞行外，艰险益甚，而据医生断定，蔡先生体力实不耐飞行。于是迁延又迁延，直至次年（二十九年）三月三日在寓所失足仆地，病势加剧，次日依主治医师朱君（香港大学医科毕业开业甚久，并充商务印书馆特约医师）之劝告，于四日乘救护车入香港养和医院疗治。盖其时蔡先生已患胃出血，疑系胃溃疡，必需入院留治也。我得讯，急赶至九龙蔡先生寓所，恰好在救护车出发之时，乃随同前往医院，代为办理各种手续，并加请港大医学院胃肠专科教授来诊，据称系胃溃疡，业已大量出血，一面固须设法止血，另一面尤须急为输血。及血型检定，取得供血之人，急行输血，已近午夜。时蔡先生已昏迷不省人事，我与周夫人及其胞侄二人随侍病榻，至天明，尚无转机，医者言殆已绝望，及五日上午九时顷即告长逝，计享年七十有四。我为处理丧事，暂厝东华义庄，并为营葬于香港仔华人公墓。

是年三四月间香港备界举行盛大公祭之时，我曾为文纪念，以"蔡先生的贡献"为题，就我个人的观感，为蔡先生作总评价。兹从民国二十九年（一九四○）四月份《教育杂志》摘录于左（见后文），以结束本文。

［原载《传记文学》第二卷第二期（一九六三年二月号）］

对于蔡先生的一些回忆

毛子水

过去的师长里边,我现在常常记起的,是蔡孑民和胡适之两位先生。从我认识他们的时候起,一直到他们去世的时候,他们似乎没有一刻不想到把我们民族的文化以和世界最文明的民族相竞,没有一刻不想到使世界上的好人渐渐增多起来。他们把这两件事情作为他们一生中最重大的使命。

适之先生在世的时候,和我晤谈的时候比较多,而他崇高的人格,我几年来零星的叙述实在没能描画得像样。蔡先生在世时,我不常和他见面。(一九二四年四月,蔡先生偕周夫人赴德国 Koenigsberg[①] 出席康德二百岁生日纪念会,路过柏林,停留数天。他们在柏林参观柏林大学和美术学院、

[①] 即哥尼斯堡,原属德国东普鲁士,1945年划归苏联,次年改名为加里宁格勒。——编者

音乐学院，游览动物园、植物园，我都曾随同几位同学陪伴。）四十多年以来，他的宁静澹泊的志怀、正直和平的性行，在我心目中印象日以加深。现在离蔡先生一百岁的生日很近，因述一两件记得比较清楚的事情以志景仰。

蔡先生的姓名，在民国元年（一九一二）南京政府成立时我才听到，当时蔡先生被任命为教育总长。我那时虽然刚由中学毕业，但自审才分，只能以读书做终身的事业，所以对于教育总长的人选比较注意。更使我对蔡先生注意的，是章太炎在新政府任命蔡先生为教育总长时曾有赞同的言论，章太炎先生是我那时最崇拜的学者。

在蔡先生教育总长任内，普通教育废止读经，大学校废经科，而以经科分入文科之哲学、史学、文学三门。我当时虽然立志要成为一个经学家（章太炎先生"学术万端，不如说经之乐"的话，当时对我影响很深），但我对这件事却深为赞同，因为我当时四书五经都已读过或涉猎过，颇知道这些书对于小学生和中学生并不十分适于诵读。我也知道经典里边蕴藏着许多古人的嘉言懿行，但我想，若把这些嘉言懿行有益于青年人心志的用简明的话述说在"修身教科书"（略等于现在的"公民课本"）里，岂不有用得多！

但对蔡先生提倡美育，我便不免怀疑了。实在说，一直到现在，我对这个问题还没有一个明确的见解。谈到这里，我必须先将我的偏见一提。我生来不能了解美术，有些我所以为"美"的东西，美术家并不以为美；而美术家有许多作品，我很难看出它们有什么美的地方。（我中年时，更有一个不好的偏见或不准确的统计：美术家品行不好的居多。那时候我曾这样想：蔡先生竭力提倡美育而品行却这样的纯正，这是因为蔡先生在提倡美育以前已有很坚定的德操了。）因此，我对蔡先生以美育代宗教的主张，只有一半的赞成。蔡先生以为西方文明国家的沿袭宗教仪式，乃一种历史上的习惯，我国振兴文化，似不必需要宗教。我对蔡先生的这个说法十分同意。（这当然不是说宪法中不应该有"信教自由"一条！）至于蔡先生以为纯粹的美育，所以陶养人们的感情，使有高尚纯洁的习惯，而使人我的见解、利己损人的想法渐渐消沮，则我到现在还没有完全相信。但我知道，蔡先生的话非特本于"心得"，亦有"古训"可征。以音乐来说，孔子就说过"成于乐"的话。［比蔡先生年长六岁的英国（后赴美任教哈佛大学，改入美籍）哲学家怀德海[1]，亦十分重视音乐对陶冶性灵的功效。］因此，我究不敢以蔡先生的主张为不对。（像孔子、怀德海、蔡先生那样的人，都不会轻易出言的！）

　　讲到这里，我倒想起一个小故事来了。民国九年（一九二〇）秋天到十年（一九二一）的夏天，我在北平孔

---

[1] 今译作怀特海。——编者

德学校任教中国语法的功课。有一回,校中开一个会议,讨论学生制服的式样。会中议论纷纭,最后又提到"美"的问题。我因听得不耐烦,便说道:"一件衣服,能够做起来简单而穿起来又最适合身体,便可以算是'美'了。"蔡先生当时在会中,亦深以为然。后来孔德学生制服有没有照着这个原则去做,我也没有注意,但蔡先生对我这几句话的赞许,则使我以后对于世俗所爱好的锦绣纂组的衣裳更不喜欢。我尝这样想:若使讲美术学的人都像蔡先生那样,则美术学对我或不至像现在那样的神秘,而我自然亦会喜欢它的。

蔡先生自己说,"对于各家学说,依各国大学通例,循思想自由原则,兼容并包。无论何种学派,苟其言之成理,持之有故,尚不达自然淘汰之运命者,即使彼此相反,也听他们自由发展"(见民国十九年蔡先生所写的《我在教育界的经验》一文,和民国八年三月十八日蔡先生答林琴南的信大致相同)。蔡先生的"兼容并包",普通人多误解为"勉强混合",实在,蔡先生是有是非的择别的。譬如,他请刘申叔讲六朝文学,决不会允许他提倡"帝制";他请辜汤生教英诗,决不会允许他提倡"复辟"。他所以没有请林琴南,据我的推测,并不是因为他以为林琴南的"文章"做得不好,更不是因为派系不同的缘故,而是因为林琴南对于做学问的见解,在蔡先生看来,已赶不上时代了。至于林琴南生平许多纯笃的行谊，我想亦是蔡先生所许与的。

我曾听胡适之先生谈过一段蔡先生和钱玄同问答的故事。这个故事好像还没有人记录过，现在我把它附在这里：

钱玄同问："蔡先生，前清考翰林，都要字写得很好的才能考中，先生的字写得这样蹩脚，怎样能够考得翰林？"

蔡先生不慌不忙，笑嘻嘻的回答说："我也不知道，大概因为那时正风行黄山谷字体的缘故吧！"

这个故事告诉我们蔡先生的涵养，可惜胡先生自己没有把它记下来！

我常想，像蔡先生、胡先生那样的人，在制行上，比起世界上任何一位圣人，都不会比不上，可惜还没有人替他们写出可读的传记。就我个人讲，这一生能够得到这样的师长，可以说是一件最幸运的事情。荀子说："学莫便乎近其人。"两先生虽先后成为古人，而音容常在心目中，每有鄙陋的志虑，缅想正直中和的遗范，便爽然自笑。有这种经验的，同辈中当非少数。这真是可以互相告语的嘉话！

［原载《传记文学》第十卷第一期（一九六七年一月号）］

随侍蔡先生的经过及我对他的体认

姜绍谟

在九年前蔡先生一百零一岁生日的时候，我曾写了《随侍校长蔡先生琐忆》一文，刊在一九六八年元月《传记文学》第十二卷第一期。我见到和追随蔡先生比较迟，但是说迟嘛，在今天说起来，光阴迢递，年华逝水，也已经是五十多年前的事情了。

我是于民国七年（一九一八）秋季，考进北京大学法预科肄业，第二年就是五四运动。"五四"以后，蔡先生在校的时间不多，他常离开北京到欧洲各国开会或考察，因此很少有机会和蔡先生接触。

策划夏超起义归附中央的经过

民国十三年（一九二四），我在北大毕业，仍然留在北平，教教书，暗中从事党务工作。到了十五年（一九二六），国民革命军北伐，一路势如破竹，那时北京的段祺瑞政府，因国民党人在北京很活动，想要一网打尽，有下令通缉（国民）党人之议。在通缉的名单中，年纪最轻、资历最浅，是我和郭春涛兄，在鲁迅的《而已集》中详记有被通缉者的姓名。因此，许多比较有钱的同志都避入东交民巷使馆区。但是，东交民巷我们是住不起的，于是我就躲到东城口袋胡同同学许宝驹的家中，朝夕与许计议如何觅取机会，为党国尽力。有一天，我忽然想起浙江省长夏超（定侯），为人机警有大志，绝不甘心屈居孙传芳之下，如有机会，必可举义反孙。此时如有机会策动夏超反正，东南半壁，影响甚大。我知道马叙伦（夷初）先生与夏有深交，此时马正在杭州，若由马向夏进言，夏必可言听计从。我们两人定计后，当天晚上就到东交民巷西口乌利文洋行楼上，去看易培基（寅村）先生，把我们的意见告诉他。他听了以后，大为嘉许。他说今晚时间不早了，准备把这件事告诉李石曾先生（时为北京政治分会主席，避居法国医院），要我们明晚去听消息。第二天晚上，我们复往谒见，他告诉我们李先生亦甚赞成。他将先去电与国民党中常委主席张静江先生接洽，要我们二人中，一人去杭州，一人留在北京和他保持联系。我们商定由许宝驹回浙江进行此事，我则留在北京静待好音。因为宝驹口才便给，说话比较动听，所以我推他前往。宝驹到了杭州，把我们的计画和经过情形告诉马夷初先生。马往见夏，晓以利害，夏极表赞成，决定反正。国民政府遂派夏超为浙江省长，兼国民革命军第十八军军长，许宝驹为十八军党代表，我则为十八军政治部主任。原定计划是夏接受国民政府任命，宣布反正，立刻出兵攻占上海，不料夏之警备队，装备虽好，但无作战经验，动作迂缓。孙传芳得知浙江政变的消息，先发制人，立即遣卢香亭部由上海进攻石湖荡，攻占嘉兴，直趋杭州；夏则功败垂成。

那时我还在北京，得到许宝驹的急电催促，但一时不能动身，需将大中中学和南花园北京特别市党部等处经办之事交代清楚，始能成行。等我到达上海，夏已殉职，他的部队也已溃散。我若早到夏超军中，命运实不可知。夏超失败后，我就留在上海工作。

蔡先生派我返浙察看敌我形势

是年秋天，蔡先生已从欧洲回国，住在上海，我乃得有机会随侍左右。十一月，国民政府任蔡先生为浙江政治分会主席。当时有好多同志，不问情势如何，总想回到浙江去。杭州因为卢香亭的主力部队驻扎，杭、嘉、湖都在他的手中，当然不可能回去，然而有人认为我们有两个师的兵力可以依恃，就异想天开，主张先生在宁波成立省政府。蔡先生不表赞同。

先是孙传芳部周凤岐、余宪文两个师长由江西潜回浙江，相继反正。周就国民革命军第二十六军军长，驻桐庐；余就国民革命军第十九军军长，驻绍兴、萧山一带，与孙军、卢部隔钱塘江对峙。蔡先生之意是派人先去绍兴、萧山、桐庐考察一下周、余等实力究竟如何，当时决定派我先去看一看。那时沪杭铁路交通断绝，奉命之后，我偕同徐知白、徐钧溪二兄，前往绍、萧、桐庐等处。

周、余二人之部队，号称二军，其实力尚不足二师。军风纪及装备均甚差，仅有步枪及少数机关枪，并无重炮，士气颓丧，毫无斗志，决不足以御劲敌。回程曾潜入杭州观察孙军情况，而卢香亭所部是久经战阵之师，较周、余所部略胜一等。我并冒险往说杭郊孙部徐镇方旅反正，不得要领，悄然离去。惟火车不通，只有孙方军车往来沪杭之间，乃运用同学郭智石（其兄郭之江系孙方要人，为浙江实业厅长）之关系，搭乘孙军军车回到上海。

我将在绍、萧、桐庐及杭州所见情形报告蔡先生；蔡先生认为时机还没有成熟，必须等待国民革命军东路军由闽入浙，省政府始可在宁波成立。惟在沪同志迫不及待，仍旧主张先在宁波成立浙江省政府。

随侍蔡先生回浙

民国十六年（一九二七）元月某日，浙江政治分会及省府同仁（时国民政府任命褚辅成为浙江省政府主席）均从上海搭船，航行一夜，翌晨到达宁波，在纸业公会开座谈会，商讨省府成立日期。是日，第十九军已从萧、绍撤退，军长余宪文亦来列席。相见之后，蔡先生就问他，孙军渡江（钱塘江），贵军从萧、绍撤退，是否在曹娥八关一带设防。他含含糊糊，答说"是的"，不及其他。因此，会议亦未能决定省府成立之日期。会后我住在宁波青年会，看见满街都是兵员从前方退下。我遇见十九军政工人员王超凡兄，我就以蔡先生问余军长的话询问他。他说，全部都退下来了，你想，曹娥八关一带防线长达二百余里，我们只有一师人，如何防守得住。他是国民党的同志，对我讲实在话。当晚我即谒见蔡先生，报告军情。当时颇费踌躇，留在宁波固然不妥，返回上海亦有为难，最终决定先到象山小住。从此我就跟着蔡先生跑，可说是他的随侍人员。

关于蔡先生的学问，道德文章，诸位知道得都比我清楚，我因曾随侍多日，现在就来谈谈蔡先生的私生活。

蔡先生的日常生活

蔡先生平居俭朴，此行所带行李，仅铺盖袋一个、手提箱一个，箱内除换洗衣物以外，全是书籍、文具及日常用品。他左脚因病，早年曾动过手术，步行不大方便，每天都在寓所读书看报，晚间写信。他每天都有一信寄给夫人周女士，从不间断。信交我代发，能寄快信，必寄快信。

先生虽年届花甲，然身体康健，事必躬亲，从不假手于人。我们在象山旬日之间，四迁住所。每次搬动，我想替他整理行装，收拾零星物件，但是早晨起床，他就将铺盖及零星物件整理好了。随侍十余日，除每天替他寄信以外，实无一事要我帮忙。

蔡先生待人接物都很谦和。饮宴之时，不论男女老幼敬他喝酒，他必举杯回敬；敬他吸烟，不论烟之好坏，他都接受。蔡先生每顿饭都要吃一壶酒。我们在象山曾住黄公嶴史文若兄家，史宅招待周到，每日早餐亦预备丰盛酒菜。我也颇能喝酒，陪蔡先生吃饭那是最好不过，但是早晨我没有喝酒的习惯。那时年轻荒唐，有一次，我把杯子倒过来，表示不愿意喝，其他人陪蔡先生喝。蔡先生当时没有说什么，事后他对我说，你不吃酒不要紧，倒一杯好了，摆在那里，你早上不吃不要勉强，你把酒杯倒过来表示你不喝，这样子不大好。他讲话总是这样的，从不疾言厉色，当时也不说我没有礼貌。我受了教训以后，也跟蔡先生学，对主人的盛意不可推却，人家敬我一杯，必定举杯回敬。

蔡先生当时抽的是"梅兰芳"牌的香烟。他叫我们抽，我那时烟瘾很大，但是我们都不敢抽他的烟，因为在乡下那里去买"梅兰芳"呢？他自己虽然抽的是"梅兰芳"，但是别人敬他，不论烟之好坏，他都接受。我因此了解他并不是爱好烟酒，他在交际时的吃烟喝酒，多半是因为主人的盛情难却。

随侍蔡先生由浙赴闽

我们在象山住了十来天，原想在象山先乘民船至临海，转赴温州，旋闻台州海面海盗甚多，出没无常而罢。最初史文若兄欲物色打手数人伴送，为蔡先生劝阻。蔡先生以为：第一，我们并无急事待办，迟走早走并无关系；第二，我等并无贵重物品，如遇海盗，任其各取所欲，当无危险，若加抵抗，万一不胜，危险更大。

后来我们从黄公墺搬到盐仓，才遇着从福建来浙装载带鱼的小帆船三艘，我们便搭乘这三船去福建。船很小，我们一行五人分乘二船，蔡先生和马夷初先生乘一船，我和另外两位同学三人一船，另一船装载行李。时东北季候风大作，一叶扁舟，飘泊海上，危险异常。我因晕船，终日蜷卧不能走动；蔡先生则不晕船，还能起来，吃饭。船行一天两夜就到达福建琯头地方，亦即林子超先生的故乡。时何应钦先生已攻下福州，八闽底定。

到了福建之后，不久我就和蔡先生分开了。他介绍我给何敬之先生，我奉委为东路军总指挥部参议，随何将军北伐入浙；蔡先生则与马先生等前往厦门，参观厦门大学、集美中学，然后由厦门径返上海。

为年轻人介绍工作有求必应

十六年（一九二七）二月，革命军攻下浙江，蔡先生等从上海到杭州，我们同住在青年会，复得朝夕相处。

这时一般青年要从军从政的，都来见蔡先生，从早到晚络绎不绝，蔡先生一一接见。有求写介绍信的，则有求必应，请在客厅稍坐，立刻就写，毫不推诿。他写信很快，两三分钟就写好一封，而且都是亲笔，从不假手于人。我们替他代笔的，只是偶尔有人请他吃饭、讲演，因时间冲突不能去，他在帖子上批个"致谢"二字，要我们写回信道谢。而他为他们写介绍信的，也不一定是北大毕业的。记得有一天晚上，时候已经不早，大概十点多钟，有一青年画家求见。我禀告蔡先生，有人求见，可否请他明晨再来。他说，请他进来好了。此人带了几张他自己画的人物、花卉之类，给蔡先生看，请求为他介绍工作。蔡先生问他能否画宣传品，他说可以，于是蔡先生就替他写信介绍白崇禧的东路军前敌总指挥部政治部主任潘宜之先生，请求录用。过了几天，蔡先生还问此人再来过没有，又问我潘宜之回信没有，还叫我去访潘主任，替他催促。可见蔡先生为人写介绍信，不是敷衍了事，而是诚心诚意的关照青年。

蔡先生小事谦和，大事认真

蔡先生在小事上很谦和，对于大问题，他却是很执着，绝不妥协的。

十六年（一九二七）四月十六日"清党"。浙江省"清党委员会"，委员为蔡先生、张人杰、沈定一、蒋伯诚、陈希豪、洪陆东、李超英、杭毅和我九人。会中设秘书、情报、审查三处，沈定一兼秘书处主任，我兼情报处及审查处主任。

在"清党"以前，国民党人对共产党人深恶痛绝，"清党委员会"成立那天，群情愤激，主张用最严厉手段对付共产党，凡涉嫌的人，抓到就杀。当天晚上，就从陆军监狱里提出二十余人枪决。

第二天早晨早餐后，蔡先生把我叫到他房里，很严肃的对我说:"我们不能随便杀人!昨天那样办,太荒唐!太草率!太不好了!此后必须谨慎!必须做到三件事:第一,抓人,必须事先调查清楚,始可逮捕;第二,定罪,必须审问清楚,证据明白,才可判决;第三,杀人,必须其人罪大恶极,提出'清党委员会',经会议决定,始可执行。青年误入歧途的很多,必须使人有个反省的机会才好!"后来浙江成立了特别法庭和反省院,都是受了蔡先生这些训示的影响。

[原载《传记文学》第三十一卷第二期(一九七七年八月号)]

宁粤和谈追随蔡先生的经过

程沧波

今天座谈会的主题是蔡先生的生平和思想，雪艇先生已经讲得很详细，我只有一点零碎的资料作一点补充。我先讲讲我跟蔡先生接触的经过。

先谈与蔡先生接触的经过

蔡先生如还活着，今年应是一百十一岁了。他是肖兔，当时南京有许多位是肖兔的，于（右任）、胡（汉民）、谭（延闿）都是肖兔的，他们比蔡先生小一轮；胡适之、孙哲生、王雪艇诸先生也是肖兔的，他们比蔡先生小两轮；我也是肖兔的，比蔡先生小三轮了。民国十六、七年（一九二七至一九二八）在上海办报时，跟蔡先生有相当接触，逮民国二十年（一九三一）我从英国回来，二十年秋天以前，我在南京担任中央政治会议秘书，十分清闲。因为跟杨杏佛（铨）是很好的朋友，他那时正任中央研究院的总干事，蔡先生是院长，他们的办事处是在成贤街，我常到成贤街中央研究院总办事处去。蔡先生也常到南京，到午饭时我时常陪他吃饭。这段时间差不多有一年余。杨杏佛先生平日事情很忙，交际多，有时他要出去，就请我陪蔡先生吃饭。蔡先生是很严肃的，但待人很温和。

蔡先生每饭必酒

陪蔡先生吃饭倒也是很有趣的，现在回想起来，那种气氛和味道实在非常之好。蔡先生这个人的特点就是淡，他的人情味很浓，我们中国人可以体会到这一点。蔡先生吃饭，都是很普通的菜，也就是中央研究院的大锅菜。他每一顿饭时都要喝一点酒。酒壶是用一个锡制方形的暖壶（里面是圆的，有夹层可以装开水），可盛四两酒，不一定是绍兴。我们都不吃酒，只看他自斟自酌，吃尽一壶也不再添。他不吃饭，用菜甚少，大概是有胃病的关系，每次只吃几片面包，酒是不可少。每一顿都是这样。

北大学生在蔡先生面前全无拘束

蔡先生吃饭时不大说话，我们拿许多话题问他，引他说话，他的话头才会被引起来了。我们问了许多问题，也听他说了许多事情，可惜没有记下来。席间也有许多趣事，我发现北大有几个高材生，在蔡先生面前言谈举止全无拘束。印象最深的是傅孟真，傅孟真他那个神气，奇形怪状，比手画脚，有时候大叫一声。我时常对他说，你实在应该打屁股！你在校长面前一点规矩也没有，做出各种怪样子。

虽然我不是北大的，但是我跟蔡先生多次接触，我对他实在是非常之佩服，陪他吃饭，听他谈话，在蔡先生的面前真是如坐春风。这一段往事，印象极深，回味无穷。

宁粤和谈追随蔡先生

另外有一段经过，便是民国二十年（一九三一）初冬在上海举行的宁粤和谈，我有机会追随蔡先生。

民国二十年（一九三一）五月，广州另外成立中国国民党非常委员会，与南京对立，宁粤分裂。是年七八月间，长江大水灾，泛滥数省，灾情惨重。不久就是"九一八"，日人在沈阳制造事端，攻占东三省。"九一八"以后，十月下旬，宁粤和谈在上海举行。这次和谈我曾亲自参加，现在特为纪述，或可为讲述蔡先生生平和研究民国史者的一点贡献。

民国以来有过好几次和谈。第一次是辛亥革命时南北议和，北方总代表是唐绍仪，南方总代表是伍廷芳，会议的地点是在南京市政厅，实际谈判的地方是在伍廷芳的家里——上海小沙渡路观渡庐。第二次和谈是在民国八年（一九一九），徐世昌方做大总统，南方则是孙中山先生的护法军政府，当时南方总代表是唐绍仪，北方总代表则为朱启钤，和议在上海举行，没有结果，而参加和议的人终日花天酒地。第三次就是民国二十年（一九三一）的宁粤和谈，十月廿七日正式在上海举行。

宁粤和谈双方的阵容

这一次宁粤和谈，广东的代表阵容浩大，如汪精卫、孙科、李文范、伍朝枢、邹鲁、陈友仁等，另外还有大批随员。南京的代表则为蔡先生、李石曾、陈铭枢、张溥泉、张静江等，后来还有吴铁城。这两方面的和谈代表，无论就阵容和性质来说，完全不同。南京的代表可说是第三者的立场，态度超然，这里面就年龄、资望来说，蔡先生可说是一个领袖人物。广州方面不仅代表多，随员也多，每次出席会议的有三四个秘书；南京的代表团只有我一个秘书出席，因为南京派来的人并不少，在上海威海卫路有一个办事处，但南京来人都不肯去列席，说看不惯广东来的人。当时的情况很妙，宁粤双方的代表和随员大半都住在一个旅馆，但见面都不招呼，宛若敌国，壁垒分明。开会就在伍朝枢先生家里——观渡庐，是一栋英国式的洋楼，园子很大，有几百亩地，此园后来已拆除。

李文范与伍朝枢

会议开始，奇怪的是并没有一定的议事规程，大概是每次会议推一个主席，蔡先生做主席的次数很多。讨论的议题主要是国民政府的组织法。南京的代表可说完全采取守势，广东方面则取攻势，其中最激烈的是李文范，其次是伍朝枢。李文范常常很激动的跳出来骂，南京政府给他骂得狗血淋头，好像南京政府一无是处。伍朝枢则专门批评《国民政府组织法》，他冷嘲热骂的对象就是王亮畴（宠惠），因为《国民政府组织法》是王起草的。伍朝枢说，我从来没有看见过一位法学博士、法学权威起草的政府组织法，其中的主席一职居然没有任期！

蔡先生主持会议是超现实的

我讲这一段,主要是在表现蔡先生。蔡先生当时做主席,尽管李文范在那里跳,伍朝枢冷嘲热讽的骂,他坐在席上丝毫不动。不过,我这个做纪录的却非常为难,广东方面一定要写"南京政府",我觉得这不成体统,明明是国民政府,却偏要写成"南京政府""广东政府",我就告诉蔡先生这样写不对,必须改正,若不向他提起,他也就随它过去。那时每天的记录几乎都发生问题,且只有我一个秘书,只有我一个人争,我总觉得不能把"南京政府"的字眼写在记录上。

从这里我们可看出蔡先生的伟大,他是超现实的,宁粤相争,尽管闹得满天星斗,但蔡先生处之泰然。这一段时间,我跟蔡先生接触很多,不但白天有接触,晚上也常到他那里。他很少谈和谈的事,也不谈现实的问题,他很超然,眼光看得很远,仍然是谈教育、谈思想、谈文化。那时国难当头,外间请愿的很多,闹得一团糟,请愿的代表来了,都是汪精卫去挡。我记得有一回沈钧儒等人来请愿,和汪精卫大吵一顿,蔡先生则不过问这些事。

蔡先生重恕道

我在宁粤和谈期间和蔡先生朝夕相处,我觉得他真是精神超越一切了,对现实问题不加萦心。尽管天下汹汹,他认为问题的根本不在此,所以他始终不改变他的态度。和谈完了,我陪他回南京,我在车中问他许多问题,对我的见闻增益不少。我问他许多我们在历史上看不到的,尤其是辛亥开民国的史事。"九一八"以后,国难当头,上海有一批老先生领衔通电,要政府马上抗日,领衔者是马相伯(良)先生,其次是赵凤昌(竹君)先生。赵是我们常州同乡,有一次,我特地问蔡先生,人家说南京临时政府是在赵凤昌家里成立,此人究竟如何?蔡先生说,国民党对不起他。我问这话怎讲,蔡先生说,害得后来袁世凯要为难他呀!可见蔡先生之为人非常注重恕道。我这段期间和他相处,他从不跟我谈时事,我陪他返京,接着就是四全大会①,他也不谈。我觉得他的境界太高了。

要发扬蔡先生思想

民国二十二年(一九三三)六月,杨杏佛被刺去世。

---

① 即中国国民党第四次全国代表大会。——编者

当时什么人权大同盟[1]，蔡先生是会长，杨是总干事。杨之遇难，蔡先生非常难过，此后即不常去南京。二十九年（一九四〇）三月，蔡先生在香港去世，我适在港，曾往吊丧送殡。

刚才雪艇先生说，我们应该发扬蔡先生的思想，这事实在应该做。当蔡先生在香港逝世，时北大同学许地山（落华生）先生在香港大学做中文系主任，不知道他根据什么考据，说出殡时要用鼓为前导，于是找来了十面鼓在出殡的行列前敲打，香港人因此出来看热闹，但大家不知"蔡元培"是什么人！三十年前香港人不知蔡元培，我们今天仍然需要发扬蔡先生的思想，阐述蔡先生的生平。

［原载《传记文学》第三十一卷第二期（一九七七年八月号）］

---

[1] 即中国民权保障同盟，由宋庆龄、蔡元培、杨杏佛等人发起，1932年在上海成立，宋庆龄、蔡元培分任主席和副主席，杨杏佛任总干事。——编者

学人、通人、超人

梅恕曾

我是民国八年（一九一九）到十一年（一九二二）在北京大学念书。在校的时间只有三四年，跟蔡先生见面的机会很少。我想今天在座的同学都会有同感。那时北大全校有三千多人，平日师生不大有什么往来，跟校长的接触那就更少了。我在学校中感觉到蔡先生有几点为他人所不及的。

蔡先生对北大的改革与贡献

第一，他主张思想学术自由。在当时北大的老师之中，有无政府主义者，如李石曾先生；有后来成为共产党的如文科学长陈独秀和李大钊；还有保皇党，如辜鸿铭先生。所以说蔡先生主张思想自由，只要学有专精，足为传道授业，不管他们的思想如何，北大都能容纳他们讲学。

第二，蔡先生的气度宏伟，对学校的事情他公正无私，包罗万象。当时在北大里面，有尊孔的，也有反孔的，他都容纳。他并且招收女生，男女同学。当时北京的高师，分男女两校，门禁森严。今北大居然招收女生，男女同校，在当时的社会是一件很新奇的事。蔡先生这一举措，打破了一般人的旧观念，也改革了社会的风气。

第三，改革学制。他把预科改为两年，本科则改为四年，取消了预科独立的状态。此外他把原来的学门改为系。其次就是延聘国外著名学者来讲学，如著名的哲学家杜威和罗素，都曾到北大讲学。这种盛况为其他学校所无。另外还有一个重要改革是教授治校。他组织一个教授会议，学校的重大事情如延聘教授、人事升迁，都需经过教授会议决定，这是一种校内的民主制度。还有一点是蔡先生提倡美育，主张以美育代宗教，注重音乐、美术、绘画的教育和修养。他并且在北大成立学生军，聘请蒋百里先生和黄膺白先生为教官。我就是学生军之一，同学延国符身材高大，是学生军中最高的，我们喊他作军长。

蔡先生助我赴德留学

第四，我觉得蔡先生平易近人。我在民国十一年（一九二二）得到四川省官费，预备赴欧留学。我们经济系的系主任顾孟余先生(时兼教务长)要我去看校长蔡先生。蔡先生问我去那一国留学。我说去德国。他说,那很好,你这回去欧洲,我给你介绍两个人。他亲笔写信给我,在德国他为我介绍朱骝先生,在法国介绍的是褚民谊。他又问我预备进什么学校。我说到了德国再决定。他就向我建议,要我进耶纳(Jena)大学,他说他就是耶纳大学出身,并为我打电报到耶纳大学去商洽。于是我到了德国就进入耶纳大学攻读,住了两年。由此可见蔡先生对后进的指导和关切。而且我是四川人,四川差不多是属于边远省份,可说是边区学生,而蔡先生身为国立大学校长,又曾做过教育总长,民国要人,领袖群伦,但当我谒见他时,他一见我就站起来,站了老半天也不坐下。他替我写的介绍信,"蔡元培"三字写的是楷书。由此可见其毫无架子,非常谦和,平易近人。他这一点给我的印象非常深刻,感念无已。

一九二二年我到了德国。一九二四到二五蔡先生也到了欧洲,参加在史特拉斯堡(Strasbourg)召开的美术会议,有电召我前往。(史特拉斯堡在德法交界处,属于阿尔萨斯州,欧战前属德国,战后交还法国,今仍属法国。)我在史堡还见到魏道明先生和郑毓秀女士等。蔡先生非常关心我们,问我们在德国的生活情形。我就说,在德国读书最大的困难是语言;其次是经济问题,我是四川的官费生,但是川省多战事,尤其是在邓锡侯是当时的省长,官费时常不能准时兑到。蔡先生就说，那你怎么办呢？我说我给《国闻周报》当通讯记者，赚些稿费。

以上简略的谈谈我跟蔡先生接触的经过。现在有人称蔡先生为"一代完人"，又说他是"学人兼通人"。我觉得蔡先生可称为一个"超人"。我跟他接触不过四五次，他对我们后进的指导也极其殷切，但我发觉他始终非常超然，所以我称他为"超人"。

［原载《传记文学》第三十一卷第二期（一九七七年八月号）］

蔡先生为我解决困难及其遗风对台大的影响

洪炎秋

仰慕蔡先生前往"留学"

我是仰慕蔡孑民先生所领导的北京大学的学风而到北京去"留学"的。民国十一年（一九二二）年末到了北京，考期已过，而蔡先生也于年初，因为教育总长彭允彝在内阁中，借金佛郎案再监禁已恢复自由之前财政总长罗文干，愤而辞职，离校南下，使我大为怅惘。幸而次年十二年（一九二三）考入北京大学预科，读了两年，升入本科教育学系，读了四年，又转入英文学系读了半年，继续在蔡先生所创造的自由独立的气氛中，受到六年半的薰陶。而初到北京时，就购读新潮社所出版的《蔡孑民先生言行录》上下两册，蔡先生的重要言论，都收在书中，使我如见其人，受益不浅。

最令人佩服的态度与主张

这部《言行录》分量虽然不多，却编得很好，可以使读者领略到蔡先生人格的伟大处。书中一篇答林琴南要求解聘陈独秀、胡适之、钱玄同诸位从事新文化运动的教授的信，真可以做为当大学校长的金科玉律，只有蔡先生说得出、做得到，我所接触过的几十位主持高等学府的人，连有魄力、敢负责、眼光远大、手腕灵敏的傅斯年校长，都不能望其项背。信前所举的实例，且不去管他，信后所表明的态度，最可佩服。他说："……至于弟在大学，则有两种主张如左：一、对于学说，仿世界各大学通例，循思想自由原则，取兼容并包主义。……无论有何种学派，苟其言之成理，持之有故，尚不达自然淘汰之命运者，虽彼此相反，即悉听其自由发展。……二、对于教员，以学术为主，在校讲授，以无背于第一种主张为界限。在校外之言动，悉听自由，本校从不过问，不能代为负责。……夫人才至为难得，若求全责备，则学校殆难成立，且公私之间，自有天然界限。……"这封信影响很大，连台湾都有受到它的影响的实例。

台大受蔡先生遗风影响的一例

傅斯年先生来长台湾大学，是民国三十八年（一九四九）年初。光复以来，不过两年多，该校已经换了三位校长，总不能把学校纳入轨道。傅校长来后，就着手整顿，钱思亮先生帮他整理教务，苏芗雨先生（原名维霖，新竹市人，民十七年北大哲学系毕业）帮他整理总务，渐成局面。这年三月间，胡适之先生要来台湾，校中史学系有一位徐子明教授，是德国老留学生，担任西洋历史，功课教得还不错，但是思想陈腐，为人冬烘，而且迷信命卜；这次听到胡先生要来台湾，极不赞成，编印一册匿名小册子，名为《胡适与国运》，到处散发，攻击胡先生，认为国家所以遭遇今日的运命，全为胡氏思想所使然，应该放诸四夷，不与同中国。傅校长接到这本小册子，查明是徐子明教授所为，大为愤怒。到了暑假，他拟定一批不予续聘的教员名单，给苏芗雨先生看，内中居然有徐子明教授的名字。苏先生告诉傅校长，徐先生教课还受学生欢迎，按照蔡孑民先生请教员的标准，他们在校外的言动，学校从不过问，也不负责，似乎不应该因为徐先生在校外攻击胡先生，而剥夺他教书的机会。傅先生当时不置可否，可是最后聘书还是照发。徐子明教授因为蔡孑民先生留下这几句话，得以在台大继续任教二十多年，直到八十多岁寿终为止。

平大附中的成立与解散的风波

我虽然入了北京大学，一直受着蔡先生的影响，可惜总没有机会亲接他的謦咳，直到民国二十二年（一九三三）才在上海见过他两面。这是因为二十年（一九三一）沈尹默先生担任北平大学校长，看到所收高中毕业生成绩远不如以前的预科毕业生，深深觉得有自己办理附属高中的必要，就在行政会议上提议，成立附属高中，经费先由五个学院比例分担，再向教育部去争取高中独立的经费。当时除了医学院长徐诵明先生外，其余都赞成，就在中南海东四所外边一片空地，盖房招生，宗真甫任主任，林素珊任教务主任，张希之任训育主任，我任事务主任，教员整齐，课程严格。除按照部定标准外，每周加授第二外国语三小时，有法、德、俄、日四种，任选一种，为必修科，认真训练，绝不敷衍，刚一创立，就现出灿烂的前途。不意教育部不肯增列高中的预算，仍令五个学院匀摊支维，不到一年，宗真甫被李石曾先生邀到法国去主持里昂中法大学，张希之随而辞职，校中派林素珊继任主任。那个时候"左"派学生逐渐抬头，时常借机生事，林素珊以一女流，无法应付，又找不到适当的训育主任，不出两三个月，也辞职离校。而沈尹默校长也以北平大学原由几个单科大学凑合成立，五个学院各自为政，本已难办，又兼高中经费无法解决，也辞职赴沪，教育部乃派医学院长徐诵明继任。徐校长接任后，派我为高中主任，我乃自兼教务主任，邀请苏芗雨、沈昌盛两同学，分别担任训育、事务两主任，阵容也颇坚强。正准备要招第三届新生，徐校长约我去密谈，他说，高中是北平大学的一个癌，非把它割掉，北平大学无法弄好，他正向教育部建议，如能为高中另列预算最好；不然，只好将它解散，把现有的学生分别转送各校，请教育部明白指示，叫我暂守秘密，停止招生计划。这件事虽然一时感到意外，却也是意料中的事情，因为徐校长从开头就反对成立高中。

赴京请愿碰了一鼻子灰

过了几天，部令来了，命令高中停招新生，将学生分送各中学，学校即刻结束。全校哗然，学生召开各班代表会，家长也召开家长会，纷纷反对。经我从中调停，反对立刻结束，也不要求继续办理，只请求逐年结束，将这两届学生，教到毕业，费时不过两年，则学生不致失学，教员不用转职，而大学当局也可以达到割掉高中这个癌症的心愿。这个提案，获得各方同意，就推我为代表，到南京去向教育部请愿了。我到了教育部，碰巧王雪艇部长出外巡视，由段锡朋次长接见。段次长见了我后，完全出我意料，态度强硬，蛮不讲理，说甚么部令一出，一定要维持威信，贯彻到底，叫我不要再在这里啰嗦，赶快回去办理结束。我碰了一鼻子灰，没有面目回去，走投无路，只好到上海去向创办平大高中的沈尹默先生求救了。沈先生虽然当过一任厅长，一任校长，仍然书生本色，身无长物，此时正在环龙别墅，租到一层楼房，卖字维生。我见了他，把经过详细报告后，问他有无办法。他告诉我，现在无权无势，不便抛头露面，自讨没趣，只好向蔡孑民先生恳切陈情，也许可以如愿，遂写一张名片，叫我到愚园路蔡公馆去拜访。

令人感动的帮忙并解决我一大困难

我带着介绍名片，到愚园路蔡先生的公馆，是一座小小的两层楼房，铁门紧闭。我就按一下门铃，门上小洞启开，露出一只眼睛，问我有啥贵干，我就拿出自己的名片连同沈先生的介绍片塞进洞里，说要拜谒蔡院长。片子拿去不一会工夫，铁门洞开，一位穿中山装的大汉，领我进入一个简素的客厅，接着一个娘姨端出两杯茶。蔡先生穿着白罗长袍，黑纱马褂，跟校长室所悬的大像片，丰采一样，态度蔼然，令人肃然起敬。我不知不觉，起来向他深深鞠了一躬，他叫我坐下，也跟我相向坐下，我把来意简单向他报告。先说尹默先生创立高中的深意，后以经费无法解决，辞职来沪，继任的徐校长根本就不赞成高中的创立，就职后马上呈准教育部，要在这个暑假中把它解散，以图一劳永逸。其实事情并不这么简单，因为高中现有专任教员四十多名，两学年的学生也有三百数十人，无法安顿，我跟有关人士，共同研究，认为请求续办自然是不可能，所以现在只求多费两年工夫，逐年结束，使教员有时间各奔前程，学生可以获得毕业资格。当局停办高中的目的，虽迟缓一点，却也可以容易达到，希望蔡校长替我给王部长写一封信，让我带去向他请愿。蔡先生说："你们的请求，相当合理，信是写不清楚的，我也好久没有到南京去，等王部长回京，我去当面跟他说一说看看吧。你就在上海等候回音好了。"这完全出了意外，他竟然肯为这一点小事，代跑一趟南京，可见他为教育而热心诚恳的一斑了。过了两天，报载王部长已经回京，又过三天，蔡校长来电话叫我去见他。见面时，他告诉我，王部长已经同意我们的请愿，叫我补写一张呈文，亲自带到南京去见王部长，等着带回他的批示。我虽然只见过蔡孑民先生两面，但是这两次会面却替我解决了一个大困难，同时，也替北平大学附属高级中学四十多名的教员和三百数十个学生解决了一个大困难。

[原载《传记文学》第三十一卷第二期（一九七七年八月号）]

对"卯"字号前辈的一些回忆

何　容

关于蔡先生的事情，我知道的很少，原因是"予升也晚"：小学毕业，上了一年师范讲习所，又病了一年，才升中学；中学毕业，又自行恶补一年，才升入北大。在中学的时候，倒是看见过蔡先生，也听见过他讲话，那是"五四"时期，天津学生联合会请他去讲演，地点是在维斯理堂。据当时到车站去迎接他的代表说，并没接着他，原来他老先生自己到真素楼吃饭去了。这是我听人说过的蔡先生之"食"。

民国十八年（一九二九），我在南京司法行政部当一名录事，看见过部门口停着一部立体而不流线的汽车，同事们告诉我说那是蔡先生的汽车；这部汽车特别引人注意，是这个型的汽车就已经"落伍"到几乎没人坐了。这是我听说也看见过的蔡先生之"行"。

民国二十年（一九三一），我在教育部国语会（此会留在北平，没随政府南迁）工作，居住中海的居仁堂西四所（《中国大辞典》编纂处的宿舍）。钱玄同先生常常在下了班之后，跟我们几个年轻人谈天儿；他很健谈，而且无所不谈。他说他在北大教书的时候，常到蔡先生的办公室去谈（大概也是谈天儿），一直谈几小时，蔡先生从无倦容。这是我听钱先生说的蔡先生"对人的态度"。在那个时候已经有讲究"西化"的人士在接待室里贴上"谈话以十五分钟为限"的条子，蔡先生的办公室里大概没这样的字条儿。

在座的老学长，大概有亲身经历过北大校史上最令人不愉快的事件，所谓"讲义风潮"吧？那是反对讲义要收费而起的。据曾经参加这次"风潮"的人说，蔡先生面对"学生群众"讲话，态度坚决，不为"群众"的力量所屈。而学生也只是喊叫"你倚老卖老"并未形成"暴力"。这大概可以说是蔡先生之"勇"吧！不过这种不屈之勇，不同于子路所好的勇。记得傅孟真学长曾自称为蔡门中的子路，但是他又说他是 Most un- 蔡孑民 -like。

方才我说"予升也晚"，有"字"为证；"卯"字号里，我算是第四代小兔子。我生于一九○三年，生肖属兔。当年北大属兔的人很多，蔡先生是第一代，陈独秀是第二代，胡适是第三代,每一代差十二岁,以上都是"名兔"。至于我虽也出身北大,只能算是第四代不知名的小兔子了!

〔原载《传记文学》第三十一卷第二期(一九七七年八月号)〕

蔡元培先生与"国父"的关系

黄季陆

为了悼念蒋孟邻先生,我连续在《传记文学》发表了两篇文字,一为《敬悼一个土地改革者》,一为《蒋孟邻先生与国父的关系》。我曾说孟邻先生是一位额上没有刻字的革命党人,是"国父"信徒中的良好典型。但这一典型的党人其来有自,并非孤峰突起,而是有脉络相连的。于是我很自然的就想到蔡元培先生。蔡先生在清时曾担任过浙江绍兴中西学堂的监督,那时孟邻先生正是这一学堂的学生,照中国的说法,他们二人有师生之谊,虽然孟邻先生自己很少对人提及过。民国以后蔡先生任北京大学校长时,孟邻先生又复为蔡先生所倚为左右手[①]。我们不难从孟邻先生的立身行事

[①] 蔡先生在《我在教育界的经验》一文中说:他任绍兴中西学堂监督时,蒋孟邻先生是中西学堂第一斋的学生。

中窥出一些蔡先生的风仪。这一风仪是令人敬慕向往而又为当前的国家所急切需要树为楷模的。孟邻先生与"国父"的关系已见前文，至于蔡先生与中国革命的关系则尤为密切。蔡先生之所以器重孟邻先生，很显然的是因为他们的志业有相同之处。这一相同之处是与中国革命不可分的，是与"国父"中山先生的思想、主义不可分的，正因为他们二人都属于额上没有刻字的革命党人的类型，没有为一般人所注意罢了。

一、隐伏北方的革命耕耘者

据已知的若干资料显示，中山先生自民国二年（一九一三）二次革命惨痛失败以后，袁世凯在北方的局面已暂获稳固，于是革命党人为现实形势所迫，一部份远走海外，图谋再起；一部份隐伏四方，待机而动。这一时期中山先生在环境险恶的北方曾经隐伏了几个得力的党人，也可说是预置的革命的棋子。在政治方面是黄膺白、王宠惠等先生；军事方面是胡景翼、孙岳等先生。民国十三年（一九二四）冯玉祥策动推倒曹锟所谓的首都革命，居间策划的是黄膺白，把冯玉祥放进北京的是曹锟的城防司令孙岳，否则便不会那样顺利的进行。孙岳、胡景翼都是同盟会的会员，依托在北洋军阀的势力之下。这一次运动虽然不甚彻底，但是他改变了北方的局面，他们事后欢迎中山先生到北方去解决时局，如果中山先生那年不是在北京一病不起的话，中国当时的局面便又不同了！

蔡元培先生好似是预置隐伏在北方的文化教育界的极其重要的革命棋子，亦是北方革命的播种和耕耘者，在转移风气、启迪民智上发挥了重大的革命功效。他的基本是北京大学，他爆炸出来的火花是新文化运动与民国八年（一九一九）五月四日的学生爱国运动。这是一次真正的文化的首都革命，影响及于此后的中国历史，是无与伦比的深远。他的力量是表现在文化、教育、思想的觉醒与群众运动的抬头，而不单纯属于革命的军事范畴。但此后一连串的革命军事行动却无不受其影响。因为自此以后的军事、政治和经济的革命活动，都无不以思想文化运动为先驱、为配合。辛亥以后以军事行动为主力的革命运动，至此时期已显著地走向以青年、知识份子、工人、农人、商人和觉醒的各阶层份子为中心，具有民众革命运动的色彩的革命运动了。群众革命运动至此已部分取代了纯军事的革命活动。

这是五四爱国运动所开辟的历史的新页，而五四运动的成因，实导源于中山先生领导的国民革命的发展与继续。这是一项争议不息的问题，不得不加以剖析。要对这一问题有充分的了解，蔡元培先生所领导的北京大学和他本人的历史，他与中国革命及其与中山先生个人间的关系的明白，是十分重要的。

二、做中国国民党候补中央监察委员的蔡先生

我在此要提出一项重要的事实，以供研究此一问题的人的参考。

在民国十三年（一九二四）一月三十日，中国国民党第一次全国代表大会正在进行中的时候，中山先生向大会提出国民党改组后的第一届中央执行委员和监察委员的名单，经由大会予以通过。

中央执行委员是：

胡汉民、汪精卫、张静江、廖仲恺、李烈钧、居正、戴传贤等二十四人。

候补中央执行委员是：

邵元冲、邓家彦、沈定一等十七人。

中央监察委员是：

邓泽如、吴敬恒、李煜瀛、张继、谢持等五人。

候补监察委员是：

蔡元培、许崇智、刘震寰、樊钟秀、杨庶堪等五人。

当中山先生念出蔡先生为中央候补监察委员时，会场中

立时有两种不同的议论：一是说蔡先生是在北京政府的势力下任北京大学的校长，他有依附军阀的嫌疑；一是批评蔡先生放纵青年学生思想"左"倾，仇孝非孔。一位思想偏激守旧的安徽代表张秋白并当场提出询问，中山先生报之以微笑，并轻描淡写的说："你对蔡孑民同志有误会，此事非片言所能尽，我知道他最清楚，故我有此处置。"大会对于张秋白的意见并未予以重视，因此亦并未发生甚么影响。

我对于提名蔡先生为候补监察委员，内心感到十分的不安和怀疑，我的不安和怀疑倒并不是因为蔡先生任北京大学校长，误会他依附北方军阀和放纵青年"左"倾。我以为以蔡先生在革命的历史和他在学术思想上的贡献，要吗，不提他的名；要提他的名，就不应该提名他为候补中央监察委员。中央监察委员中的邓泽如、谢持两先生，在学术界和青年人的眼光中都不及蔡先生出任监察委员为恰当。我曾经以我的看法请教胡汉民、廖仲恺、戴传贤诸先生，他们的答复和我一样，对中山先生这一处置不甚明了。我和蔡先生并不熟识，他此时正在欧洲，并没有在广州出席大会，我之作如是的看法，动机是出于一个青年人纯真的好恶观念。

有一次我很冒失的向中山先生提出我关于蔡先生出任候补中央监察委员的意见。中山先生很委婉的说道："蔡孑民先生在北方的任务很重大，北方的政治环境与南方大不相同，他对革命的贡献是一般人不易了解的。本党此次改组不提他参加中央亦不好，使他在中央的地位太显著，对于他的工作反为不便，他不会计较这些的，我希望他由欧洲回国后仍能到北京去工作。"

中山先生上面一段话是民国十三年（一九二四）的春天讲的，由最近所得的其他有关的资料加以印证，我们才知道当民国五年（一九一六）的十二月二十六日，其时正值袁世凯暴毙，帝制取消，黎元洪复大总统职之后，蔡先生被任为北京大学的校长。他在考虑是否接受此一任命时，曾遭受同志间的反对，不赞成其前往北京。关于此事，民国八年（一九一九）五四运动以后，廖仲恺先生曾对人说过，当时反对最烈的是马君武先生，而总理却赞成蔡先生去。证明中山先生真有眼光和气度，使蔡先生把革命的精神传播到北方去[①]。若再加以蔡先生就任北京大学校长之后与中山先生信函的交往，更知中山先生所信赖于蔡先生的地方，是早有所安排和打算的。例如：黄克强先生民国五年（一九一六）逝世后安葬时之墓碑文字，中山先生即属意于蔡先生，尽管当时同志中与克强先生有交谊而能文之士甚多，皆不之顾。又如当时国史馆并入北京大学，由蔡先生主持其事，而蔡先生于革命史部分特函请中山先生撰拟之类。中山先生提名蔡先生为候补中央监察委员，在当时看来似乎不很恰当，而实则

---

① 参见《国父年谱》及罗家伦先生《五四的真精神》一文。

寓有深意，而蔡先生亦从未闻其对此一安排有过遗憾。这可以见出中山先生与蔡先生之间的往还交谊之一斑。

三、把北京沉闷的局势翻造过来

如果我们就蔡先生与中国革命之关系与历史而言，一九〇三年（光绪二十九年）轰动一时之鼓吹革命的上海苏报案，蔡先生为该报撰述人，亦为案发后，被清政府通缉人犯之一。其时江浙同志组织之光复会革命团体，蔡先生曾被推为会长；一九〇五年同盟会在日本东京成立，兴中会、华兴会与光复会会员都参加同盟，并由总会指定蔡先生为东南支部长兼主盟人；辛亥革命成功，中山先生被推为临时大总统时，蔡先生为第一任之中华民国教育部部长。南北统一，政府北迁，蔡先生复被任为唐绍仪内阁之教育部部长，其后由于袁世凯之专横违法，整个内阁辞职，蔡先生亦与其他国民党同志共同进退。……国民政府建都南京，蔡先生任大学院长，中央研究院院长，以至于他民国二十九年（一九四〇）病殁香港，他一生的政治立场无不与中山先生领导的中国革命相始终，他不仅是一代的学人导师，而且配得上称为一位革命的完人。

所以我说蔡先生在北京大学的工作，是革命党隐伏在北方文化教育方面的一着棋。民国八年（一九一九）的五四爱国运动,如果说北京大学是当时思想策动的中心,那末其中心人物无疑地就是蔡元培先生。五四运动的真实意义是国民革命的发展和继续,是固蔽的思想、文化的突破,亦即是另一形式的首都革命,把当日旧势力集中的北京沉闷的局势翻造过来,影响及于全国,使国民革命获得蓬勃便利的发展。当然,隐伏在北方的革命棋子不止蔡先生一人,其他的人和其他的因素很多,蔡先生不过是一显著的代表者,特别值得我们提出而已。

曾参加五四运动的罗志希先生曾经有过这样的几句话:

> 蔡先生是同盟会的健者,始终是国民党党员,他有革命家的勇气,同时更有学人君子的气度与特立独行的精神。他是最不会宣传的人,他绝不做党的宣传人,但是他宣传的力量最大,因为他能励行"身教"。如胡适之诸先生都是蔡先生聘来的教授,但是他们后来都对蔡先生以师礼相事,"衷心悦而诚服,如七十二子之服孔子",这不是偶然的事,国民党里面有这样一位哲人,发生这样大的影响,这段历史是很值得珍贵的。[①]

罗先生这段话说明了蔡先生之所以伟大的另一面,也正

---

① 见罗家伦先生《五四的真精神》一文。

是我所说蔡先生是隐伏在北方的一着革命棋子的一项说明。可惜罗先生仅指出蔡先生所聘的教授中胡适之先生一人的名字。据我所知蔡先生在北大时期所聘请的教授中尚有陈独秀、石瑛、王雪艇、张颐、贺子才、马叙伦、朱家骅、李石曾、吴稚晖诸先生，都是中山先生领导的革命同盟会会员，他们各自到校的时间虽无暇考证，但他们当中有的是新文化运动，文学革命运动及影响五四运动的积极份子；有的是民国十五年（一九二六）北伐前在北京主持对军阀斗争的领导人物。陈独秀等人后来虽然变做了中国共产党的发起人，但是他到北京大学的时候，俄国还没有发生革命，中国还没有共产党。历史是历史，历史的事实不能因为一个人的思想行为的变动而随之抹杀。……

四、甚么是革命运动的真实形态

罗志希先生又说：五四运动一个缺点，是没有公认的具体政治方案，更没有政治的组织来和这伟大的潮流相配合。当时"五四"的发动，完全出于青年纯洁的爱国热情，绝无任何政党政团在后面发纵指使。我以为罗先生的话，只说出这一爱国运动的表现于外者，因为一个革命运动的爆发，十之八九属于偶发事件所造成，如果一定要有政党政团明目张胆的出来发纵指使，那便例证太少，不够政治的微妙了。却是所谓偶发事件的爆发，亦自有他的成因的，成因是群众的意识已经集中于一项焦点，如罗先生所说的"纯洁爱国热情"，没有这一纯洁的热情，便不能一触即发。蔡先生是一位大教育家，同时也是一位革命党党员，他透过教育的潜移默化而促成革命的新形势，是在影响，而不是在直接的指导行动。罗志希先生说蔡先生是最不会宣传的人，他绝不做党的宣传人，但是他宣传的力量最大，便是这个道理。就以罗先生特别指出的蔡先生所聘北京大学教授胡适之先生而论，胡先生固然不是具名注册的正式的革命党人，但是他早年所就读的中国公学是一个革命的机关，他的朋友不是著名的革命党，便是为革命而牺牲的烈士，他早年是从革命的气氛中成长起来的。他十七岁时在上海中国公学主办的《竞业旬报》是当时的一个宣传革命的出版物，那时他在《竞业旬报》所发表的文章实有助于革命的发展，在后来竟有人把他列入革命报人之一①。凡此种种，不能说于胡先生一生的学问志行没有重大的关系。他一生对于取得政权后的国民政府，在言论看法上、在某一时期容或有多少的不满，但相反与超脱的言论却更有助于革命的发展。当面临国策上的大问题时，如像抗日等，他又无不站在支持、效力的一边。他曾担任过国民政府的驻美大使、北京大学校长及死于"中央研

---

① 见冯自由先生《革命逸史》。

究院"院长的任所，必有其渊源所自，他殁于台湾，葬于"中央研究院"门前的小山上，我想他不会有所遗憾的！

　　一个人的思想和政治路线，虽然由于利害环境和冲动而发生一时的不同，但是从何处来，总得回到来处去，落叶总是要归根的。知识份子的烦恼，往往发生在树异鸣高上面，不鸣高树异呢，便不会被人重视而失去号召；树异鸣高太过呢，往往又不易为人谅解亲近。……一个革命的成功，并不单单靠其党员的力量，而是在于争取同情结交朋友。俗话说，牡丹虽好，全靠绿叶扶持，同志不必求之于每一个人，同情则必须要建筑在广大的知识份子群中，因为知识份子是社会的神经中枢，你不能争取他、影响他，事情便不易进行了。蔡先生对于革命的重大贡献在于不着痕迹中把进步的知识份子融合在一起，从文化运动中去改变社会的思想观念。由文化运动爆发而为五四爱国运动，由五四运动汇合成为后期国民革命的一项主流，以促成北伐统一及对日抗战的成功。我们检讨抗战胜利以后中国革命一时遭受的坎坷，无一不是由于对知识份子和学术文化的忽视。……我们怀念蔡元培先生，最感痛苦的地方是他以往的志行，我们真是望尘莫及。这是十分值得检讨的！我和蔡先生接触较多是在民国二十年（一九三一）冬天，他到广州来洽商共赴国难、团结御侮的时候，他发言不多，但态度恳切诚挚，句句话都出自肺腑，令人敬佩而感动。

任何的革命运动,在没有取得政权之先,革命思想主张的传播,无往而不是要使人知道了解;但是,从事革命工作的人,则又绝对深恐被人知道,而须秘密起来,除非在落入敌人手中时,在慷慨就义的俄顷,才把自己的真姓名说出来。有些人甚至临到就义成仁的俄顷仍隐密其真实姓名,以免株连其家族,遗害其同志与朋友。这是何等纯洁高超的革命人格!

在革命运动秘密时期,没有头上刻着字的革命党人,如果有之,则只有求之于革命成功之后。革命成功后习见的满街走的革命党人多半不是真正的革命党人,因为革命成功后"不是的"变做"是"了,本来是"是的"可能就隐藏起来了。这种冒牌的党人太多时,又一革命的危机便不远了,真革命又要起来革假革命的命了。世界上每一革命运动,全靠两种人的配合,配合得好,便是成功,配合得不好,便会造成失败。一种是组织的工作者,一种是主义的信仰者;前一种人是职业的革命家,追求胜利取得政权的狂热者,后一种人是专家学者,追求真理与理想的信道者。能够结合这两种人为一的是最了不起的革命组织,次一等的便是这两种人的联系配合得完美,最坏的,那便是两种人的各行其是,分道扬镳。再坏不过的便是这两种人的彼此对立,相互排拒,到了这种情形,革命的失败是注定的了!革命党的党员和革命主义的信仰者,本来是不可分的,但是这两种人有显著的分别时，便不是好现象了。如果只有党徒而没有信仰主义的狂热者，那就更不可问了！

蔡元培先生属于头上没有刻字的那种中国国民党党员，更是真正的三民主义的实践者。别人只知道他是学者，教育家和启发智慧的哲人、导师，没有注意他是党人，是三民主义的信仰者，这是他最伟大而为人所不可及的地方！可叹的是这种人目前太少了！

五、强烈党性的表现

蔡先生就任北京大学校长是在民国六年（一九一七）一月间，那时的北方仍是被整个的反革命势力所笼罩，而他所担任的又是教育工作，教育工作与一般的政治工作性质不同，他不能不采隐伏与潜移默化的态度来适应环境，来实践他的理想。至于说到他对党的态度，其党性之坚强实超出我们想像之外，即令是一个现在的偏激的年轻人，恐怕亦望尘莫及，不过他强烈党性的表现，不是在普通的场合可以见到，而是在义利是非不可不辨的时候，才充分的表现出来。当民国元年（一九一二）五月，南北统一之后，政府由南京迁到北京，其时蔡先生是唐绍仪内阁的教育部总长，大约当时有人诋毁同盟会争权夺利，只知活动做官，污蔑同盟会太甚。他于元年（一九一二）五月二十二日，正当黄花冈烈士殉国一周年纪念，留在北京的同盟会会员，在北京三河井大街织云公所举行纪念大会，各党及社会人士到会的有一千余人，他在会中作了一次慷慨激昂的演讲，充分表现出他党性的强烈。当时的北京名记者黄远生曾有如下的记述：

> 去年今日为黄花冈诸烈士就义之日，诸烈士所怀抱之目的今已圆满达到，想诸烈士在天之灵亦当慰藉。惟中华民国缔造伊始，我们后死之人，责任甚重，能否达到救国目的，尚不可知。故今日之追悼会，对于死义诸人，不应当感痛，应当羡慕，此在会同人当知者也。诸烈士皆同盟会中同志，同盟会之宗旨，专在牺牲性命以救国家。诸烈士既杀身成仁，死而无憾。我们后死者追悼之余，当以诸烈士为榜样，此后事业方多，我们同志，尤不可不具牺牲的性质，敢死的精神，则无事不可做矣！至于同盟会以外之党派甚多，对于本会时有诋毁之言；或谓同盟会争权夺利，或谓同盟会多运动做官者，种种言论，皆污蔑本会太甚。元培深信我们同盟会只知牺牲性命，不知争权攘利，黄花冈死义诸人，我们同盟会之代表也。

黄远生在他演说后加一按语说："蔡君演说至此，声色俱厉，口手俱震，似对于某君所发。"所谓某君，可能是梁启超或章太炎吧！我想蔡先生这种声色俱厉，口手俱震，为他所属的团体，所表现的强烈的党性，恐怕是谈论政治的书生们所想像不到的[①]。

蔡先生为维护革命同盟会，而当众表现出的激烈态度，并不是偶然的；原因在他是一个十足的革命党人。远在他三十三岁当绍兴中西学堂校长的时候，其时正是戊戌政变之后，国内人士不仅不敢谈革命，就是康梁一派的改良主义，也被人认为是大逆不道，有杀身被囚的危险。有一天晚上他参加一个宴会，酒过数巡之后，他竟推杯而起，高声批评康有为、梁启超维新运动的不彻底，因为他们主张保存清皇室来领导维新。说到激烈时，他高举右臂大喊道："我蔡元培可不这样，除非推翻满清任何改革都不可能！"[②]基于他这一性格，所以他后来在一九〇三年的上海苏报案中为鼓吹革命而被通缉；组织革命团体光复会而被推为会长；一九〇五年革命同盟会在东京成立，光复会合并于同盟会，而被推为上海的支部长兼主盟人。蔡先生和中山先生是在何时会见，没有资料可资讨论，但推测其时间可能是在欧洲，因为在清代欧洲的革命宣传机关"新世纪"的主持人是吴稚晖先生，吴先生和蔡先生是在苏报案中同被清政府通缉的人物，而自

[①] 见《远生遗著》。
[②] 见蒋梦麟先生《西潮》。

一九〇七（丁未年）到一九一一辛亥革命成功，他都在欧洲留学，这一时期他已经早是同盟会的主要人物之一，与中山先生在欧洲晤见自属意料中事。中山先生于辛亥武昌起义后，由美经欧洲返国，被推为临时大总统，蔡先生被任为中华民国临时政府首任教育部部长，似乎他们二人之间不会是在组织政府时才见面的。

蒋孟邻先生在他所著的《西潮》一书中，曾提到孙、蔡两先生在思想上相同之处，他曾有过这样的说法：蔡先生对学问的看法，基本上是与中山先生的看法一致的，不过孙先生的见解来自自然科学，蔡先生的见解则导源于希腊哲学。我在此再为补充一句似乎更为明显，孙先生的基本学问是来自近代科学的医学，蔡先生的学问是来自哲学，学问的来源虽然不同，而见解则无不一致。孟邻先生在论到蔡先生主持北京大学时代一连串的改革曾有下列的论断：

> 自古以来，中国的知识领域一直由文学独霸的，现在北京大学却使文学与科学分庭抗礼了。历史、哲学和四书五经，也要依据现代的科学方法来研究。为学问而学问的精神蓬勃一时。保守派、维新派和激进派都同样有机会争一日之长短。……这种情形很像中国先秦时代，或者古希腊的苏格拉底和亚里斯多德时代的重演。蔡先生就是中国的老哲人苏格拉底，同时如果不是全国有同

情他的人，蔡先生也很可能遭遇苏格拉底同样的命运。在南方建有坚强根据地的国民党党员中，同情蔡先生的人尤多。

在我看来，蔡先生在当时北方的文化思想活动，完全是在执行一个国民党党员的任务，与中山先生在南方所号召的革命运动是一拍一和，遥相呼应的。所不同的一是自由地区的公开活动，一是在敌人地区的渗透作战，南方的国民党党员岂仅仅是寄予同情而已。

六、对三民主义的卓绝认识

蔡先生为人温和诚笃，不易为人了解其人格的深处，但是在重要的场合，他表示出一个革命党人的坚强的党性时，也往往被人不加以注意。我认为他坚强党性的流露，不完全出于一般所谓的同类意识使然，而是基于他对中山先生的革命主义与思想的信仰为出发。中山先生生前与死后，阐扬他的三民主义学术的人与著作者颇多，但在我看来几乎没有人更比蔡先生的意见的深刻持平了。他在民国十九年（一九三〇）十一月在亚洲文会（Royal Asiatic Society）的一篇讲辞，题为"中华民族与中庸之道"，其中论及三民主义的地方有极精辟而平实的道理提出：

现在国际交通，科学输入，有新学说继儒家而起，是为孙逸仙博士的三民主义。

三民主义虽多有新义，为往昔儒者所未见到，但是也是以中庸之道为标准。例如持国家主义的，往往反对大同，持世界主义的，又往往蔑视国界，这是多端的见解。而孙氏的民族主义，既谋本民族的独立，又谋各民族的平等，是为国家主义与世界主义的折中。尊民权的，或不愿有强力的政府，强有力的政府又往往蹂躏民权，这又是两端的见解。而孙氏的民权主义，给人民以四权，专理关于用人制法的大计，谓之政权；给政府以五权，关于行政、立法、司法、监察、考试与庶政，谓之治权；人民有权而政府有能，是为人民与政府的折中。持资本主义的，不免压迫劳工；主张劳动阶级专政的，又不免虐待资本家，这又是两端的见解。而孙氏的民生主义，一方面平均地权，节制资本，防资本家的专权；又一方面行种种社会政策，以解除劳动者的困难。要社会上大多数经济利益相调和，而不相冲突，这是劳资问题的中庸之道。其他保守派反对欧化的输入，进取派又不注意于国粹的保存；孙氏一方面主张恢复固有的道德与智能，一方面学外国之长，是为国粹与欧化的折中。及如政治上或专主中央集权，或专主地方分权，而孙氏则主张中央与地方之权限，采均权制度，凡事有全国一致之性质者，划归中央；有因地制宜之性质者，划归地方，不偏于中央集权或地方分权，是为集权与分权之折中，其他率皆类此。

由此可见孙博士创设这种主义，成立中国国民党，实在适合于中华民族性，而与古代的儒家相当；与其他党的太过、国家派的不及大异。所以当宪政时期尚未达到以前，中国国民党不能不担负训政的责任。

以上这些蔡先生对于中山先生学术思想的意见，看起来很平淡，而在见解上则十分精辟，不是有真知灼见者不能有如此的认识，不是有充分信仰者，不能言之如是其透辟。而蔡先生这些话，都是在孙先生身后发出的，他既不如同一时代的学人鸣高自负，盲目批评；又不如浅薄者流之一味主观，排他自是而不事研究。蔡先生认为孙先生的主义无一非中和性的表现，他认为孙先生的伟大精神在此。他说："凡是孙先生的信徒都应当体会此种精神，才可以尽力于孙先生的主义。若口唱三民主义，而精神上不是法西斯，便是波尔雪维克，那就是孙先生的罪人了。"[1]他当时之为是言，或因偶有所感而慨乎言之！

---

[1] 见广益书局出版的《蔡元培言行录》。

七、学人中的通人，通人中的学人

吴稚晖先生有言：自古通人而兼学人，其整个人格，存之于人人之心，而不复屑屑较其学问事业之迹象者，三代以上之代表人物则周公，三代以下则诸葛武侯。吴先生谓蔡先生乃以周公型之人物，处武侯型之时势，为近代少数人物之一。蔡先生尝自我批评云："长于推理而拙于记忆；性近于学术，而不宜于政治。"吴先生认为此乃蔡先生不自骄矜自谦之言，有人以此谓蔡先生有自知之明者实乃大错。因为周公型之人物，处今日之环境中，在政治上易为人忽视的缘故。蔡先生又尝言："读书不忘救国，救国不忘读书。"此乃学术与政治打成一片，蔡先生可称之为通人兼学人。"能推理"，通人也；性近于学术，亦无多让于学人；"拙于记忆"，即无异言不屑为饾饤章句之学人；学人中之通人，当仁固无多让者。吴先生于蔡先生逝世后，挽之曰："世界失完人"，确无过分溢美之处，蔡先生的志行确可当之。

陈独秀于蔡先生逝世后曾发表感想，他认为蔡先生有两种美德："一般说来，蔡先生乃是一个无可无不可的老好人；然有时有关大节的事或是他已下决心的事，却很倔强的坚持着，不肯通融，虽然态度很温和；这是他老先生可令人佩服的第一点。自戊戌政变以来，蔡先生常常倾向于新的进步的运动，然而在任北大校长时，对于守旧的陈汉章、黄侃，甚至主张清帝复辟的辜鸿铭，参与洪宪运动的刘师培，都因为他们学问可为人师而和胡适、钱玄同、陈独秀容纳在一校；这样容纳异己的雅量，尊重学术思想自由的卓见，在习于专制好同恶异的东方人中，实所罕有；这是他老先生可令人佩服的第二点。"①

上面的话，由曾经是中国共产党的创始人之一的陈独秀说出来，确是难得的持平公允之论。这择善固执、兼容并包、容纳异己的雅量等各种精神，亦可以说正是中山先生的精神，所以我们要了解蔡先生与中山先生及其对于中国革命的关系，便可在此中得其大要了。

［原载《传记文学》第五卷第三期（一九六四年九月号）］

---

① 见陈独秀《蔡孑民先生逝世后感言》一文。

蔡元培与胡适
——排比一点史料

赵家铭

> 万里投知己，
>
> 千秋见伟人。
>
> ——袁随园诗

蔡元培比胡适大二十四岁。胡适还是一岁多的小孩子的时候（清光绪十八年，一八九二年），蔡元培已经中了进士。对两人年龄的悬殊，胡适早就有过一段惊叹。据胡不归《胡适之传》（三十二年十二月萍社版），作者有这样的记载：

> 有一次，记得是民国二十三年，我因编纂《安徽通志选举考》，向适之先生借一部《题名碑录》，他从书架上取了下来，翻到光绪十八年壬辰科刘福姚一榜，发现

了蔡元培先生在二甲的名字,不觉一惊,告我说:"蔡先生出山真早,他中进士,我才一岁多呢!"

蔡元培中二甲进士以后,被授为翰林院庶吉士,在李慈铭的家里做家庭教师。此后他历任翰林院编修(一八九四),绍兴中西学堂监督(一八九九至一九〇〇),南洋公学特班教习(一九〇一),中国教育会会长(一九〇二),爱国女学、爱国学社教员(一九〇二至一九〇五),译学馆教习(一九〇六),教育总长(一九一二)等职务,直到民国五年(一九一六)十二月二十六号,被任命为北京大学校长。

蔡元培就职的日子是民国六年(一九一七)一月四号。他就职后,为北京大学做了许多重大而新颖的改革。其中在人事方面,最重要的是聘请陈独秀做文科学长(文学院院长)。由于陈独秀是《新青年》杂志的主持人,因而又得知《新青年》上的一位海外投稿者,这位投稿者,就是胡适。

蔡元培在《我在北京大学的经历》(二十三年一月十日《东方杂志》三十一卷一号)一文里,有这两段追忆:

那时候因《新青年》文学革命的鼓吹,我们认识留美的胡适之君。他回国后,即请他到北大任教授。胡君真是"旧学邃密"而且"新知深沉"的一个人,所以一方面与沈尹默、兼士兄弟,钱玄同,马幼渔,刘半农诸

> 君，以新方法整理国故，一方面整理英文系。因胡君之介绍而请到的好教员，颇不少。
>
> ……………
>
> 北大关于文学、哲学等学系，本来有若干基本委员，自从胡适君到校后，声应气求，又引进了多数的同志，所以兴会较高一点。

他在《我在教育界的经验——自传之一章（下）》（二十七年一月一日《宇宙风》五十六期）一文里，也有同样的特写：

> 北大的整顿，自文科起。旧教员中如沈尹默、沈兼士、钱玄同诸君，本已启革新的端绪；自陈独秀来任学长，胡适之、刘半农、周豫才、周岂明诸君来任教授，而文学革命，思想自由的风气，遂大流行。

这三段文字，都反复说明了当时那位五十一岁的校长，对那位二十七岁的年轻教授的倚重。

胡适是民国六年（一九一七）五月二十二号考完美国哥伦比亚大学的博士考试的。考完博士后四十九天，他已在上海登岸。九月里，正式应聘为北大教授，但这位洋博士所教的，却不是洋学问，而是中国哲学史。当时的情形，顾颉刚在《古史辨》自序里，曾有一段有趣的回忆：

> 哲学系中讲中国哲学史一课的，第一年是陈伯弢先生（汉章）。他是一个极博洽的学者，供给我们无数材料，使得我们的眼光日益开拓，知道研究一种学问应该参考的书是多至不可计的。他从伏羲讲起；讲了一年，只到得商朝的《洪范》。我虽是早受了《孔子改制考》的暗示，知道这些材料大都是靠不住的，但到底爱敬他的渊博，不忍有所非议。第二年，改请胡适之先生来教。"他是一个美国新回来的留学生，如何能到北京大学里来讲中国的东西？"许多同学都这样怀疑，我也未能免俗。他来了，他不管以前的课业，重编讲义，辟头一章是《中国哲学结胎的时代》，用《诗经》作时代的说明，丢开唐虞夏商，径从周宣王以后讲起。这一改把我们一班人充满着三皇五帝的脑筋骤然作一个重大的打击，骇得一堂中舌挢而不能下。许多同学都不以为然；只因班中没有激烈分子，还没有闹风潮。我听了几堂，听出一个道理来了，对同学说："他虽没有伯弢先生读书多，但在裁断上，是足以自立的。"那时傅孟真先生（斯年）正和我同住在一间屋内，他是最敢放言高论的，从他的言论中常常增加我批评的勇气，我对他说："胡先生讲得的确不差，他有眼光，有胆量，有断制，确是

一个有能力的历史家。他的议论处处合于我的理性，都是我想说而不知道怎样说才好的。你虽不是哲学系，何妨去听一听呢？"他去旁听了，也是满意。从此以后，我们对于适之先生非常信服。

这段史料反证了两个事实：一、胡适在中国哲学史上，有他的卓见；二、蔡元培在胡适还没上讲堂以前，就具有卓见来欣赏胡适的卓见，然后加以援引和推服，进而使一个年轻的思想家不被埋没。这种眼光和气魄，自蔡元培以后，实在看不到第二人。

胡适在北大刚一年，就完成了他的名著《中国哲学史大纲》上卷（当时叫《中国古代哲学史大纲》）。书成之日，他请最能赏识他的蔡校长写篇序，序是民国七年（一九一八）八月三号写成的，里面除提出"证明的方法""扼要的手段""平等的眼光"和"系统的研究"四大特长外，还特别有这样的介绍：

> 现在治过"汉学"的人虽还不少，但总是没有治过西洋哲学史的。留学西洋的学生，治哲学的本没有几人，这几人中能兼治"汉学"的更少了。适之先生生于世传"汉学"的绩溪胡氏，禀有"汉学"遗传性；虽自幼进新式的学校，还能自修"汉学"，至今不辍；又在

美国留学的时候，兼治文学、哲学，于西洋哲学史是很有心得的。所以编中国古代哲学史的难处，一到先生手里，就比较的容易多了。

蔡元培这些介绍，严格说来，是推荐得有点出入的。例如他说胡适"禀有'汉学'遗传性"（又在八年三月十八号《致〈公言报〉并答林琴南书》里，提到胡适，说他"家世汉学"）等话，都是没有根据的。理由是：一、"汉学"怎么"遗传"法？这当然不是科学的说明；二、绩溪诸胡在学风上，以胡朴斋（匡衷）到胡竹村（培翚）一支为主流，这一支世居绩溪城里，远祖姓胡，跟胡适的一支并无关系，胡适的一支世居绩溪北乡的上庄，远祖却姓李。中外学者不察，多所误会，例如日人诸桥辙次竟说胡适是"胡培翚之子"，杨家骆竟说胡适是"胡培翚之后"，都是不对的。究其原始，恐怕蔡元培的文字，要负一些责任。

在五四运动以前，蔡元培领导下的北大是新文化运动的尾闾，胡适当时是这个运动的中坚人物，他鼓吹白话文学，深受蔡元培的支持。蔡元培曾在《论国文的趋势及国文与外国语及科学之关系》（九年新潮社《蔡孑民先生言行录》）的演说里，肯定白话文的价值，他说：

中国文言同拉丁文一样，所以我们不能不改用白话。……虽现在白话的组织不完全，可是我们决不可错了这个趋势。

但蔡元培本人对白话文的看法，并不像胡适那样急进。所以他在认清大趋势以后，还对文言文稍留余地，这在民国八年（一九一九）十一月十七号《国文之将来》（新潮社《蔡孑民先生言行录》）的演说中，可以看出端倪：

> 我敢断定白话派一定占优胜。……将来应用文一定全用白话；但美术文或者有一部分仍用文言。

在白话运动成功以后，蔡元培又曾写过一篇《三十五年来中国之新文化》（二十九年九月商务《最近三十五年之中国教育》），来特别称道胡适的功绩：

> 至民国七年，胡适、陈独秀、钱玄同、周作人等，始排斥文言的文学，而以白话文为正宗的文学。其中尤以胡适为最猛进，作《白话文学史》以证明白话的声价，于是白话散文，遂有凌驾古文的趋势。

在上面所说的聘请胡适，肯定胡适研究中国哲学史的成绩和推行白话文的成绩以外，蔡元培对胡适的"协助"，还有更"精彩"的,这就是民国八年(一九一九)与林纾的一幕论战。在这幕论战里,蔡元培挺身出来,为卫护胡适等人,向守旧势力做了坚定的反驳。当时文坛的守旧势力,以林纾为首领,他在三月间写信质问蔡元培,盼他"以守常为是",不要大事兴革。蔡元培答书中,曾有这样一段:

> 公谓"《水浒》《红楼》作者,均博极群书之人,总之非读破万卷,不能为古文,亦并不能为白话"。诚然,诚然。北京大学教员中,善作白话文者,为胡适之、钱玄同、周启孟诸君。公何以证知为非博极群书,非能作古文,而仅以白话文藏拙者?胡君家世汉学,其旧作古文,虽不多见,然即其所作《中国哲学史大纲》言之,其了解古书之眼光,不让清代乾嘉学者。钱君所作之文字学讲义、学术文通论,皆古雅之古文。周君所译之域外小说,则文笔之古奥,非浅学者所能解。然则公何宽于《水浒》《红楼》之作者,而苛于同时之胡、钱、周诸君耶?

这是很精彩的辩护文字。当时确使林纾哑口无言。但在事实上,林纾并没就此死心,他自己反倒变得慢慢不能"以守常为是"了,他除了在《新申报》上写了好几篇小说影射诽谤外,竟还想运动安福部的武人政客来压制异己。刘半农在《初期白话诗稿》的序里，曾为这种一连几年酝酿不停的文字狱做了素描：

> 黄侃先生还只空口闹闹而已，卫道的林纾先生却要于作文反对之外借助于实力——就是他的"荆生将军"，而我们称为小徐的徐树铮。这样，文字之狱的黑影，就渐渐的向我们头上压迫而来，而我们就无日不在栗栗危惧中过活。

在这种阴暗的文风下，蔡元培站在第一线，为他的小兄弟们做守护神，这种功德，实在是值得歌颂的。守旧势力当然也不放过他，据胡适回忆："他们又想运动安福部的国会出来弹劾教育总长和北京大学校长，后来也失败了。"（十二年申报馆《最近之五十年》中《五十年来中国之文学》）

在新旧势力的斗争下，蔡元培虽然自己支持新派，但他的休休有容，使他对旧派的人物，也保有相当的尊重。在《我在北京大学的经历》一文里，他把这种兼容并包的态度，说得很清楚：

> 我素信学术上的派别是相对的，不是绝对的；所以每一种学科的教员，即使主张不同，若是"言之成理，持之有故"的，就让他们并存，令学生有自由选择的余

地。最明白的，是胡适之君与钱玄同君等，绝对的提倡白话文学，而刘申叔、黄季刚诸君，仍极端维护文言的文学；那时候就让他们并存。我相信为应用起见，白话文必要盛行，我也常常作白话文，也替白话文鼓吹；然而我也声明：作美术文，用白话也好，用文言也好。

蔡元培这种态度，是伟大的，也是后继者赶不上的，蔡元培离开北大以后，北大就逐渐变得有点清一色了。

蔡元培北大校长任内，曾有过三次辞职。第一次是民国八年（一九一九）五月九号，理由是抗议政府丧权辱国，袒护汉奸，直到八月十二号，才重行复职。第二次是民国十二年（一九二三）一月十七号，理由是抗议政府非法逮捕财政总长罗文干，他"痛心于国事清明之无望，不忍为同流合污之苟安"，所以决定不干。蔡元培的辞职举动，引起了某些人的批评，说辞职举动太消极了，是要不得的。这时候，胡适却出来卫护蔡元培，一连写了几篇感想在《努力周报》上发表。在一篇《蔡元培以辞职为抗议》中，胡适写道：

> 我们知道蔡先生的为人，知道他这种正谊的决心不是今日才有的，几年前就有了。当民国八年三四月间，欧美留学生在清华园开了三天的大会。那时正当安福部

横行无忌的时候，一班西洋留学生稍有天良的，都还想有所努力，所以大会中推举了几个人，组织一个"政治主张起草委员会"，拟了一个很详细的政纲，一条一条的报告出来，都通过了。最后有一位先生——似乎是张伯苓先生——起来问道："假如政府不睬我们的主张，仍旧这样腐败下去，我们又怎么办呢？"那时大家面面相觑，都没有话了。蔡先生起来说："将来总有一日实在黑暗的太不像样了，一班稍有人心，稍为自爱的人实在忍无可忍了，只好抛弃各人的官位差使，相率离开北京政府，北京政府也就要倒了。"这句话虽不是正式的议案，却可以表示蔡先生在安福时代的态度。

....

在这个时候，教育界的老将蔡先生忽然提出这种正义的抗议；对于"政治界所有最卑污之罪恶，最无耻之行为"，作悲愤的抗议。我们猜想，他的抗议不过是履行他四年前"稍有人心，稍为自爱的人到了忍无可忍之时，只好抛弃各人的官位差使，相率离开北京政府"的决心。我们可以断定，他决不愿青年学子因此废学辍业的。所以他毅然决然的一个人奉身而退，不愿意牵动学校，更不愿意牵动学生。但他这一次的抗议，确然可以促进全国国民的反省，确然可以电化我们久已麻木不仁的感觉力。

在另一篇《蔡元培的"不合作主义"》里,胡适进一步指出:

> 蔡先生这一次的举动,确可以称为"不合作主义",因为他很明白的指出,当局的坏人所以对付时局,全靠着一般胥吏式机械式的学者"助纣为虐";正谊的主张者,若求有点效果,至少要有不再替政府帮忙的决心。这是很沉痛的控诉:控诉一切只认得"有奶便是娘"的学者,官吏,新闻家,指出他们"助纣为虐"的罪,"比当局的坏人还多一点儿"。
>
> 但是他究竟是一个"律己不苟而对人则绝对放任"的人;他不能像印度甘地那样的做积极的运动,他只能为自己向这个方向作准备。他现在不能再忍而走了,他只留下了一篇很沉痛的控诉文字,一方面控诉"不要人格,只要权利"的当局坏人,一方控诉"有奶便是娘"的无数胥吏式机械式的学者。他已起诉了!他提出的证据是眼前的现状,他指定的法庭是我们各人的良心!
>
> ....
>
> 正因为这个国家太混浊黑暗了,正因为这个民族太怯懦无耻不爱自由了,所以不可不有蔡先生这种正谊的呼声,时时起来,不断的起来,使我们反省,使我们"难为情",使我们"不好过"。倘使这点"难为情""不

好过"的感觉力都没有，那就真成了死证了。

由于当时陈独秀激烈的在《向导》第十七期里批评这次辞职的举动，说它是"消极的，非民众的观念"，胡适又加写了一篇《蔡元培是消极吗？》，向陈独秀表示异议。胡适说：

> 现在我们如果希望打倒恶浊的政治，组织固是要紧，民众固是要紧，然而蔡先生这种"有所不为"的正谊呼声更是要紧。为什么呢？我们不记得这二十年的政治运动史吗？当前清末年，政府用威权来杀戮志士，然而志士越杀越多，革命党越杀越多。自从袁世凯以来，政府专用金钱来收买政客，十年的工夫，遂使猪仔遍于国中，而"志士"一个名词竟久已不见经传了！新文化，学生运动，安那其，社会主义，共产主义……，无一不可作猪仔之敲门砖！今天谈安那其，明天不妨捧小政客；今天谈共产主义，明天又不妨作教育次长，大家生在这个猪仔世界之中，久而不闻猪臊气味，也就以为"猪仔"是人生本分，而卖身拜寿真不足为奇了！
>
> 在这个猪仔世界里，民众固不用谈起，组织也不可靠，还应该先提倡蔡先生这种抗议的精神，提倡"不降志，不辱身"的精神，提倡那为要做人而有所不为的牺牲精神。

先要人不肯做猪仔,然后可以打破这个猪仔的政治。

胡适写这些反复陈述的言论,基本动力,都是出于对蔡元培伟大人格的信任与礼敬。在胡适眼中,蔡元培的人格境界已是圣贤境界。民国二十三年(一九三四)九月九号,胡适在《独立评论》一一七号发表《写在孔子诞辰纪念之后》,就褒许蔡元培等人的人格。

可以上比一切时代的圣贤,不但没有愧色,往往超越前人。……他们的人格的崇高可爱敬,在中国古人中真寻不出相当的伦比。这种人格只有这个新时代才能产生,同时又都是能够给这个时代增加光耀的。

胡适对他所敬爱的蔡元培,只有过一次公开的论争,就是关于《红楼梦》的论争。

蔡元培对《红楼梦》的研究,早就连载于《小说月报》。民国六年(一九一七)九月,他汇集连载,由商务印书馆印行了《石头记索隐》一书。两年以后,胡适作《红楼梦考证》,带着惋惜的口吻。批评这部书说:

我这篇文里,篇幅有限,不能表示他的引书之多和用心之勤,这是我很抱歉的。但我总觉得蔡先生这么多的心力都是白白的浪费了。

蔡元培看了这篇文章，很不服气，民国十一年（一九二二）一月三十号，他在《石头记索隐》第六版自序中，开始了反驳：

> 胡适之先生《红楼梦考证》，列拙著于"附会的红学"之中。谓之"走错了道路"；谓之"大笨伯""笨谜"；谓之"很牵强的附会"；我实在不敢承认。意者我亦不免有"敝帚千金"之俗见。然胡先生之言，实有不能强我以承认者。

接着他提出四点答辩，以做回敬。同年五月十号，胡适又写《答蔡孑民先生的商榷》一文，再申述理由，同时在文章后面，用了这么一段意味深长的话：

> 亚里士多德在他的《尼可马锉伦理学》里（部甲，四、一〇九九a），曾说："讨论这个学说（指柏拉图的'名象论'）使我们感觉一种不愉快，因为主张这个学说的人是我们的朋友。但我们既是爱智慧的人，为维持真理起见，就是不得已把我们自己的主张推翻了，也是应该的。朋友和真理既然都是我们心爱的东西，我们就不

得不爱真理过于爱朋友了。"我把这个态度期望一切人，尤其期望我所最敬爱的蔡先生。（按：胡适所引亚里士多德书，章节有误。）

这次"红学"的论争，是蔡元培与胡适二十三年交游中，仅有的一次文字辩论。

蔡元培于民国二十九年（一九四〇）三月五号病死香港，享年七十四，当时胡适正做驻美大使，还刚刚五十岁。蔡元培晚年思想似稍左，跟胡适等微远，与鲁迅等较近。

蔡元培与胡适的立身行事，可说有许多巧妙的配合或不谋而合。例如蔡与胡均为卯年生（属兔），蔡为丁卯，胡为辛卯，同被称为北大"卯字号人物"；又蔡为北大校长，胡为北大教授，后也为北大校长；蔡为中央研究院院长，胡为院士，后也为"中央研究院"院长；蔡为国语研究会会长（民国六年），胡为会员；蔡为大学院院长（民国十六年），胡为大学委员会会议委员；蔡为全国教育会议议长（民国十七年），胡为列席委员。此外两人又同是中华教育文化基金会董事会的委员，同是大学丛书委员会的委员等。此类例子很多，不必多举。

蔡元培、胡适又曾联名发表过文字。民国十一年（一九二二）直奉战争后不久，蔡元培等十六人，联名在胡适主编的《努力周报》第二期上，发表了《我们的政治主张》，希望国中的优秀份子"平心降格的公认'好政府'一个目标，作为现在改革中国政治的最低限度的要求"。而下手的第一步，就是要求自命为"好人"的人们出来过问政治，"同心协力的拿这共同目标来向国中的恶势力作战"。这篇政治主张，由北大校长蔡元培领衔，教务长胡适署尾，当时曾引起很热烈的讨论。又在民国二十六年（一九三七）一月，蔡元培、胡适、王云五，曾合编了一大本《张菊生先生七十生日纪念论文集》，书前有二十五年（一九三六）六月三人合署的一篇《征集张菊生先生七十生日纪念论文启》。以上二文，都出自胡适手笔。

其他在书籍的序跋方面，不谋而合的巧事更有很多。王云五《四角号码检字法》一书，有蔡元培的序，也有胡适的序；《清季外交史料》，有蔡元培的序，也有胡适的序；王季同（小徐）《佛法与科学之比较研究》，有蔡元培的序，也有胡适的序；汪龙庄《七札》（陈垣藏），有蔡元培的跋，也有胡适的跋；亚东图书馆、求益书局重印《新青年》，同有两人的题辞；《崔东壁遗书》，有蔡元培的题词，胡适的序；《中国新文学大系》，有蔡元培的总序，而这部大系的第一册《建设理论集》，却是胡适编的。诸如此类，也例子很多。

［原载《传记文学》第十二卷第一期（一九六八年一月号）］

蔡元培与中国民权保障同盟

关国煊

"中国民权保障同盟"(以下简称"同盟")不是一个政党,据二十五年(一九三六)四月二十六日同盟临时全国执行委员会所通过的《中国民权保障同盟章程》第二条,同盟"以唤起民众努力于民权之保障为宗旨",目的共分三项:(一)为国内政治犯之释放与一切酷刑及蹂躏民权之拘禁杀戮之废除而奋斗。本同盟愿首先致力于大多数无名与不为社会注意之狱囚;(二)予国内政治犯以法律及其他之援助,并调查监狱状况,刊布关于国内压迫民权之事实,以唤起社会之公意;(三)协助为结社集会自由、言论自由、出版自由诸民权努力之一切奋斗。(见《中国民权保障同盟单刊》第一号)曾任同盟执行委员的胡愈之认为:"这实际上是第三国际下面的'济难会','济难会'是声援救济各国被压迫的政治犯的,募些捐,由各国有名望的特别是进步的知识分

子出面号召,是国际组织。'民权保障同盟'实际上是它的分会。"(见《鲁迅研究资料》第一辑)

同盟的酝酿,始于二十一年(一九三二)夏秋之间,发起人为宋庆龄、蔡元培、杨铨、黎照寰、林语堂等人,组有同盟筹备委员会,在未正式宣布成立之前,同盟的入会志愿书、会费收据、宣言等早已交由中国科学图书仪器公司排印,十二月十七日,同盟筹备委员会发表宣言,宣告同盟设总会于上海,设分会于国内各重要都市。二十二年(一九三三)一月十七日,同盟上海分会首先成立。

在同盟成立之前的民国二十一年(一九三二),有不少事情发生过:一月,"一·二八事变"爆发,上海市民成立"上海各界反日救国联合会";六月十七日,第三国际远东局局长兼泛太平洋产业同盟秘书牛兰夫妇在上海英租界被捕,同月国府颁布大赦条例;七月,牛兰夫妇绝食,中委宋庆龄、蔡元培为牛兰夫妇缓颊,往访司法行政部部长罗文干,宋迫罗释放牛兰,罗与次长郑天锡为此呈请辞职(后打消辞意),稍后牛兰夫妇由宋保出就医;八月十九日,牛兰夫妇被判无期徒刑(十月囚于南京第一模范监狱),宋等请予特赦;十月,陈独秀、彭述之等在沪被捕,旋解往南京,蔡元培、杨铨、林语堂等电中央,营救陈氏;十二月十七日,同盟筹备委员会要求释放被拘之北平师生许德珩等多人,二十九日,宋庆龄、蔡元培等人在上海华安大厦招待中外记者，宋要求新闻界支持同盟的奋斗目标；三十日，蔡元培等请将陈独秀案作公开审讯。

二十二年（一九三三）一月十七日下午四时，同盟上海分会假上海亚尔培路中央研究院开成立会，到有会员蔡元培、杨铨、林语堂、邹韬奋、许申、吴汉祺、陈彬龢、林众可、郭蔚然、胡愈之、鲁迅、周建人、王造时、伊罗生（英文《中国论坛》杂志记者）、史沫特莱（第三国际联络员、德国《佛兰福克报》驻华记者兼宋庆龄英文秘书）等十六人，由蔡元培主席，邹韬奋纪录，会中除通过分会章程，修正发表宣言外，并选出下列分会委员会委员：

执行委员会委员：宋庆龄、蔡元培、杨铨、林语堂、伊罗生、邹韬奋、陈彬龢、胡愈之、鲁迅。

宣传委员会委员：王造时、吴汉祺、余增嘏。

调查委员会委员：周建人、林众可、张志韩。

法律委员会委员：张志让、郭蔚然、沈钧儒。

出席全国代表大会代表：蔡元培、宋庆龄、杨铨。

是日并通过以上海分会名义加入"国民御侮自救会"。

同月二十一日，镇江《江声报》经理兼主笔刘煜生被江苏省府枪决。三十日下午四时，同盟北平分会假欧美同学会举行成立大会，到有会员胡适、蒋梦麟、梅贻琦、任鸿隽等二十余人，及来宾、记者十余人，由胡适任临时主席，选出北平分会执行委员会委员，结果胡适、成舍我、陈博生、徐旭生、许德珩、任鸿隽、蒋梦麟、李济、马裕藻九人当选，分会有会员胡适、陶孟和、陈衡哲、张奚若等四十二人（内有美侨二人，即来华研究海关经济之范克朋教授夫妇）。同日，北平分会推定杨铨、胡适、成舍我三人赴各监押所慰问政治犯，及视察彼等在狱情况；三十一日上午，三人前往陆军监狱、反省院、军委会军法处看守所视察。

二月一日，北平分会召开第一次执委会会议，结果选出胡适为主席，李济副之；同日，北平市党部以同盟北平分会"既不遵照中央法令办理，又不于开会前通知本会及当地政府请求许可"，指为非法集会，要求北平市府及公安局"查明办理"；另一方面，同盟临时执行委员会发表宣言，要求当局立即无条件释放一切政治犯。三日，同盟发布纠正江苏省府为刘煜生案呈复行政院宣言；同日，胡适反击北平市党部说法，认同盟所根据者为《中华民国临时约法》，绝非"非法"。八日，蔡元培发表谈话，以北平市党部否认民权分会早在意料中，仍会一本初衷，努力干去。十日，南京市党部召开执委会议，决议：蔡元培、宋庆龄等擅组民权保障同盟，发表宣言，保障反革命及共党要犯，实破坏本党威信，逾越中委职权，应请中央解散该团体，并予蔡、宋等以警告。同日上午，蔡元培在上海发表谈话，以同盟根据约法产生，北平市政府对平会早已正式承认，北平市党部横加干涉，实违宪法。北平市党部闻悉后，下午随即去函质询蔡氏。二月，宋庆龄、蔡元培要求会晤黄平（"中华全国总工会"主席，二十一年十二月在天津被捕，后解往南京）被拒。

三月三日，同盟临时中央执行委员会召开会议，决议开除胡适籍，原因为胡适在中外各报所发表关于同盟之基本原则，与会章不符，且对同盟作毫无根据之攻击。十三日，马裕藻、蒋梦麟、陈博生、成舍我、任鸿隽五人致函同盟执行委员会，以五事相询。十七日，同盟由蔡元培、林语堂具名，于翌日（十八日）下午四时假八仙桥青年会九楼举行总会全体会员大会。十八日，会员大会追认执委会决议开除胡适会籍之处分，是日蔡元培因病，林语堂因事未有出席，到有会员四十余人，由陈彬龢任主席。由于按照会章，同盟中央执行委员不能同时兼任分会委员，故宋庆龄、蔡元培等七人须辞去分会执委职务，结果另选七人以承其乏，新执委为：郁达夫、洪深、吴迈、沈钧儒、王造时、钱华、宁明予；又通过以同盟上海分会名义参加"国民御侮自救会"（该会于三月八日成立于上海）。二十二日，同盟临时全国执委会举行会议，将马裕藻等函件所询各点，详加讨论。二十三日，同盟执委会面复马裕藻等人（两函载《中国民权保障同盟单刊》第二号）。二十四日，陈广（即陈赓，江西红军第十四军军长[①]）、陈藻英在上海被捕。二十八日，廖承志（中共海员总工会党团书记）、罗登贤（海员总工会书记[②]）、余文化在上海被捕。二十九日，宋庆龄、蔡元培、鲁迅等在中研院召开会议，议决两案。三十一日，廖承志以母亲廖仲恺夫人何香凝忆子旧病复发为由，获准保释候审。

四月一日，宋庆龄发表《告中国人民——号召大家一致起来保护被捕的革命者》。二日，宋庆龄、蔡元培二人致函行政院院长汪兆铭、司法行政部部长罗文干，要求将罗、余、陈、陈四人交由正式法庭审讯。三日，同盟全国执委会与上海分会于下午四时假中研院举行联席会议，由杨铨任主席，决议推派宋庆龄、杨铨、沈钧儒、伊罗生四人晋京，设法营救罗、余等人，又组织"营救政治犯委员会"，委员七人：宋庆龄、蔡元培、杨铨、吴凯声、王造时、沈钧儒、陈彬龢；又改组"宣传委员会"，加选彭文应、王启煦、伊罗生三人为宣传委员。五日，晚，宋庆龄、杨铨、吴凯声、沈钧儒、伊罗生五人探罗、余四人于南京卫戍司令部。六日，宋等一行五人会见黄平。二十六日，同盟临时全国执行委员会假中研院召开会议，通过《中国民权保障同盟章程》七条，第四条规定以全国执行委员会为同盟最高执行机关，由

[①] 陈赓时任红四方面军参谋长，从未担任红十四军军长。——编者
[②] 罗登贤时任中华全国总工会上海执行局书记，海员总工会书记为廖承志。——编者

执行委员九人组织之，执委会设主席、副主席一人，总干事一人；同盟的有关纪录原存上海莫利爱路孙宅（即宋庆龄住所），抗战时孙宅遭日人抢掠，文件早已遗失，仅知当时同盟之总干事为杨铨，至于主席、副主席（某些记述作会长、副会长）为谁，有以下不同的说法：

（甲）主席宋庆龄，副主席蔡元培：见杨小佛（杨铨之子）《我所知道的中国民权保障同盟》、《民国人物传》之"蔡元培"、《中华民国史资料丛稿》之"中国民权保障同盟"概述、新华社一九八〇年二月二十九日电、中国新闻社一九八〇年三月五日电。

（乙）主席×××，副主席杨铨：见二十二年（一九三三）七月一日上海"密勒氏评论"。

（丙）会长蔡元培，副会长宋庆龄：见许寿裳《亡友鲁迅印象记》、曹聚仁《鲁迅评传》、司马长风《中国新文学史》；惟据同盟章程，并无会长、副会长之设。

（丁）会长宋庆龄，副会长蔡元培：见胡愈之《谈民权同盟》、二十二年六月二十一日《申报》、邹韬奋《患难余生记》、二十二年六月十八日《大晚报》、《六十年文艺大事记》。

（戊）会长×××，副会长杨铨：王士菁《鲁迅传》、曹聚仁《鲁迅年谱》以杨铨为同盟副会长，会长为谁，未有提及。

众说纷纭，录之备作参考。

五月一日，宋庆龄要求国府释放牛兰夫妇。四日[1]，左翼作家应修人（十四年加入中国共产党，曾任中共江苏省委宣传部长）在上海逃避逮捕时坠楼惨死，同盟发表《对青年作家应修人被害宣言》。十日，居正任司法院院长。十三日，上午，蔡元培与宋庆龄、杨铨、林语堂、鲁迅、伊罗生、史沫特莱等至上海黄浦路德国驻上海领事馆递送抗议书，抗议德国实施法西斯统治，迫害德国进步人士及犹太人，由副领事贝连接见。十四日，左翼作家丁玲（二十年加入中国共产党[2]）、潘梓年（十九年三月加入"中国左翼作家联盟"）在上海被捕。二十三日，蔡元培与杨铨、邹韬奋、洪深、林语堂、叶圣陶、郁达夫、柳亚子、陈望道、夏丏尊、胡秋原等三十七人，致函汪、罗，营救丁、陈。

六月十八日，上午八时十五分杨铨在上海法租界亚尔培路三三一号中研院国际出版品交换处门口，遭凶徒枪击，延至九时二十分伤重气绝；九时许，蔡元培闻讯驱车至中研院视察，随即赶往金神父路广慈医院审视杨氏遗体；十一时，在霞飞路该院工程研究所召开紧急会议，到有林语堂（英文总编辑）、周子竞（工程研究所所长）、王季梁（化学研究所

---

[1] 应修人遇难与丁玲被捕同为十四日。——编者
[2] 应为1932年。——编者

所长)、丁巽甫(物理研究所所长)、徐宽甫(庶务部主任)等人,吴凯声应邀列席,至下午六时始行散会。同日蔡以国立中央研究院院长名义电国府缉凶,原电云:"南京国民政府林主席、汪院长钧鉴:本院总干事杨铨,于今晨八时许,在法租界亚尔培路本院国际出版品交换处门前,被刺逝世。特此电闻,并请急予饬属缉凶,以维法纪。国立中央研究院院长蔡元培叩。"蔡对杨之死,感触至深,悲痛异常,谓不愿表示任何意见。十九日,上午十时,蔡元培在中研院纪念周中报告杨铨遇害经过;十时许,杨氏遗体由医院移往胶州路万国殡仪馆,蔡元培在殡仪馆语记者:"杨乃一文人,遭此非常变故,人民生命可谓毫无保障!"言下不胜感慨,并暗示同盟暂时无动静。二十日,下午二时,杨氏遗体在万国殡仪馆成殓,蔡元培率中研院同人公祭,行三鞠躬礼毕,蔡致悼词,略谓:"中央研究院同人,今日谨以敬意,致祭于杏佛先生之前。同人以时间匆促,未备祭品,未作祭文。追念先生献身于国民党以来,努力服务,以后供职于大学院、东南大学及各大学,均勤恳任职,得同人之敬佩。最近供职于中央研究院,努力从公,中央研究院之得有今日,先生之力居多。今先生以勇于任事、努力服务之人,而死于非命,同人等之哀悼为何如!人孰不死,所幸者先生之事业,先生之精神,永留人间。元培老矣,焉知不追随先生以去?同人等当以先生之事业为事业,先生之精神为精神,使后辈青年学子有所遵循，所以慰先生者如此而已。"蔡元培致词时，咽不成声。

七月二日，下午三时发引；四时由"中国科学社"（成立于民国四年十月廿五日，杨铨任该社第一任编辑部部长）公葬杨铨于上海霍必兰路永安公墓，是日蔡元培亦参加葬仪。

杨铨之死，对同盟的影响甚大，令同盟寿终正寝。杨铨被刺身死，据沈醉《杨杏佛、史量才被暗杀的经过》指称，此事由"军统"华东区行动组组长赵理君负责执行（见一九六三年九月出版之《文史资料选辑》第三十七辑）。尽管宋庆龄表示：杨铨之死决不会影响运动的进展，相反地此事将激励同盟加倍努力工作（见七月一日"密勒氏评论"），但事实并非如此，且看：（一）六月二十一日《申报》载："据蔡元培氏谈：渠对民权会之副会长事，早已辞职，故对该会之前途如何，均不得而知云。"（二）杨铨被杀之后，任职中研院社会科学研究所专任研究员兼社会组主任的同盟会员陈翰笙辞职出国。（三）宋庆龄《追忆鲁迅先生》："一九三三年六月杨杏佛被暗杀后，同盟即停止活动。当时林语堂是同盟的会员，他要求同盟停止工作，说否则同盟的会员都将遭到暗杀。"（四）一九三三年八月号日本《改造》杂志："据称：杨杏佛死后，宋庆龄女士去天津，蔡元培和林语堂也脱离了民权保障同盟会。"（五）邹韬奋《患难余生记》:"经过这场风波之后,文化界有几位特别爱护我的好友劝我出国暂避,于是开始我的第一次流亡。"七月十四日,邹氏被迫出国流亡。(六)林语堂《记蔡孑民先生》:"后来杨杏佛遇刺,民权大同盟也就此告终。"最后,宋庆龄发表了《中国民权保障同盟的任务》一文,从此"同盟"便成了一历史名词。"民权保障会大概是不会长寿的"(鲁迅二十二年二月十二夜致台静农信),结果不幸言中。

北京于本年[①]三月五日隆重举行纪念蔡元培先生逝世四十周年,大会由人大常委会副委员长宋庆龄、许德珩主持;照理,当年蔡元培力主"清党",是中共的死对头,中共实在绝无予以纪念的必要,因此有人作出假设,说蔡晚年最后"可能"是中共党员,对于这个"大胆的假设",尚有待假设者细心作"小心的求证",现在暂且搁而不论。

蔡先生是位书生政治家,崇尚法治,维护民权,是他的政治目标之一。"他在民国二十年前后特务横行的时候,曾依据民主主义与人道主义发起过民权保障同盟"(左舜生语),正是书生政治家的一贯作风;尽管蔡先生当年力主"清党",但绝非滥杀。十六年(一九二七)四月十七日,他对浙江省清党委员会委员姜绍谟说:"我们不能随便杀人!……必须做到三件事:第一,抓人,必须事先调查清

---

① 即1980年。——编者

楚，始可逮捕；第二，定罪，必须审问清楚，证据明白，才可判决；第三，杀人，必须其人罪大恶极，提出'清党委员会'，经会议决定，始可执行。"（姜绍谟《随侍蔡先生的经过及我对他的体认》）这正是法治精神的最佳例证，由于抱有这种信念，"自反而缩，虽千万人，吾往矣！"奋其大勇，勇往直前，至于被人利用，则是另一回事；君子可以欺其方，正是书生政治家所最容易犯上的错误！林语堂在《记蔡孑民先生》中说到："这时有所谓民权大同盟，真是莫明其妙。那时开会列席，无非是蔡先生、杨杏佛、鲁迅、宋庆龄及共产小姐AGNES SMEDLEY（案：即史沫特莱）与我数人而已。你想保障民权，蔡先生那有不赞成？我那有不赞成？其实我们蒙在鼓里，给人家利用。后来牛兰事件发生，共产小姐及宋庆龄仆仆长途坐火车到南京去极力营救，我才恍然大悟。"事实确是如此。

由于资料不足，当年参加同盟的会员正确人数已无法查考，仅知起码有八九十人，上海、北平两分会约各占半数，谨就所知，胪列于后：

上海分会：宋庆龄、蔡元培（孑民）、杨铨（杏佛）、陈彬龢、鲁迅（周树人）、周建人（松寿）、胡愈之（学愚）、郁达夫（文）、吴迈、洪深（浅哉）、王造时、邹韬奋（恩润）、林语堂（玉堂）、钱华、宁明予、陆诒、王启煦、顾执中、严缓葳、彭文应、吴凯声、陈翰笙、黎沛华、沈钧儒

（衡山）、郭蔚然、张志韩、张志让（季笼）、林众可、吴汉祺、余增嘏、葛天豪、许申、郑太朴、黎照寰（曜生）、伊罗生、史沫特莱。

北平分会：胡适（适之，后被开除会籍）、李济（济之）、蒋梦麟（孟邹）、江绍原、李季、任曙天、梅贻琦（月涵）、成平（舍我）、陈溥贤（博生）、徐炳昶（旭生）、许德珩（楚生）、任鸿隽（叔永）、陈衡哲（莎菲）、马裕藻（幼渔）、陶孟和（履恭）、张奚若、江庸（翊云）、林行规（斐成）、何基鸿（海秋）、戴修瓒（君亮）、范克朋、范克朋夫人。

［原载《传记文学》第三十七卷第二期（一九八〇年八月号）］

蔡元培先生的革命思想与活动
——辛亥革命七十周年纪念专稿之十七

邓嗣禹

蔡元培（孑民，一八六七年至一九四〇年）是二十世纪前四十年融合中西学术，施诸实行，一甲前三名中的人物，其在教育文化的贡献，或可升为状元；其嘉言懿行，前贤言之详矣。惜尚缺乏一部详细的传记或年谱（编者按："中央研究院"已出版陶英惠编著《蔡元培年谱》上册），海外有两篇研究蔡先生的博士论文[1]，非传记体例，故其生平的革命志趣，似尚有商量的余地。他的头衔已很多，可再加一

---

[1] *Ts'ai Yuan-pei and the Political Revolution in Modern China* by William John Duiker Ⅲ, Ph.D., Georgetown University, 1968. 463p. *Ts'ai Yuan-pei from Confucian Scholar to Chancellor of Peking University, 1868—1923: the Evolution of a Patient Reformer* by Eugene Stephen, Ph.D., The Ohio State University, 1970. 182p.

个革命教育家的帽子,他不是革命的理论家,也不是死心踏地、百折不回的实行家,而是一位先知先觉、开革命的先导,常立于新思潮的前线,常倾向于新的进步的运动。

蔡元培先生是否为秘密社会分子,也想在此文中贡献一些证据。

甲午战争与戊戌政变两大失败,予中国知识分子一大打击,蔡先生当然不算例外。在一八九五年,他已升为翰林院编修。平凡的人,很可以养尊处优,熟读经史,弄点文墨,唯命是从,而他喜涉猎译本西书。至一八九八年,他突然归绍兴老家,是何原因?

蔡元培不继续作翰林的原因

通常的说法,是因他同情戊戌变法运动,故弃职返里。① 京官之同情维新者颇不乏人,何必抛弃铁饭碗?也许是蔡先生骨节高昂,不愿折腰。但蔡先生较我们所设想者,有更强硬的气节,他胆敢骂朝廷。据甘簃《睎向斋逞臆谈》:

> 元培入翰林,尝于同官酬酢间,诋毁胄昏庸不解

---

① 李若一:《蔡先生的政治思想》(台北:商务印书馆"人人文库",1961年),第197页。

事,唱"排满"之论,声至激烈;语闻于掌院学士(徐桐),面斥之曰:"乱臣贼子,人人得而诛之!"①

蔡乃托病,请假南归,不愧为勇敢之革命家。返绍兴后,另起炉灶,创新门路,勤修日语,读和文书。日德文法颇相近,故日译德文书多,他能自由阅读,自由思想,痛定思痛;他觉得戊戌维新之所以失败,由于事先未造成一大批革新人才,只康、梁、谭嗣同等人,缺乏群众基础,历史上许多改革的失败,多由于此。所以,他决定从教育入手,训练一批新青年。

恰好是时有一个很新式的绍兴中西学堂,其中居然教英法文,不久加授日文。一个中学能授三种外国语言,在今日亦不多。一八九九年,中西学堂的校董聘蔡元培为监督(即校长),这是他服务于新式学校的开始。校中分新旧两派,旧派要学生习诗、古文词,学写八股文,以便中举;新派讲授物竞生存之进化论与物理、化学等科学,对于旧式尊君卑民、重男轻女的旧习随时有所纠正。旧派不以为然,运动校董,出而干涉。②结果,在一九〇〇年,蔡遂辞职。

---

① 甘簃:《睇向斋逞臆谈》,《申报·自由谈》,1931年12月15日,及厂民《蔡元培》,在孙常炜编《蔡元培先生全集》(台北:商务印书馆,1968年),第1348页。以下简称《全集》。

② 蔡元培:《我在教育界的经验》,《全集》,第677页。

教职员中，思想不同，对于学生，反而有益，能刺激学生的思维。在绍兴中西学堂里，即已造出一位后来鼎鼎有名的蒋梦麟。蒋先生说：

> 我在中西学堂，学到……闪电是阴电和阳电撞击的结果，并不是电神的镜子里发出来的闪光；雷的成因也相同，并非雷神击鼓所生，使我放弃了我思想中怪力乱神的信仰。①

当时是迷信很盛行的社会，介绍一点新科学，打破若干鬼神的污烟瘴气，是为除旧布新的先决条件。蔡先生是一位可高可低的伟人，庚子年至次年初，他偕友人为绍兴侨农创办小学一所。以翰林办小学，是等于割鸡用牛刀。蔡先生只求对社会有益，其他非所计。

一九〇一年，蔡先生受聘为南洋公学特班的总教习。此校位于上海，是一八九六年盛宣怀奏请设立的，一九二八年改为国立交通大学。特班学生四十人，秀才廪生居多，戴顶子上课，皆能作八股文，而不一定能写普通的书信。蔡先生因材施教，让学生自由读书，写日记，每月作长文一篇，发挥意见，总教习亲自批改。评语中，常灌输民权思想。又教

---

① 蒋梦麟：《西潮》（台北：中华日报社，1959年），第29页。

学生读日文，使自译和文书，并为之改正。此班高材生有黄炎培、邵力子、谢无量等，其教员同事有吴稚晖。吴先生说："孑民唯一的志愿，一定要盼望中国出些了不得的大学问家。"① 其实，蔡先生尚有其他的用意。

寓革命于教育

那时蔡元培先生与其他旅沪志士章炳麟、吴稚晖等，以译本教科书不适用，非重订完善，不足以改良教育。故于一九〇二年八月，发起组织中国教育会，举蔡孑民为会长。因倡议之人均为名流硕彦，热心救国，故此会隐然为东南各省革命之集团，谋推翻清政府。②

又有一爱国女学，由蒋观云等发起组织。蒋君赴日留学，请孑民代为管理。所谓爱国者，爱中国也，亦阴寓"排满"与排斥外国侵略之意。戊戌政变与庚子拳乱以后，学生渐渐觉得必须推翻清朝，建立自己的政权。

中国教育会与爱国女校的经费，多半出自上海富商哈同夫人罗迦陵女士（Mrs. Silas Hardoon），福建人，深信佛教，拜乌目山僧为师。山僧原名黄宗仰，曾受翁同龢薰陶，

---

① 吴敬恒：《蔡先生的志愿》，《全集》，第 1369 页。
② 罗家伦主编、黄季陆增订《国父年谱》（台北：中国国民党党史史料编纂委员会，1969 年），第 149 页。以下简称《国父年谱》。

能作诗古文，又精于园林设计，被聘为工程师，建筑爱俪园，即哈同花园，此犹太富商对之推崇备至，言听计从。①一九〇二年十一月十六日，上海南洋公学因教职员新旧思想之争，发生反抗学校的风潮，趋新教员吴稚晖、蔡元培辞职，全体学生二百余人退学。其在沪无家族可依而须住旅馆者，推代表向中国教育会求助。黄宗仰愿筹一切旅费，退学学生赖以维持于一时。然倚人篱下，终非长久之策。②

于是由中国教育会蔡元培、章炳麟等为退学学生组织爱国学社，租了两幢房子为校址。他校退学者，亦欢迎入爱国学社。被欢迎者之一，就是日后著名的章士钊，学陆军，转学后，请教兵操，元培社长亦亲自参加，受军训。爱国学社正式上课的时间不多，而主要活动是宣传革命，提倡军国民主义，大家要去当兵，成为国内唯一的革命机关。教职员每月要去张园演说一次，鼓吹爱国主义、"排满"革命等等，无所顾忌。到爱国学社来的人越来越多，有邹容《革命军》的读者，也有从日本归来者。如此高谈阔论，约有半年之久，外面引起官方的注意，内部章炳麟、吴稚晖发生龃龉，财政方面日起恐慌，无可奈何，与《苏报》联系，每月资助爱国学社一百元，而蔡元培、章士钊等为《苏报》写社

---

① 蔡元培：《记宗仰上人轶事》，《全集》，第675页。
②《国父年谱》，第149—150页。

论。蔡先生写过一篇《释仇满》，大意云：满人血统，久已与汉族混合，其语言文字，亦已为汉族所淘汰。吾国一皆汉族，满族之皇帝大臣，可乘间而杀之；但不必如邹容《革命军》所云"杀尽胡人"。可见孑民先生仁者之用心。然革命言论喧哗已久，上海居，大不易，危险多，其兄鉴清力劝元培留学。蔡先生以德国学术最优，欲赴德，即先去青岛学德文，不到一月，苏报案发生，章太炎、邹容入狱，爱国学社亦被解散。[1]

蔡元培在《俄事警闻》与《警钟日报》所宣传的革命方略

一九〇三年冬，蔡先生自青岛返沪，仍假中国教育会为活动机关。适俄人进兵奉天，举国骚然，乃与刘光汉（即刘师培）、陈竞全（甘肃名进士，累官知事，有钱，住上海租界）等人在上海发行一日报，名《俄事警闻》。文言与白话兼用，开始即谓"同人因俄占东三省，关系重大，特设《警闻》，以唤省国民，使共注意于抵制"，并列评清政府外交之

---

[1]《南洋中学一九〇二年罢课风潮和爱国学社——座谈记录》，《辛亥革命回忆录》（中华书局，1962年）集四，第63—77页；萧一山：《一代宗师蔡孑民先生》，《学术季刊》二卷一期（1953年9月），第125—126页；蔡元培：《我在教育界的经验》，《全集》，第675页。

失败。其抵制之法,是用社论:《告马贼》(十二月十九日)、《告会党》(十二月二十日)。一是哥老会,二是私盐帮,三是广西的会党。广西地方很穷,不免抢劫。官兵把这村的人通杀了,不如和岑制台春煊说:"让你们去打俄国人,等到认真把俄国人打退了,全国里的人,都要大大的酬谢你们,你们也不致于再吃现在这种苦了。"

对盐枭的宣传,是"你们盐枭身体是很强的,胆力是很大的,团体是很固的,武艺是很精的。……你们盐枭中有名的是张士诚、刘铭传两个大人。张士诚……起兵泰州,不久即住苏州……好不快哉!刘铭传先前也是私盐贩子……后来清廷皇帝封他为一等子爵,岂不胜于卖私盐万万倍么?"(一九〇三年十二月二十六日,小报只一小张,无页数。)[1]

《新年梦》在《俄事警闻》中联登数日(一九〇四年二月十七至廿五日)。此文未署名,黄世晖撰《蔡孑民先生传略》,证明为蔡先生所作。他梦想要:一、恢复东三省;二、消灭各国在华的势力范围;三、撤去租界;也鼓吹"废财产、撤婚姻"的社会主义。他要学德、法、英三国语言,要进德国高等工业学校,兼研究哲学。"因为专门学问,德国

---

[1] 黄世晖:《蔡孑民先生传略》,《全集》,第1309页。

最高。"这种梦想,蔡先生在一九〇七年实现了。①

《俄事警闻》只出了七十三日,一九〇四年二月廿五日,改为《警钟日报》,编纂方法一仍其旧,观点亦大致相同,谓"俄人不畏官军而畏马贼,马贼者,民族之代表也。"② 稍后增加全国会党活动的消息,尤注意广西的大官与巨匪,另加刺客论,鼓励游侠,提倡中国之武士道。目清朝官厅为盗贼政府。言论日趋激昂,"排满"革命日益明显。结果,一九〇五年二月二十日,《警钟日报》被迫停刊。

《警钟日报》本来就是蔡先生革命运动的刊物,"译登俄国虚无党的历史,为国人种下革命思想"。这是当时在报馆任职的先师马鉴(季明)先生说的。他又描写只有蔡先生做独脚戏,"天气非常寒冷,并无火炉,每晚总须写两篇文章。那时蔡先生右手冻疮溃裂,套了一只半截露指的手套,冷冰冰的继续工作,不避艰苦"③。

一九〇四年七月二十日,登广告:"蔡子民敬白:子民近担任爱国女学校事务,故《警钟》社编辑之役,已由汪

---

① 《新年梦》,在《俄事警闻》中,中国国民党党史史料编纂委员会1968年影印行世,又见《全集》,第439—450页,此排印本,间有错字。又参《蔡元培先生年谱》上卷。

② 《警钟日报》,在罗家伦编"中华民国史料丛编"册一,1904年2月26日,无页数。

③ 马鉴:《纪念蔡子民先生》,《全集》,第1533—1534页。

允宗君主任。"① 在辞职以前，六月十九日，有一篇"社说"，"论会党有益于国"。略云："或者不察，谓会党为乱民之事。"社论说："有会党而乱，不如无会党而治。"会党"可以提倡民权，可以暗杀其君相，离间其臣民。……但使会党种子愈布愈多，终必有达其目的之一日。呜呼，观乎欧洲变法诸国，何一非由会党造其首基哉！……而俄国之虚无党，自学生、工人、军士，以至各种社会，几几乎弥漫全国，波澜屡动。其未至于成功者直待时耳！环顾祖国会党，如中国之红灯、白莲、哥老、安清之类，其有如是之激昂而敏活者乎？吾方旦暮望之矣"②。

"会党有益于国"的社论，多半是演独脚戏的主编蔡子民先生写的，从此我们可提出一问题：

蔡元培曾否加入秘密会党？

首先我们要对秘密会党下一定义。会党原始是少数志同道合之人，为达到某种目的，联结为党，有入党盟誓或仪式，严守秘密，不示他人，故称为秘密会党，一称秘密社会。社乃中国古代农村社会祭祀土神之所，即现代之土地

---

① 《警钟日报》册三，第146号。
② 《警钟日报》，1904年6月19日第一版。

祠,含有神秘之意,神秘是秘密社会常有的现象。

如此定义可以成立,可进而考察蔡先生所加入的团体。上述爱国学社为革命总机关,卸了《警钟日报》的主编之后,蔡先生为爱国女学堂校长,欲造成虚无党一派之女子,以便担任侦探与暗杀工作。他认为革命只有两途:一是暴动,一是暗杀,暗杀于女子更为相宜。蔡先生在爱国女学讲法国革命史、俄国虚无党历史[1],惜其效果未易速成,但爱国女校仍为秘密革命机关。对辛亥革命有相当贡献的光复会,起初就设在此校中。

光复会的酝酿、密商、策划、组织,是在一九〇三年前后,肇始于东京,由军国民教育会流衍而成,初名暗杀团。[2] 一九〇四年九月,中国教育会会长蔡元培探知龚宝铨(章炳麟女婿)之暗杀团来沪,他乃自动要求加入。于是更将规章详加修订,定名曰光复会,并推举蔡元培为会长,秘密结纳各地会党,壁垒为之一新。章炳麟、陶成章、徐锡麟、吴春旸、熊成基、吴樾、秋瑾等相继入会,极力联络江浙会党,从事革命。[3] 光复会总部利用办学为

---

[1]《我在教育界的经验》,《全集》,第678页。
[2] 冯自由:《中华民国开国前革命史》第二册,第三十五章,光复会(台北:世界书局,1954年影印),第19—33页。又参小野川秀美:《光復會の成立》(京都)《东方学报》四一(1970年3月),第531—544页。
[3] 吕复之:《革命策源地之绍兴大通学堂》,《浙江月刊》一卷七期(1969年3月),第15页。此文作者为大通学堂的学生。

名来掩护革命运动，徐锡麟初办大通学堂，蔡先生常去讲演。因筹款困难，其弟元康来绍兴时，曾主张抢劫钱庄的运款来办学，陶成章反对，未实行。到各处奔跑，去运动会党，非蔡元培先生所长，而陶成章、徐锡麟等优于为之。如一九〇五年二月，锡麟自东阳至缙云，昼行百里，夜止丛社，多交其地奇才力士。[①]此种艰苦，非文质彬彬之蔡翰林所能受，他长于劳心，但不惯于劳力。

自从一九〇五年八月二十日，同盟会在东京正式成立后，九月八日，以光复会员吴春旸之推荐[②]，派蔡元培为上海同盟分会会长，从事于更切实有效的"反满"工作，秘密赁屋，学制炸弹。与其事者，必须采取传统秘密会社仪式，以免泄露消息。

> 开会时，设皇帝位，写誓书若干纸，如人数，各签名纸上，宰一鸡洒血于纸，跪而宣誓，并和鸡血于酒而饮之。其誓言，则每人各藏一纸，乃教授制（炸）药法，若干日而毕……未久而中国第一炸弹，发于考察宪

---

① 罗耀九：《光复会性质探讨》，《厦门大学学报》（社会科学）一期（1960年），第69—70页；冯自由：《革命逸史》册五，第61—62页（台北：商务印书馆，1965年），及陈魏：《光复会前期的活动片断》，《辛亥革命回忆录》册四，第127—129页。

②《国父年谱》，第201页。一说介绍孑民入同盟会者为何海樵，今从《年谱》。

政五大臣车上，子民等知发者为吴（樾）君，则弹必出自杨（笃生）君手。①

以上引文是蔡先生口述，黄世晖笔记，并为国民党党史委员会出版之《革命之倡导与发展》所采用，似足为据。其守秘之严，"虽父子兄弟，也闭口不谈"②。此外尚有三旁证：

（一）时光复会的干部人才，如徐锡麟、秋瑾、敖嘉熊等，多为秘密社会分子，光复会的誓词："黄河溯源浙江潮，卫我中华汉族豪。莫使满族留片甲，轩辕神胄是天骄。"③其他誓词不备引，与旧式会社相同。

（二）民国六年（一九一七），北京大学成立国史编纂处，由校长蔡元培兼处长，地理教授张相文为副主任。为编《国史前编》，蔡、张两氏联名致孙中山先生函，略云：

---

① 黄世晖：《蔡孑民先生传略》，《全集》，第1310页；《革命之倡导与发展》（台北：国民党党史委员会编，1963年）册十，第367—368页；萧一山：《一代宗师蔡孑民》，《学术季刊》二卷一期（1953年9月），第126页。同一饮鸡血酒的故事，而被二三权威著作采用，必非无稽之言。许金城《民国野史》亦云"蔡元培制炸弹，吴樾以之炸出洋考察宪政大臣"，"近代中国史料丛刊"（台北：文海出版社影印版，册九七七，第24页），小野川秀美（见上引，第535页）亦言及饮雄鸡血酒之盟誓，可见证据充足。

② 沈瓞民：《记光复会二三事》，载《辛亥革命回忆录》（中华书局，1962年）册四，第141—142页。

③ 罗耀九（同上引），第73页，及吕复之（同上引），第15页。

盖以民国成立以来，群言淆乱，是非不明。不有信史，何以昭示来兹？且饮水思源，尤不容忘其本来。故元培与编纂诸君，公同斟酌，拟自南京政府取消之日止，上溯清世秘密诸会党，效司马温公《通鉴外纪》之例，辑为一书，名曰《国史前编》。所以示民国开创如此之难也。惟兹诸会党既属秘密组织，迄今事过情迁，往往不能言其始末。再过数十年，窃恐昔年事迹，不免日益湮没，滋可惧也，所幸先生以开国元勋，不吝教言，征文考献，皆将于是赖之矣。[1]

中山先生复函云："近方从事著述……其中一章所述者为'革命缘起'……足为尊处编纂国史之干骼。若更求其详，当从海外各地征集材料，乃可汇备采择。……清世秘密诸会党……于共和革命，关系实浅，似宜另编为秘密会党史，而不以杂厕民国史中。"（八年一月十四）[2]

---

[1] 蔡元培等《为〈国史前编〉与孙中山先生通讯》，载张子文：《一组书简的集合》，《传记文学》卷十一，期一（1967年7月），第18—19页。

[2]《国父全集》（台北：中国国民党党史委员会，1973年6月）第三册，第590页。

民国成立六年后,蔡元培先生饮水思源,不忘本末,请为清世诸会党作《前编》,可见他与会党有特殊之关系或兴趣,把一位地理学家张相文拉出来作陪客,以免孤掌难鸣。

逾七日,蔡、张再函请向海外征文。大概孙先生因公忙,海外搜集秘社资料不易,迄无下文,决非如朱元璋之对付小明王,否认与白莲红巾之关系。现在已有《革命之倡导与发展》,可供学人参考。

(三)此外尚有一旁证:五四运动前后,林语堂去北大请蔡先生作书序,在会客室中稍候。最使他触目的,是北大校长候客室当中玻璃架内,陈列一些炸弹、手榴弹。林语堂"心里想,此人未可以外貌求之,还是个蘧伯玉吧?"蘧伯玉名瑗,孔子弟子,"外宽而内直,自设于隐括之中,直己而不直人。汲汲于人,以善自终"[①]。盖有古代豪侠之风,他自认作炸弹,饮鸡血酒,是一件荣耀之事,故在玻璃架内陈列之。

在人证方面,台北有一位与子民有师生及其他职务深切关系的唐嗣尧先生,亦云:"子民师不惜以翰林学士之

[①]《全集》,第1470—1471页;《史记》卷六七第1页下,有关于蘧伯玉个性的写照。

尊，而秘密结合义勇豪杰之士。"①

读以上蔡先生在《警钟日报》之社论及以后的言行与证据，他是否为会党分子的假定，似可以证实。蔡先生不以此为侮辱，反以此为荣耀。因为清末年，爱国志士热血沸腾，只择目的，不择手段，在巴黎出版的《新世纪》，公开号召："去矣，与会党为伍！"②民国元勋孙总理，早已承认加入了会党。其次如黄兴，据冯自由说："黄先生乃哥老会首领，亦系洪门最大宗派之人物。"黄克强先生回答说："今日兄弟承洪门手足欢迎，无任感激之至。"黄谓与冯自由君共事甚久云云。③可见冯自由的介绍词谓黄兴为哥老会领袖，是有根据的。其他大人物与大学者加入会党者亦不少。出乎本文范围，不备列。与会党为伍为一时潮流，不足为奇。

---

① "立法委员"唐嗣尧先生答客问，用中文打字机打出一篇优美的文章，题为《蔡先生生平事略》，其末段云："孑民先生一生好学不倦，读书为乐；生活简朴，毫无官气；气度恢宏，兼容并包；待人诚恳，处事公正；赋性恬淡，不事名利；崇尚气节，力行信义；明辨是非，主张公道；礼贤下士，察纳雅言；奖掖后进，不遗余力。使人尽其才，为国效力。不仅为中国学人之模范，亦为中国近百年来之完人。丙辰年春唐嗣尧记述于台北。"

谨对唐先生致万分谢忱。

②《新世纪》，在巴黎出版，1908年4月11日，作者署名"反"，标题《去矣，与会党为伍！》。《新世纪》杂志，在初期社会主义文化集，中国资料丛书，东京：大安株式会社，1966年影印。

③《民国杂志》旧金山出版（1904年）第六期，第5页。敬谢黄克强先生女婿薛君度教授，惠赐剪报复印本。

光复会与同盟会之离合

大致说来，同盟会为兴中会、华兴会与光复会的组合或同盟，夷考其实，成立以后，华兴会之名罕用；而光复会与同盟会时合时离，或貌合神离，或明争暗斗。然其总目标，是推翻清朝统治。此文只能说一梗概，因为蔡先生一九〇七年五月至一九一一年十月在欧洲。

蔡先生出国后，光复会之领导人物，为章炳麟及女婿龚宝铨与其至交陶成章、徐锡麟、秋瑾等。他们要组织光复军，欲在浙江、上海等处发难，要求同盟会总部接济款项。同盟会无以应，陶成章乃去南洋，与在南洋教书的李燮和（湘省富翁）以复兴光复会名义筹款，并上书总部，请易孙文为会长，以黄兴代之。① 经黄兴与蔡元培等极力调和，至辛亥年共同合作，促成武昌起义，加速光复各省。

共患难易，共安乐难。浙江新政府成立后，浙人初属意于陶成章。谢心尧案，"陶成章为洪门之重要分子"。开会选举，蒋尊簋当选。成章即于民国元年（一九一二）一月十四

---

① 冯自由：《革命逸史》（台北：商务印书馆，1965年）集五，第64—74页，《国父年谱》，第290页。

日，被人刺杀于上海广慈医院。①

陶死后，光复会一蹶不振，临时大总统孙中山先生急电沪军都督陈其美，谓"陶被人暗刺，不胜骇异。陶君抱革命宗旨十有余年……光复之际，陶君实有巨功……务令凶徒就获，切切！"②凶手虽终未拿获，然亦可见孙中山先生之宽宏大量与公允。且尚不止此，他电陈炯明嘱调解在岭东同盟、光复二会会员之轧轹，电文略云：

> 同盟、光复二会，在昔同为革命之团体。……同盟会实行革命之历史，粤人知之较详，不待论述。光复会则有徐锡麟之杀恩铭，熊成基之袭安庆，近者攻上海，复浙江，下金陵，则光复会新旧部人，皆与有力，其功表见于天下。③

此种至公无私的精神。令人肃然起敬。而章炳麟《中华

---

① 谢心尧：《辛亥革命各省光复纪略》，《越风》半月刊，卷二〇（1936年10月），第51页。刺杀陶成章者为谁，现已成为秘密的公开，非本文范围之内，不备述。读者欲知其详，可参考《蒋总统秘录》，台北《中央日报》全译本，册四，第58—60页。

② 《总理全书》（"中央党史史料编纂委员会"编，台北：中央文物供应社，1955—1956年）册六，第23—26页。

③ 《总理全书》（"中央党史史料编纂委员会"编，台北：中央文物供应社，1955—1956年）册六，第23—26页。

民国开国前革命史序》,谓冯自由少阿私之见诚然。但太炎先生为光复会、共进会焦达峰等表功,未提孙文之名,未言同盟会之贡献,犹曰:"夸诞之士乃欲一切笼为己有,亦曷足怪乎?"[①]与孙中山先生之评断相比较,不啻有天渊之别。此亦尸子所云:"不痴不狂,其名不扬者乎?"

同盟会之组织,后于兴中会及光复会,而此二者,对于辛亥革命,俱有相当贡献。武昌起义以前,革命失败者至少十五次,由兴中会及同盟会发动者十次,黄兴参与者共六次,光复会、华兴会主持者三分之一,而秘密会党分子,直接间接(以新军名义),几乎无役不与。在清政府眼中,兴中、华兴、同盟等团体,无一不是秘密会党,被禁止、捕杀。然同盟会不免以首功自骄,故蔡元培先生在民国元年(一九一二)九月一日对"同盟会在粤支部讲词"云:

> 中华民国是同盟会人所构造而成,此论者所常言者也,但今日希望于诸君者:第一,以后我同志断不要说这句话。盖同盟会之与民国,不过关系甚密切而已,此则天下自有公评,不必我同志以此自诩……至惹起社会

---

① 《太炎文录续编》卷二下,第10—20页。

上人之反对。①

所以，章太炎先生之序革命前史，不表同盟会之功，恐是反感的表现。沈云龙先生说得好：

> 今之治革命史者，徒知炫言同盟会系沿兴中会一脉相承而来，而有意忽略华兴会、光复会与同盟会之渊源，是不免为扬己抑人之成见所拘囿。冯自由谓："国人对辛亥革命前伟业，多数典忘祖，喜谤前辈，此真民国盛衰存亡之大关键。"诚慨乎言之矣。②

按太史公书之所以永垂不朽，是在能包括社会各阶层，兼叙游侠。柏拉图云，公平是能予人以应得之分。(Plato says, Justice is to render each his due.) 吾人知纂修民国史之

---

① 《蔡元培先生全集》，第707页。
② 沈云龙：《现代政治人物述评》(台北：文海出版社，1966年)，第27页。沈氏又云："甚且混国史与党史而为一，功则归己，过则诿诸他人，一哧百和，莫之敢忤。"同上，第85页。耘农(沈云龙)：《记同盟会与光复会之党争》，《民主潮》卷五，期十八 (1955年9月)，第16—17页。谢谢Richard Lynn教授，从他处代作一复制本。又参邓嗣禹《海内外会党对辛亥革命之贡献》，吴相湘编《中国现代史丛刊》册五 (1964年)，第1—22页。

专家，必早已谂知史迁之史法、史德，恪遵孙总理廓然大公、宽宏大量之精神，无须愚者之一虑。

蔡元培在思想方面站在时代的前线

蔡先生对中外古今的文化，讲消化，不守旧，不盲从，择其善者而采纳之，故能融化中西新旧于一炉。他是一贯的左与新，绝不因年龄与地位而改变。从清末至民国，他的思想总是一贯的，而且是一致的。在二十世纪初年，他对虚无主义、无政府主义、社会主义都表示兴趣，作过宣传。[1]

孑民先生具有智、仁、勇三德。在智的方面，他是一位刻苦用功的学者，在短期内，能学会日、德、法、英文，作过教育总长后，仍能去德国上课，世所罕见。他能容纳异己，目光远大，择人之长而舍其短。他如不长北大数年，恐怕北大师生仍在醉生梦死，为升官发财着想，若干年后，才慢慢讲求改变。他长北大，让教员学生的思想自由发

---

[1] 蒋维乔：《民国教育总长蔡元培》，《全集》，第133—142页，及 Chow Tse-tsung: *The May Fourth Movement*（Cambridge: Harvard University Press, 1960），第97、216、217及243页注。

展，自由辩论，自由发表，杂志如雨后春笋，思潮如波涛澎湃。老顽固、新洪水与猛兽，皆在他的羽翼下无忧无虑、平平安安的竞争，造成一大批人才，为全国效忠，为其他大学作模范。子民先生之发扬文化，其功不在禹下，他一生任事作官，总是合则留、不合则去，当非大智莫办。[①]南港"中央研究院"，应当有蔡子民一铜像，以资学人的景仰。（编者按：南港"中央研究院"有元培馆，馆内有蔡氏铜像。）

在仁字方面，蔡先生具备温良恭俭让。对任何人，无疾言厉色，为青年谋事，有求必应，令人感动他的帮助，朋友、学生为政治受刑狱之苦楚，他必尽量援助，使之出狱。凡有一技之长者，必使有用武之地，人皆尊之为仁慈和蔼、易于亲近的长者。

在勇的方面，他在翰林掌院学士之前，敢公开批评朝政，非勇不可。他终身没有离开思想斗争的阵地：他为破除

[①] 参《传记文学》一八三号（1977年8月）专题人物座谈会——蔡元培。其他国内外，后者包括日本学人，凡是研究过蔡元培先生者，据浅见所及，几一致予以佳评，恕未能备列长短论文，与各书中的断章叙说。

迷信而斗争①，为推翻清朝专制而斗争，为反对北洋军阀而斗争，为拥护民族自由而斗争，为民主宪政而斗争，他是一位脚踏实地的教育思想的革命家②。最后，蔡孑民为保护人权而斗争，推行无党派、无国家、无善恶的三无主义，此更非勇不可。一九三二年十二月三十日，蔡元培先生用中国民权保障同盟副主席名义，招待新闻记者致词云：

我等所愿意保障的是人权，我等的对象就是人，既

---

① 蔡先生破除迷信，是从学理方面入手，上面提到蒋梦麟先生觉悟了有关雷之迷信，此处将附加一叙井上圆了的《妖怪学》。此人此书，很少受到注意，实则蔡先生受了井上圆了一点启发与影响。蔡先生把他的《妖怪学讲义》，在1905年以前，就十之六七译成中文。井上自序云："余之发行《妖怪学讲义》者，实有不得已者在焉。余尝以为吾邦之鸿业：一半既成，一半未成。……是余所以投身于教育海，日夜孜孜，图报国恩于万一。……余独自为妖怪学之研究，于兹十年矣。"故此书材料丰富，组织精密，条分缕析，如剥春笋。译文简明流畅，能引人入胜。若干章段，似非涉猎中国文史数千卷者莫辨，读完此书，将迷信盘根究底，碍难立足。然则作者之背景，岂可不略加考察耶？井上圆了（1859—1919）是文学、哲学、佛学与汉学家，曾习中国文史，又在长崎学英文。1885年，毕业于东京大学，因不喜时俗，醉心欧化，乃创办一杂志，名《日本人》。1888年游欧，逾年归。1902年再游欧，研究神怪学（mythology），以便矫正普通的迷信。1919年去上海、天津、北京等处游览，在大连讲演时，以脑充血逝世。所著尚有《伦理学讲义》，蔡先生之游欧洲与著作，似受其影响。

② 蔡尚思：《蔡元培学术思想传记》（上海：棠棣出版社，1950年），第2—9页。

同是人，就有一种共同应受保障的普通人权，所以我等第一无党派的成见：因为各党各派所争持的，已超越普遍人权以上，我等决无专为一党一派的人效力，而不顾其他的。第二，我等无国家的界限：因为无论甲国人或乙国人，既同是人，就不应因国籍的区别而加以歧视；但因地点接近与否的关系，对本国人效力的机会多，而对外国人效力的机会少一点是有的。但外国人亦自有便于为他效力的同志，照分工条件，并无轩轾。第三，我等对于已定罪或未定罪的人，亦无甚区别：未定罪的人，其人权不应受人蹂躏，是当然的事；已定罪的人，若是冤的，亦当然有救济之必要。至于已定罪而并不冤的人，若依照嫉恶如仇的心理，似可不顾一切了，然人的罪过，在犯罪学家，归之于生理的缺陷；在社会主义上，归之于社会的因缘；即在罚当其罪的根据上，本尚有考虑的余地。所以古人有"如得其情，哀矜勿喜"的箴言，又有略迹原情的观察，即使在法律制裁之下，对于当其罪之罚，不能不认为当然，而不应再于当然之罚以上再有所加；苟有所加则亦有保障之必要，例如狱中之私刑虐待等是。所以我等于无罪或有罪之人，亦无所歧视。诸君所主持的新闻，或以爱国之故，而对于本国特别爱护；又或以与一党一派有特别关系之故，而政见上常有拥护甲党攻击乙党之态度；此诚不必免，亦不可免者。然希望诸君对于普遍人权，能超越国家、党派的关系，以下判断，这是鄙人所盼望的。①

文中所提出的，有罪无罪，狱中私刑虐待，在蔡先生可以仁道主义概括之。中国民权保障同盟的会长是宋庆龄，会员包括杨铨（杏佛）、林语堂、鲁迅、邹韬奋等。此会主要工作，是设法营救陈独秀和牛兰，电请释放许德珩及平津被捕之学生与工人，与"五四"时代要求释放学生如出一辙。

中国民权保障同盟的性质和义务是：一、争取释放国内政治犯，工作对象是一大批不知名的囚犯；二、向政治犯提倡法律的辩护及其他援助，调查监狱状况，公布国内剥夺公民权利的事实；三、协助争取出版、言论、集会和结社的自由。②

从一九二八年起，蔡先生长中央研究院，其总干事或行政秘书为杨铨（杏佛，一八九三年至一九三三年）。此人说是干才，能一面谈话，一面对客挥毫写信，曾在康奈尔大学习工程，在哈佛大学习商业管理，回国后，历任东南大学等校行政兼教授工作。一九二五年随孙中山先生北上，任秘书职，后任孙中山先生丧事筹备处干事，并从事北伐军在上海

---

① 上海《申报》，1932年12月31日。
② 蔡尚思：《蔡元培学术思想传记》（上海：棠棣出版社，1950年），第2—9页，第163—166页。

的地下工作。一九二八年任中央研究院总干事,轻于蔡先生的年龄二十多岁,以长辈待之,两三年合作同事无间言。①

不料一九三三年六月十八日晨,杨铨在上海被刺死,南京政府严令缉凶,亦始终未获,是否杀鸡儆猴,不得而知。此后宋、蔡虽仍为社会贤达,但少作要求释放政治犯的言行。蔡先生的健康亦渐衰。一九三七年沪宁失守,隐居香港养病。虽仍遥领中央研究院,但极少公开发表言论。一九四〇年病终,载满令誉,永耀文坛。惟有一事,为人所未言,即蔡、宋数人之人权运动(Human Rights Movement)为四十余年后美国卡特总统人权运动之先声,此亦始料所不及。

一九八一年三月十八日邓禹嗣于美国印第安纳大学
历史学系撞钟室

[原载《传记文学》第三十九卷第三期(一九八一年九月号)]

---

① 杨小佛(杨铨之子):《杨杏佛与中国民权同盟会》,《历史研究》十二期(1978年),第68—74页,与 Howard L. Boorman and Richard C. Howard (eds, *Biographical Dictionary of Republican China* (New York: Columbia University Press, 1971) Vol. Ⅳ, p5—6。

青山有幸埋忠骨
——蔡元培先生晚年在香港及逝世经过

关国煊

今年是中央研究院院长蔡元培（孑民）先生逝世五十周年，蔡先生生命中的最后四年——说得准确些，是两年四个月零七天——是在香港度过的。

一九三七年七月七日，抗战军兴，是时刚于去年欢度七十寿辰的蔡先生居于上海［蔡先生生于清同治六年（一八六七年）十二月十七日，即一八六八年一月十一日，若以公元计算，一九三七年蔡先生虚龄七十］。八月，上海"八一三"事变起，任上海市文化界救亡协会理事兼国际宣传委员会委员。十一月十三日，上海弃守，避居上海租界"孤岛"。二十七日，七十岁的蔡先生由中央研究院物理研究所所长丁燮林（巽甫），工程研究所所长、内弟周仁（子竞）陪同，匆匆由上海乘船前往香港，拟经河内前往大后方主持中央研究院院务。二十九日晚七时,船抵香港〔见蔡先生《致张元济函》,高平叔《蔡元培年谱》以蔡晬盎函告作十二月底,陶英惠《蔡元培(孑民)小传》作"二十七年一月走香港",不确〕。香港是蔡先生的重游旧地,光绪十九年(一八九三年)曾至香港小住。三十日,晤商务印书馆总经理王云五(岫庐),蔡先生乃商务印书馆董事(董事长张元济),"承其转属香港分馆主任黄汉生君照料一切"。十二月一日,由王云五"导观港中本馆,印刷厂(引案:香港分馆在港岛中环皇后道中,印刷厂在北角英皇道)规模宏大,布置周密;闻印刷尚有余力,唯运输正在规划耳"(《致张元济函》)。王云五《蔡孑民先生与我》记云:

  自港前往西南道途跋涉,至为辛苦,蔡先生此时高年多病(引案:于一九三六年冬大病之后,身体日渐衰弱),恐不能支持。周、丁二君因我在香港,照料有人,遂以相托。我遂迎蔡先生到商务的临时宿舍,与我和商务自上海来此之二三同人相处。濒行周子竟以周夫人胞弟之资格,转述周夫人之嘱托,恐蔡先生饮酒过多,有碍健康,每日当以一次一大玻璃杯绍酒为限。我当然奉命维谨,仅于晚饭时供应绍酒一大杯,午饭不另供酒。未几内人携幼儿学善(引案:王氏第七子,时年十岁)自上海续来,也同住于该宿舍。我以午间陪蔡先生用膳有内人及幼儿在，所以我自己便在商务印书馆办公室用膳，以省往返时间。内人知道蔡先生善饮，午间也供酒一大杯，晚膳时我不知此事，也照例供酒，于是每日一次增为二次，发觉后也不便更改。……蔡先生在宿舍内与我等相处约三个月，晨夕有暇，我和他畅谈今古，无所顾忌。蔡先生语多精辟，……我们的宿舍系临时租赁跑马地崇正会馆的三楼全层（引案：香港崇正会馆位于跑马地摩利臣山道八十四至八十六号，楼高四层，于一九二九年十二月十日开幕，一九七一年六月改建为今日楼高十三层的崇正大厦），学善时甫入初中读书，假日或放学后余暇，辄由蔡先生携同沿跑马地一带散步，散步时闲话亦时有启发。

十二月二十五日，闻前国务总理熊希龄（秉三）病逝香港旅馆，挽之以联，联云："宦海倦游，还山小试慈幼院；鞠躬尽瘁，救世惜无老子军。"（翌年一月为熊希龄撰写碑文）二十九日下午五时，继室周峻（养浩，婚后蔡先生以友相待，昵称之为养友），挈女晬盎，子怀新、英多，乘船由上海安抵香港，暂寓陈彬龢（松轩）宅中。晬盎时年十一，怀新九岁，英多八岁。

一九三八年一月二十九日，一家人搬往九龙尖沙咀柯士甸道一五六号京士柏大厦（King's Park Building）楼下二号〔此据一九三八年十月七日蔡先生《致王世杰函》，同年一月二十八日蔡先生《致王云五函》作"新居为九龙沃斯丁（但或作柯斯甸，皆Austin之译音）路底一六五号中之第二号"，误。Austin之正式译名为柯士甸，作沃斯丁、柯斯甸、柯士丁、奥斯甸不确，柯士甸道（Austin Road）、柯士甸路（Austin Avenue）为相近的两条马路，前者止于一六二号，后者至二十八号。当年之京士柏大厦现已改建为花园大厦（Garden Mansion）〕。蔡先生喜新居"较为宽广"，附近"其地空旷"，可以"时携儿女散步"。〔一九八八年十月中旬，蔡晬盎、怀新姊弟应邀至港，出席由商务印书馆香港分馆为纪念蔡元培诞辰一百二十周年而举行的"蔡元培生平事迹图片文物展览"开幕礼，并接受记者访问。二十二日，香港《大公报》刊出该报记者冼洁贞《蔡元培科举殿试真迹揭秘——蔡晬盎、怀新姊弟谈可亲可爱的父亲》，略云："蔡晬盎说，一九三七年开始，他们随父母到达香港，曾至（香港）英皇道永兴街居住，直至父亲在一九四〇年逝世后，仍居上址。"不确，王云五于蔡先生逝世之日，跋蔡先生最后遗墨云"余与内子伴蔡夫人自医院返九龙"可证。疑上址为陈彬龢宅，蔡先生去世后，蔡夫人等为免睹物思人，复暂寓陈宅。〕

由于初到香港，子女插班不易，蔡宅"客厅一半改作书塾，蔡夫人自课儿女。客厅中并悬有临时秋千，以备儿女游戏运动之用。蔡先生租房用名及所刻名片,都用周子余三字。居常以不见客为原则,所以往来无一生客,因之见客也就很少"(萧瑜《蔡孑民先生自述身家轶事》)。秋,蔡晬盎三姊弟入邻近的位于漆咸道与柯士甸道、柯士甸路之间的圣玛利女校就读[入学事见蔡先生《复次子蔡无忌函》。圣玛利女校正名为嘉诺撒圣玛利书院(St. Mary's Canossian College),学校的正门在柯士甸道一五八至一六二号。若依蔡晬盎所说当时蔡家居于港岛北角永兴街,以当年的交通情况而言,起码要两车一船始能返校,每日一往一返至少要三个钟头]。翌年,由于年龄关系,怀新、英多"不许再在女校附读,故改进拔萃男书院"(Diocesan Boy's School,通称拔萃男校,校址为九龙亚皆老街一三一号)。由于圣玛利女校、拔萃男书院是教会办的英文学校,前者由罗马天主教会创办,后者由英国基督教圣公会创办,"学校偏重英文,故家中增习国文",兼"家中专课国文之教员"为蔡先生的临时秘书、北大校友余天民,"一星期两次"。蔡先生尊师重道,《蔡元培全集》中有一九三八年蔡先生致余天民函数封,读之可见东翁对西席的重视,与慈父对子女学业的关注:

承赐小女、小儿等佳作(唯奖饰太过,殊不敢当耳),弟为彼等讲解,均喜欢无量,感谢不已。英多以旧历午年生,最喜看马、画马,特写一马奉赠,借博一粲，兼表谢忱。

十一日（星期六）午后，小女等拟往香港就医，国文工（功）课拟请移诸午前（因午前学校放假），自十点钟起。如蒙允诺至感。

本月二十六日（星期一），小女等应任夫人（陈衡哲）之约，往任寓，早去晚归，请给假一日为荷（星期三仍请照常授课）。

星期三（十五日），小女晬盎于午后在校中照常上课，而小儿怀新、英多咳嗽未愈，敬请放假一日，于星期六照常上课。

蔡先生抵港之后，即过着半隐居的生活，"绝对不应酬，不轻易见客"（《复次子蔡无忌函》）。由于年老体弱，而且酒能伤身，是以"自蔡夫人来港另租住宅后，闻每日仅以一次饮半杯，足见对蔡先生之健康更为审慎矣"（《蔡孑民先生与我》）。有人曾经说过，好太太是丈夫年老时身边的好护士，证之蔡夫人周峻，信焉！蔡先生对于夫人，自然亦有所表示，继一九三六年三月赋七律五首贺夫人四十六岁生日之后，一九三九年三月复于客中赋《为夫人周养浩寿》七律一首,诗云:"蛩蟹生涯十六年,耐劳嗜学尚依然;岛居颇恨图书少,春至欣看花鸟妍;儿女承欢凭意匠,亲朋话旧煦心田;一尊介寿山阴酒,万壑千岩在眼前。"五月五日,长女威廉(母亲黄世振,夫婿林文铮)以产后疾病逝昆明,蔡先生到七月才知道威廉已不在人世,"亟以告养友,始知养友早已得此恶消息,且已电汇法币四百予文铮充丧用,饮泣数夜,但恐我伤心,相约秘不让我知耳",闻耗,含泪撰文为悼。

蔡先生由于健康关系,被迫滞留香港,以迄去世,抵港后的健康情况,一九三八年初病足,不良于行。五月二十日,破例出席由宋庆龄创办的"保卫中国大同盟"及"香港国防医药筹赈会"假港岛花园道圣约翰教堂副堂举办的美术展览会开幕礼,并发表演说,由王云五担任英译。是日"由廖(梦醒)女士接先父先母从九龙渡海至香港,宋庆龄备车见候,同往圣约翰大礼堂"(蔡睟盎《宋庆龄与蔡元培的情谊》),"此一集会为香港大学所发起,依英国通例,大学的副校长为实际的校长,而所谓校长辄由达官贵人挂名,彼时港督罗富国即兼任港大校长。蔡先生利用此一半官式的机会,与港督在此晤面,以示临别向地主道谢,实寓有深意,他人多无从悬揣,只看蔡先生经此一度公开出现后,直至一九四〇年三月逝世,并未第二次公开出现,便知其然。但是,蔡先生此次虽怀有不避辛劳跋涉前往后方的决心,卒因身体复感不适，愈后，仍荏弱不堪，蔡夫人爱护备至，坚阻其行，以至郁郁长逝于香港。深知蔡先生内心如我者，不禁为之扼腕也"(《蔡孑民先生与我》)。蔡先生"复感不适"，主要是八月七日一病，是日"忽患头晕，请医生诊验，谓是血压太低，谓消化力弱，血液留滞于胃。故脑患贫血，宜使脑多休息，食后切勿即用脑力，并服补血剂。二十余日来，除十日晨间晕眩稍剧外，已渐痊愈。不轻见客，不常写信，而卧阅书，以消永日"(九月五日《复王敬礼函》；高平叔《蔡元培年谱》以"忽患头晕"一事，误系于九月七日)。八月二十二日，中央研究院会计处主任王敬礼（毅侯）曾致函中央研究院总干事朱家骅（骝先），报告蔡先生病况：

顷得香港雷女士来信，言孑民院长患病甚至倾跌；当时蔡夫人甚为恐惧，日来渐见康复。医云：用脑过度及贫血，是以头目昏晕。血压较平时低，只有五十余至六十度上下。得病已将旬日，现时已能起坐，略事行走，饮食等渐次增进，唯精神及面色尚未复元。现遵医嘱：不见客，勿劳心，勿用脑。

病中仍如平常，不喜欢因自己的事麻烦别人。十月七日，蔡先生致函前教育部部长王世杰（雪艇），谈到自己的近况："弟留港已半年余，病后体弱，不适于奔走，北不能至渝，南不能到桂滇，非常歉憾。幸此地适处三方面交通中心，函商尚便，聊以自宽而已。"十二月十四日，蔡先生有复张元济（菊生）一函，提到："弟在此不常见客，本为避烦起见。自八九月间患脑贫血症后，益不敢不节劳。但近数月，觉调养有效。"话虽如此，实则"愈后体力更衰弱，以致迟迟不克成行。同时，香港对内地之交通除飞行外，艰险益甚，而据医生断定，蔡先生体力实不耐飞行"，以至于"国破山河在"之日，纵然报国有心，限于年老体衰，无法"归队"。其苦闷的心情，不言而喻，幸有子女承欢膝下，暂忘客中寂寥。

对于子女的教育，蔡先生一向极为重视，早在光绪二十六年（一九〇〇年）所写的一篇《夫妇公约》中，特别提到："养子而不教，不可也。教子之职，六岁以前，妇任之；六岁以后，夫任之。……教子当令有专门之业，以养其身。"蔡先生对于子女，绝不会重男轻女，或者重女轻男，而是一视同仁。"生男生女无悲喜，不要轻分瓦与璋。"子女要五育兼重，因为"今日书痴非必要，练身第一要康强"（蔡先生《晬儿十岁生日》）。香港素来寸金尺土，蔡宅"客厅中并悬有临时秋千，以备儿女游戏运动之用"，可见蔡先生夫妇对体育的重视。

蔡先生虽然长期担任大学校长，所接触的都是大学生，但年逾花甲仍不失其"赤子之心"，很懂得儿童心理，很懂得因势利导，对于儿童节，十分重视。一九三四年四月四日，曾偕夫人出席上海市庆祝儿童节大会，并发表演说。一九三九年四月四日，蔡先生在家中与妻儿子女集会庆祝儿童节，到有客人余天民、何尚平（伊榘）、任鸿隽（叔永）夫人陈衡哲（莎菲）及其女以都、以书（乳名书书）与子以安（乳名安安）等人。蔡先生还郑重其事担任庆祝会主席，讲了话，各人亦讲了话。早在四日前写有一首《儿童节歌》，其词曰："好儿童，好儿童，未来世界在掌中；若非今日勤准备，将来落伍憾无穷。好儿童，好儿童，而今国难正重重，后方多尽一分力，前方将士早成功。"庆祝会上蔡晬盎抽到一张纸条，上面写着她讲的题目："我的爸爸。"蔡先生对此会很满意，对子女们说："下次儿童节，可邀几个小朋友来参加！"可惜翌年的儿童节，主席已经去世了！当年蔡晬盎"我的爸爸"的内容不得而知，蔡怀新四十多年后回忆说："印象中的父亲很喜欢说故事，经常说些人类的起源、中外名人故事给我们听，又把《说文》里关于文字演变的概念深入浅出地向我们解释。我还记得，每当儿童节时，父亲就会请些小朋友回家来，写诗、题字，又鼓励小朋友们去表演点节目。"

　　在谈过蔡先生抵港后的健康情形、家庭生活后，回转笔来再看看他在港主持院务会议、参加社会活动以及读书写作等情况。

抗战以前,中央研究院设总办事处,天文、气象、地质、心理(后改名心理学)、社会科学(后改名社会)、动植物、历史语言七研究所于南京,物理、化学、工程(后改名工学)三研究所于上海。一九三七年八月,淞沪之战起,京沪成为日军进攻的主要目标,中央研究院奉命西迁,初步决定:上海三所撤往云南昆明,南京七所除地质研究所撤往广西桂林,气象研究所撤往四川重庆外,其余五所撤退到湖南长沙,总办事处在湖北汉口办公。十一月,总办事处由汉口南迁长沙。十二月,疏散至长沙五所及总办事处以战火日渐迫近,计划再度后撤,分别撤往桂林或昆明。

一九三八年一月,中央研究院总干事朱家骅虽然卸除浙江省政府主席职务(主浙期间,总干事一职由傅斯年代理),以"委座嘱在左右相助,且有数事见命",特致函蔡先生辞去总干事一职,荐傅斯年(孟真)承其乏,"否则请公就其他各所长中择一兼任,或竟向外物色,总以及早解决为妙",蔡先生复信慰留。二月二十八日,在香港酒店主持中央研究院一九三八年第一次院务会议,到有总干事朱家骅及天文研究所所长余青松、气象研究所所长竺可桢(藕舫)、地质研究所所长李四光(仲揆)、心理研究所所长汪敬熙(缉斋)、社会科学研究所所长陶孟和(履恭)、动植物研究所所长王家楫(仲济)、历史语言研究所所长傅斯年、物理研究所所长丁燮林、化学研究所所长庄长恭(丕可)、工程研究所所长周仁十人。会议通过七项议案,正式决定天文、物理、化学、工程、历史语言五研究所迁往昆明,地质、心理、社会科学、动植物四研究所迁往桂林,气象研究所及总办事处迁往重庆。三月,致函朱家骅,云:"中研院全仗鼎力维持,务恳即到院视事。"总干事一向是院长的主要助手,当院长滞留国外之时,总干事的地位更形重要,由于朱家骅出任中国国民党中央党部秘书长,又兼代青年团书记长,不但无法"到院视事",而且向院长请辞。一向为朱家骅所最信任的傅斯年,因历史语言研究所迁滇,以不能兼顾为由,"偏于此时坚决地不肯继续代行",令全无心理准备的蔡先生病中感到十分困扰,为此事朝夕操心。九月九日,复予朱家骅一函,"请宽以一个月之期,弟何时筹得较妥之办法,即当奉闻"。十月七日,致函前教育部部长、现任国民参政会秘书长、中央研究院第一届聘任评议员王世杰,请"屈就总干事之职",王世杰以国民参政会秘书长职务繁剧,难以应命。二十一日,蔡先生致电王世杰,提出请王兼任。二十九日,接王复电,知前电"所提议之兼任,亦不可能,良为怅惘"。十一月初,致书中华教育文化基金董事会(简称"中基会")干事长任鸿隽,请出任巨艰。十日,蔡先生函知傅斯年,提到任鸿隽"虽答允,而有一条件,须于两个月后,始可决定",在"此两个月的犹豫期间",仍由朱家骅居总干事之名,而由傅斯年代行。至于任鸿隽,"俟渠于两个月内往桂林、昆明及重庆考察一次，始能决定。如无别种阻碍，则明年一月间必可到院办事"（蔡先生《致朱家骅函》）。十二月，任鸿隽继杨铨（杏佛）、丁文江（在君）、朱家骅之后，就任中央研究院第四任总干事。至此，困扰多时的总干事问题总算告一段落。

一九三八年七月，当总干事问题尚未解决之时，化学研究所所长庄长恭至港，坚决要求辞去所长职务，愿以研究员之身专心研究，蔡先生答以"容考虑再商"（见蔡先生《杂记》手稿。"中央研究院"总办事处秘书组编印之《中央研究院史初稿》以庄所长之任期至一九三八年四月止，疑误），其后由总干事兼任化学研究所所长。不料一波刚平，一波又起，一九三九年一月，地质研究所所长李四光来信说，"关于地理研究所之筹备工作实无暇兼顾"，遂改请气象研究所所长竺可桢兼理此事。

一九三九年三月一日，原应在去年四月召开的中央研究院第一届评议会第四次年会在昆明举行，院长兼评议会议长蔡元培"因体弱多病，不胜航空之劳"，不能由香港飞赴昆明主持会议（由聘任评议员王世杰任临时主席），特手撰开会词一篇，寄交大会，由评议会秘书翁文灏（咏霓）代为宣读。讲词最后提到："中央研究院自分别迁至重庆、桂林及昆明以后，一切工作继续进行，对于特殊工作，亦随时增进，各所长分别报告后，深望诸先生详加考察，有所指示。

至于全国各研究机关及其他实业机关,应如何联络进行,前三次会议中,均有各方面之设计,现在当有变通或补充之必要,亦望诸先生注意及之。"会议其中一项决议为成立第二届评议员选举筹备委员会,委员有朱家骅、王世杰、傅斯年、陶孟和、叶企孙、任鸿隽、翁文灏七人,由翁文灏任主任。一九四〇年一月十一日,蔡先生致函翁文灏,提到评议员的产生程序为:"筹委会拟出一候选人参考名单,由各所长开列,院长做最后决定。"但由于自己的健康关系,"不能即来重庆,与诸先生共同进行。若在此决定,或有怀疑之点,绝无可以请教之人,甚感困难。今谨以最后决定之权,奉托先生执行。先生如有疑问,征求其他六先生之意见较易也"〔 结果第一届评议会第五次年会于一九四〇年三月二十二日选出第二届聘任评议员姜立夫(蒋佐)、吴有训(正之)、李书华(润章)等三十人,时距蔡先生之逝十七日〕。同月,总干事任鸿隽来函,请为该院一九三七年度至一九三九年度总报告书写封面,写毕即寄重庆。正如蔡先生《致王世杰函》所说,"幸此地适处三方面(引案:指渝、桂、滇)交通中心,函商尚便",得以遥领院务,以迄去世。

"老骥伏枥,志在千里;烈士暮年,壮心不已。"曹操(孟德)《步出夏门行》的四句诗正好借来形容蔡先生滞港时的心情,尽管因健康关系未能前往大后方,尽管碍于环境在港过着半隐居的生活,与此同时,对于社会活动,并非完全停止。一九三八年一月二十三日，国际反侵略运动大会中国分会在汉口总商会大礼堂召开成立大会，宋庆龄、毛泽东（润之）、陈绍禹（王明）等被选为该会名誉主席团成员，周恩来（翔宇）、邓颖超（文淑）、潘梓年（任庵）等任理事会理事，并发表《告世界友人书》，又推定蔡元培、宋庆龄等为出席二月十二日在伦敦举行的国际和平运动大会特别会议代表。二月，接到国际反侵略运动大会中国分会来电，请"届时往伦敦出席"，因病未能前往。三月二十七日，中华全国文艺界抗敌协会（简称"文协"）假汉口总商会大礼堂举行成立大会，名誉主席团由蔡元培、周恩来、罗曼·罗兰（Romain Rolland）、史沫特莱（Agnes Smedley）等十三人组成。同月，应邀前往参观香港大学，并由港大中文系教授许地山（赞堃）陪同，访晤副校长史乐诗博士［Dr. D. J. Sloss，蔡先生《杂记》手稿译作斯洛司教授。是时港大校长由第二十任港督罗富国爵士（Sir Geoffry Northcote）兼任］。四月十一日，陕甘宁边区国防教育会第一次代表大会在延安召开，蔡元培、宋庆龄、毛泽东、陈立夫（祖燕）、陶行知（知行）等为名誉主席团，由沙可夫主持会议。二十三日，"吴玉章来"（《杂记》手稿），吴出席国际反侵略运动大会后经港返国。吴玉章（永珊）《纪念蔡孑民先生》记云："道经香港得以晤谈时，他犹欣欣然以国共能重新合作共赴国难，为国家民族

247

之大幸。"二十六日，出席中华教育文化基金董事会在香港举行的预备会议。二十七日上午，以董事长身份主持中华教育文化基金董事会第十四次年会，午间，招待与会者在九龙半岛酒店便餐。

五月，谭云山由印度到香港，带到印度诗哲、印度国际大学（Visva Bharati）创办人泰戈尔（Rabindranath Tagore）一函，敦请蔡元培为国际大学中国学院之护导（patron，国际大学创于一九二一年，中国学院设于一九三七年）。六月六日，中华全国美术界抗敌协会成立于武汉，任名誉理事（主席张善子）。十二日，中华全国木刻界抗敌协会成立于武汉，任名誉理事（赖少其等二十八人为理事）。七月一日，与萧瑜（子升）发起组织居友社，社友有宋子文、张人杰（静江）等人。居友（Jean Marie Guyau，一八五四年至一八八八年）①为法国近代著名伦理学家、美学家、文学家、教育家。蔡先生《居友社社友题名录小引》（据是月十一日《日记》，此小引系萧瑜代作，由蔡先生亲笔书写）云：

余夙有以美育代宗教之说，与居友所论，亦多暗合。近顷李[引案：李煜瀛（石曾）]、萧诸君先后归自欧洲，与余过从谈论，时及居友，均觉有介绍居友学说

---

① 今译作居约。——编者

于中国而发挥光大之必要；萧君及王君代之且于云南有居友学校之创立，行见提倡与研究之同志日益增多，此皆居友之友也。因组织居友社，并广征社友题记姓名，以为纪念居友与推广居学之一助云。

九日，以"衰病不能出席故宫博物院理事会"为由，呈请辞去理事长职务。二十日，致电巴黎中国大使馆（大使顾维钧）转李石曾，再由李转世界反侵略大会，反对日机滥炸中国不设防的城市，"务请议定有效办法，实行制止，妇孺老弱幸甚，人道主义幸甚"。八月，国际联盟（简称"国联"）即将开大会讨论制裁日本侵略中国，国际反侵略运动大会中国分会发起文化界联名致电"国联"呼吁，电请蔡先生领衔，当即复电同意。九月二十三日，与郭沫若（鼎堂）共同领衔代表中国文化界致电"国联"大会主席，请即对日本侵略者实施制裁，电文指出："暴日对华侵略，撕毁国联盟约，无异对全人类挑衅。……希即依盟约第十七条，对暴日实施最大限度之制裁。……当此侵略狂焰蔓延全国之际，我国决为民族独立与世界和平奋斗到底。"十月中旬，"李游子持沈雁冰函来访，以发起鲁迅逝世二周年纪念会缘起属签名，允之"（《杂记》手稿）。二十二日，香港文化界中国记者公会、大众文艺等团体在港岛铜锣湾加连路山道孔圣堂举行鲁迅逝世二周年纪念会，出席者有许地山、茅盾（沈雁冰）等人，蔡先生因病未有渡海参加。

一九三九年春，与徐谦（季龙）、冯自由（建华）、陈庸公（容光）等在港发起组织"诗学研究社"，编辑《中华民国诗三百首》，是书"原为抗战宣传而作"，"但既欲集民国纪元来全国名流之诗词，精加编选，以飨后学，并就正于海内贤达，则又未便限于抗战之作"，"不料编纂未竣，而蔡、徐二老，先后逝世"。《中华民国诗三百首》刊行于一九四一年八月，由国民政府主席林森（子超）题签，内收蔡先生诗六首［另附词《满江红》（反侵略歌）一首，即《国际反侵略运动大会中国分会会歌》］，部分为全集未载，亟录之于后：

西湖荷

潋滟湖光里，荷花别样红。
水波清似许，莲叶碧无穷。
伫看三潭月，行吟曲院风。
凭栏香冉冉，把棹乐融融。

西湖柳

青青湖上柳，袅袅舞纤腰。
堤畔闻莺啭，桥边看絮飘。
鹅黄方吐艳，鸭绿又添娇。
苏小门前往，依依几万条。

咏茉莉

为何冉冉坐旁香，缘有茉莉在我房。
气与芝兰同臭味，瑞同蓂荚卜嘉祥。
轻裁玉药送诗兴，笑插冰姿助夜凉。
雅韵孤标真可爱，昼眠清梦也芬芳。

岫　云

云在层岩上，浑无出岫心。
烟霞同啸傲，泉石卜知音。

岩　泉

泉在层岩下，源头活水清。
出山嫌世浊，抱璞守廉贞。

秋夜感怀

刚是炎炎天气候，霎时天末又凉风。
听来西陆蝉声唱，正与去秋一一同。

七月四日，国际反侵略运动大会中国分会来函，告以被推为该会第二届名誉主席。七日，菲律宾马尼拉《华侨商报》出版抗战建国纪念日特刊，刊出蔡先生题词："积两年之奋斗，祈最后之胜利。"（启功、牟小东编之《蔡元培先生手迹》注释四四作"一九四〇年元旦"，蔡建国《蔡元培画传》图二四三说明作"去世前不久，为抗战建国纪念日特刊题词"，不确。案：一九三八年七月四日，国民政府定七月七日为抗战建国纪念日。）三十日，许地山、冯裕芳、张一麐（仲仁）、马鉴（季明）、罗翼群（逸尘）等假港大冯平山图书馆成立香港新文字学会，推行以易写易学的拼音字取代方块字，以扫除文盲，开启民智，由张一麐任理事长。九月，香港新文字学会聘蔡先生为名誉理事长，同月为香港新文字学会题词："扫除文盲，愈速愈妙；其所用之工具，愈简愈妙；香港新文字学会利用之新文字，简矣。其有速效，盖可无疑。"十月，致函管理中英庚款董事会董事长朱家骅，询以中英庚款能否补助香港新文字学会。十二月七日，为国际反侵略运动大会中国分会作会歌，用《满江红》词调：

  公理昭彰，战胜强权在今日。概不问，领土大小，军容羸绌。文化同肩维护任，武装合组抵抗术，把野心军阀尽排除，齐努力。

  我中华，泱泱国。爱和平，御强敌。两年来，博得同情洋溢。独立宁辞经百战，众擎无愧参全责。与友邦共奏凯旋歌，显成绩。

爱国之情，情见乎词！同月，又发一信予朱家骅，为香港新文字学会请求管理中英庚款董事会给予补助。是年，应教育部部长陈立夫之聘，任国际论文竞赛国内征文评判委员会委员。一九四〇年二月五日，陕甘宁边区自然科学研究会成立于延安，推蔡元培等为大会名誉主席团，吴玉章当选为会长。二十日，延安各界宪政促进会举行成立大会，推蔡元培、宋庆龄、毛泽东等三十人为大会名誉主席团，吴玉章当选为会长。

蔡先生到老的求知欲是非一般人所能及的，尽管"岛居颇恨图书少"（《为夫人周养浩寿》），尽管"目力渐弱，然仍不废读"，于是王云五"乃择由上海携来木板大字本书借供消遣，蔡先生阅毕，辄交商务同人携回，另行易取他书。每书阅毕，有意见辄函告我"（《蔡孑民先生与我》）。根据现存的资料，他起码阅读过《湘绮楼日记》第十八至三十二册、《演繁露》、《武装欧洲》、《比较文学史》、《石鼓文研究》（以上一九三八年）、《心理学》、《希腊罗马古代社会研究》、《西行漫记》（以上一九三九年）、《游志汇编》二十册（一九四〇年）等书。所写的诗文，数量甚多，如：《萧瑜〈居友学说评论〉序》、《和周泽青〈戊寅岁朝〉韵》、《跋任鸿隽〈古青诗存〉》、《〈鲁迅全集〉序》、《题刘海粟所临〈黄石斋松石图卷〉》、《自传之一章》（蔡元培口述，萧瑜笔录）、《〈世界教联半月刊〉发刊词》、《题重印南宋本孝肃包公奏议集》、《咏红叶》四绝、《题唐拓九成宫醴泉铭》、《北京大学四十周年纪念题词》、《征订〈鲁迅全集〉精装纪念本启》、《赠王景岐诗》、《余莲青先生家传》（余文明，号莲青，次子天民；以上一九三八年）、《和张一麐》二绝、《华盛顿与中国教育界之关系》、《挽钱玄同》一律、《贺马相伯百龄大庆》一律、《儿童节歌》、《为夫人周养浩寿》一律、《李宗侗（玄伯）〈中国古代社会新研究（初稿）〉序》、《哀长女威廉文》、《为苏联十月革命二十二周年特刊题词》、《为香港新文字学会题词》、《为黄公度诗集题词》、《国际反侵略运动大会中国分会会歌》、《题鲍少游〈长恨歌诗意图〉》一绝（以上一九三九年）、《题张一麐〈八一三纪事诗〉第二册》一绝、《题〈广东文物展览会特刊〉》一律、《〈北大旅港同学通讯录〉序》、《自写年谱》（始撰于一九三六年二月十四日，止于一九四〇年二月底，未完）等（以上一九四〇年）。

一九四〇年一月二十五日（农历十二月十七），蔡先生在家中度过最后一个生日，张一麐亲自前往祝贺。二月上旬，以年近岁晚，入不敷支，向王云五求助。十一日（农历正月初四），蔡先生夫妇偕子女过海访晤王云五，作半日之欢聚，偶见王氏次女鹤仪（本名学医，时年二十一）习书画，勉励有加。王云五宴请蔡先生一家人于港岛香港仔庐山酒家，两人并在露台拍照留念，午饭后驱车游览浅水湾等处。三月二日，蔡先生书一立轴赠王鹤仪："梅子生仁燕护雏，绕檐新叶绿扶疏。朝来酒兴不可奈，买到钓船双鳜鱼。"（孙常炜《蔡元培先生年谱传记》误第三句末字"奈"为"禁"）是为最后墨宝！三日清晨，起床小解，回房时失足跌倒，突然吐血多口，不省人事。家人大惊失色，急急召医诊治，适值是日星期休假，故所延商务印书馆特约西医朱惠康至午始到。王云五闻讯赶往蔡宅，并加延玛丽医院内科主任凌医生会诊。四日上午，遵从主诊医生朱惠康劝告，由救护车送往港岛跑马地养和医院（院长李树芬）治疗，"盖其时蔡先生已患胃出血，疑系胃溃疡，必须入院留治也"（《蔡孑民先生与我》），途中由夫人周峻、朱医生侍伴，由王云五代为办理入院手续。入院后经医生详为诊察，脉搏正常，未续吐血，似无大碍，于是为之注射止血剂及葡萄糖针。医生说如无恶化，或可出险，不料午后二时，病势转危，肛门排血甚多，精神不甚清醒，立即先后延请李祖祐、李树芬及外籍西医惠金生、郭克四医生会同朱惠康诊治。众医生主张施行输血手续营救，但蔡夫人以先生年事已高，恐怕输血反应甚大，不能抵抗，非至万不得已时不愿施行，到决定急为输血，已近午夜，是时蔡先生已昏迷不省人事。五日晨，尚无转机，延至上午九时四十五分与世长辞，享年七十三岁（一八六八年至一九四〇年）。下午，门生故旧罗明佑、许地山、王云五等假养和医院附近的山光道山光酒店召开蔡公临时治丧委员会会议，议决设治丧通讯处于皇后道中商务印书馆，由王云五处理丧事，是日"独侍病榻之唯一友人"（王云五《商务印书馆与新教育年谱》语）王云五敬跋蔡先生最后遗墨云：

蔡先生自数年前大病后，依医者之劝，谢绝酬应文字，期稍节劳。今岁二月十一日，偕蔡夫人及小世兄枉顾敝庐，作半日之欢叙，偶见小女鹤仪习书画，勉励有加。三月二日，即蔡先生生病前之一日，忽自动书一立轴拟畀小女，此不仅为蔡先生近年罕有之举，且系绝笔。今日蔡先生逝世后，余与内子伴蔡夫人自医院返九龙，蔡夫人忆及此事，即依蔡先生原意，检出见赠，最后手迹，弥觉可珍，谨述经过如上。

七日下午三时，在港岛跑马地摩理臣山道福禄寿殡仪馆入殓，遗体穿蓝袍黑褂礼服，头戴呢帽，灵柩上覆国旗、党旗，由军事委员会委员长、中国国民党总裁蒋中正（介石）代表吴铁城（子增），临时治丧委员会代表俞鸿钧主祭。十日下午，灵柩举殡，由北大校友胡春冰、罗明佑、曾如柏、余天民等十四人组成的护灵队扶柩登车，蔡先生次子无忌（煦，长子根八岁而殇）恭捧灵位随后（三子柏龄旅法，未及赶返奔丧）。执绋者五千人，参加公祭者数逾万人，各学校、商号均降半旗志哀，灵柩暂厝于港岛大口环东华义庄月字七号，俟抗战胜利后运回浙江绍兴（蔡先生绍兴府山阴县人，民国废府，合山阴、会稽为绍兴县）原籍安葬。灵柩停放妥当后，即设奠致祭，先由家属行礼，随即举行公祭，由吴铁城代表国民政府主祭，港督罗富国爵士请行政局华人非官守议员罗旭龢代表到场致祭，备极哀荣。中央研究院同人敬挽以联云："道德救国，学术救国；中心藏之，何日忘之。"十六日，获国民政府（主席林森）明令褒扬，令云：

> 国民政府委员蔡元培，道德文章，夙负时望。早岁志存匡复，远历重瀛，研贯中西学术。回国后，锐意以作育人才、促进民治为己任。先后任教育总长、北京大学校长及大学院院长，推行主义，启导新规，士气昌明，万流景仰。近长中央研究院，提倡文化事业，绩效弥彰。方期辅翊中枢，栽成后进，高年硕学，永为党国仪型。乃以旧疾未痊，滞居岭表。遽闻溘逝，震悼良深。着给治丧费伍千元，派许委员崇智前往致祭。生平事迹，存备宣付史馆，用示崇重勋耆之至意。此令。

又通令全国于二十四日同时举行追悼会（缘是日之韵目代日为"敬"字，选此以示崇敬民国元老之意）。四月，香港文教界筹建元培图书馆，以为纪念。九月，复筹设蔡孑民纪念基金。同年，以远东战云密布，归葬之期尚远，入土为安，遂卜葬于香港仔华人永远坟场，墓碑题"蔡孑民先生之墓"，为京师大学堂（北京大学前身）校友叶恭绰（玉甫）所书。一九四一年十二月，太平洋战事起，香港沦于日军之手,港人开始三年零八个月的悲惨生活,元培图书馆、蔡子民纪念基金无法实现。翌年,蔡夫人周峻携同二子一女逃离香港。

一九四五年八月,抗战胜利。一九四七年五月十日,国民政府(主席蒋中正)颁令筹办国葬蔡元培,令云:"国民政府故委员蔡元培,兴邦耆宿,群士导师。生平致力教育文化事业,于国家贡献伟大,贻泽至深。追念仪型,允宜特予国葬,以昭崇报。着内政部依法筹办,定期举行。此令。"是时内政部部长为张厉生(少武),唯迄未实行。一九七八年,北大校友发起重建蔡校长墓碑,新碑较旧碑大五倍,阔十尺,高五尺六寸,厚六寸,由港台两地北大校友捐建,立碑日期为三月五日,是日为蔡先生逝世三十八周年纪念日。新碑上刻有"蔡子民先生墓表",其词曰:

先生讳元培,字鹤卿,号子民,浙江山阴人。清同治六年十二月十七日生。其尊甫峄山(引案:据蔡先生《自写年谱》:"父亲讳宝煜,字耀山。"作峄山,不确)先生从商,以长厚见称;母周太夫人,恒教以立身处世之道。先生早掇巍科,入词林,自甲午中日战役败衄,我国朝野人士竞言新学,始涉猎西籍,讲求新知。及戊戌政变后,朝局益坏,先生敝屣尊荣,毅然出都,思以教育救国,初任绍兴中西学堂校长,继任南洋公学特别班教习，并创设中国教育会及爱国学社，旋以在沪秘密从事革命活动，为清吏侦悉，乃避地青岛，习德文，为异日留学准备。乙巳，加入同盟会。丁未，赴德，初居柏林，继入来比锡大学习哲学，尤重美学，期以美育陶冶人性，以代宗教，如是凡三年，译著专书多种。辛亥，革命军起义武昌，东南各省底定，"国父"孙中山先生就任临时大总统，任命先生为教育总长，厘定教育方针、学校系统与课程纲领，为全国教育奠一新基，后以袁世凯专政，乃愤而辞职，于民国元年秋携眷再度赴德。二年，以宋教仁案发生，得沪电促归，共谋讨袁。二次革命失败，去国赴法，旅居数年，与李石曾、吴稚晖先生等创立留法勤工俭学会，并组织华法教育会，以谋两国文化合作。五年，回国任北京大学校长，革新校政，祛除旧习，倡学术自由，由是旧学新知，兼容并包，俱臻蓬勃，而全国学术风气亦为之丕变矣！八年，五四爱国运动发生，北京学生游行示威，反对《巴黎和约》，且痛惩卖国佥壬，致多人被捕下狱，先生营救保释，并发表声明，随即离京。既而全国重要省市罢市、罢学、罢工，为北京学生运动声援。政府终拒签和约，并罢免曹、陆、章三人，先生亦经挽留复任，于十三年（引案：应作十二年，十二年七月先生携眷出国，至十五年始离欧返沪）仍以不与北洋军阀合作引退。迨十五年国民革命军北伐胜利，定都南京，先生先后受命任大学院院长、中央研究院院长及监察院院长等职，嗣专任中央研究院院长，创设专门研究机构，罗致专家学者，致力发展学术。抗日军兴，国府西迁，先生在港就医，不幸于二十九年三月五日逝世，年七十有四。噩音传至陪都重庆，朝野震惊，政府明令褒扬，唯以对日战事方酣，时艰道阻，未能迎葬国内，遂由先生家属与友生卜葬于香港仔华人永远坟场。先生元配王夫人、继配黄夫人先卒，周夫人近年亦逝；子四人：无忌、柏龄、怀新、英多，女二人：威廉、晬盎，散居各地。旅港北京大学同学会同人，每于春秋二季上冢，以表孺慕，因墓地年久失葺，乃倡议重修，并立石表于阡。昔曾子称仲尼曰："江汉以濯之，秋阳以暴之，皓皓乎不可尚已！"当今之世，唯先生足以当之。先生门人故北京大学校长蒋梦麟先生曾以词诔先生曰："当中西文化交接之际，先生应运而生，集两大文化于一身，其量足以容之，其德足以化之，其学足以当之，其才足以择之。呜呼！此先生所以成一代大师欤！"斯诔也，最足以状先生生平，并志于兹，以念来者。

一九七八年三月五日
香港台湾北京大学同学会敬立

墓表引蒋梦麟（孟鄰）之文，见《蔡先生不朽》（原载一九四〇年三月二十四日重庆《扫荡报》，后收入一九六七年九月传记文学出版社印行的《新潮》，列为"传记文学丛书"之十三。引文第二句于"先生"之前略去"而"字，末句"先生"之后略去一"之"字）。墓表之右，刻有原叶恭绰所书的"蔡孑民先生之墓"七个字，墓表用楷书书写，刻于藏青色云石之上，共分作三十六行，每行二十八字，标点乃笔者所加，又原文"国父""先生"之上俱空一格，以示崇敬。重修竣工之日，香港北京大学同学会同人齐集坟前，举行公祭，由年逾八旬、前北大史学教授李璜（幼椿）主祭，香港北京大学同学会主席林伯雅恭读墓表，八六老人黄麟书（橪园）报告修墓经过。

"青山有幸埋忠骨"，蔡元培先生可以说是迄今为止瘗骨于香港的民国史、国史上的最重要人物！

［原载《传记文学》第五十七卷第三期（一九九〇年九月号）］

国子学中名祭酒

蔡先生任北大校长对近代中国发生的巨大影响

陶希圣

蔡先生来校以前的预科

我在民国四年（一九一五）考上北京大学预科。那时北大预科的学长是徐崇清先生，他办理预科一切从严，学风很好。预科三年，分文科和实科。实科需修英文和德文；文科则是英文、法文，也有日文。一般说起来，外国语以及科学水准都相当高。预科设在译学馆，有一个独立的局面；而预科的学生甚至对本科的学生看不起。当时有这么一种情形。

改制后的法律系

民国六年（一九一七）蔡先生来了之后，他就把制度改了。他认为北京大学应该注重理论的科学，设文、理、法三科（学院）就好了，把北大的工科移交北洋大学，而把北洋大学的法科挪到北京大学。中国大学的法科也归并起来。这是民国七年（一九一八）的事。我那时由预科升法科法律系一年级，经过这一归并，我这一班就成了很大的一班，有一百多人，包括三个学校法律系学生，即北大预科升入本科的，以及北洋大学和中国大学法科一年级的学生。这三校校风不同，学生的态度也就不一样，下课休息时一眼就看得出来。北大预科升上来的，大家同学多年，都很熟了，下课时大家在一起有说有笑；北洋大学的学生读书用功，下课十分钟他们仍然留在课堂上；中国大学的学生则吊儿郎当，自成一格。这一个课堂三种作风留给我的印象，到今天还是很深。

法科原来三年，这时改为四年。预科则改为二年。预科一改为二年，它的独立性就取消了，附到本科里面来。这是北大学制的一次大改革。

教授阵容也有改变

就法律系来说，教我们书的原来都是留日的学生，现任大理院庭长、推事，总检察厅的检察官以及高等法院的庭长、推事等来教我们的课。最出名的就是清朝末年起草中国的刑法、民法的日本学者的助手和译人，例如冈田朝太郎起草刑法，由张孝栘先生翻译；民法是松冈义正起草的，由一位屠先生翻译；张、屠诸位教我们的刑法与民法。商法由周先生教，发讲义，他用的底本是松本蒸治的商法，诸如此类。蔡校长来了之后，有一批留欧的学者来了，王雪艇先生就是一个，他在法科教我们"比较宪法"。那时教我们的都是留日的或是用日本的课本来教，对于留欧回来的人觉得他们的方法不一样，有点怪怪的。我在法律系四年级的时候，到图书馆去看书，见雪艇先生也坐在那里看书，却从来不招呼，不交谈。当时的一般同学不大跟师长接触，就是在五四运动的时候，参加运动乃至被推任学生联合会职务的同学们也不到校长那里去。

后来北京大学收女生，不过我们法律系没有女生，整个法学院只有一个女生，不知是在政治系还是经济系。

两院一堂是八大胡同重要的顾客

那时北京的生活很便宜，一个北大学生一年的生活开支包括学杂费在内，平均有一百八十块钱就足够了，节省一点的有一百二十块钱也可以过了。但当时北大学生之中，有继承清末以来的流风余韵。在清末的时候，京师大学堂的学生有些贵族达官的子弟，到了民国初年，贵族子弟仍然不少，文科那边有一个学生坐自用人力车（洋车）来上课，他的洋车有六个电灯，两个铃，一路铛铛铛的响着来，而他的头发更是梳得油光发亮。在民国初年，两院一堂是八大胡同受欢迎的重要的顾客。两院是国会的参众两院，一堂就是北京大学——京师大学堂。学生之中这种贵族子弟还是不少。北京是都门，政治社会风气仍有清朝末年留下来的。在那种氛围之下，蔡校长来了之后，他把学风改变下来，所发生的影响和意义何等的重大。

进德会的"八戒"

学风的改变第一是学术自由，这有很大的影响，因为学术自由，各种学说都可以讲，学生的眼界宽，胸襟也开了，不是从前那种样子。第二是进德会。进德会有三种等第。甲种会员：不嫖、不赌、不娶妾；乙种会员：于前三戒外，加不作官吏、不作议员二戒；丙种会员：于前五戒外，加不吸烟、不喝酒、不食肉三戒。所谓不作官吏、不作议员二戒是针对当时的政客，针对民六、民八的国会。民六、民八的北京政风实在不成样子，而不嫖、不娶妾是针对此而发。学风在这种潜移默化之下无形的改变，主要的还是学生眼界宽、胸襟大，从古老的传统里解脱出来，增广见闻，这是很重要的一件事。

收女生是打破传统的大事

北大收女生，在当时北京的社会里头是一件打破传统的大事。当时北京的社会风气是很保守的，如前门外的广和楼，富连成社在那里演戏，不卖堂客票，女人不能进去看戏。东安市场的吉祥茶园，有一个门写着"堂客由此进"，女人要进去必须走那个门，男人则由另一门，男女之分，其严如此。在这种风气下，而一间国立大学竟然招收女生，这是一件很特别的大事。不过北京大学的学风，男生跟男生也没有什么社交，女生来了之后，跟男生也没有什么来往，即使是同班有女生，男生也不跟她们有什么来往，北大的风气一直如此。

蔡先生任北大校长对近代中国发生巨大影响

"不作官"的戒条有很大影响。蔡先生来了之后,所谓"不作官",把作学问的学术和从政的作官分开,而所谓作官,就是当时北京的政客和官僚的那种官。当时北大学生与政客和军阀,在蔡先生的教导下分家了。也可以说北京大学这一风气的改变,把当时北洋军阀和政客的社会基础给打坏了。这是很重要的一件事。蔡先生虽然做校长的时间并不长,却对近代中国发生巨大的影响。

［原载《传记文学》第三十一卷第二期(一九七七年八月号)］

蔡元培先生与北京大学
——谨以此文纪念先师蔡孑民先生百年诞辰

罗家伦

我以为一个大学的精神,最好让后代的教育文化史家来写。但是有人以为当时的人尚且不留纪录,那后代的史家更缺少相当的凭借。又有人说当时人的观察虽不能和"明镜台"那般的晶莹,然当时人的心灵,也不见得就如顽石般的毫无认识和反想。我是劝人注重近代史的人,对于这番话自然无法来否认,也无须来争辩。我是治历史的人,愿意忠实地写我对于北大精神的认识和反想。我不愿意夸张,也无所用其回护,然而这些认识和反想,终究是从我的观察体会中得来。强人相同,则吾岂敢!

一个大学的精神,可以说是他的学风,也可以说是他在特殊的表现中所凝成的风格。这种风格的凝成不是突如其来的,更不是凭空想像的。他造就的因素,第一是他本身历史的演进，第二是他教职员学生组合的成分，第三是他教育理想的建立和实施。这三项各有不同，但互为因果，以致不能严格划分。即以北京大学的精神而论，又安能独为例外。

北京大学的历史，我不必细说，因为毛子水先生在《国立北京大学的创办和历年的经过》（见《国立北京大学成立六十周年纪念特刊》）一篇里，已经考据精详。我们不愿意攀附以前历代首都的太学、国学；但是在首都要建立一座类似近代的大学，则自以光绪二十四年（西元一八九八年）创立京师大学堂的诏书开始。而其内部的建置，主体是仕学院，收翰林院编修、检讨、六部中进士举人出身的员司和都察院的御史等做学生，并把官书局和译书局并入。这是最初时期的第一阶段。中经庚子拳乱而停顿，到西元一九〇一年才恢复。嗣后把同文馆并入，以严复为译书局总办。次年取消仕学院而分设仕学馆和师范馆，并设英、法、俄、德、日五国语文专科，此系译学馆的前身。这是最初时期的第二阶段。一九〇二年七月张之洞等会奏重订学堂章程以后，大学中分为八科，上设通儒院（即现在大学研究院），下设预科，附设进士馆、译学馆和医学实业馆。毕业后，分授科举时代进士的头衔，并将成绩优异的进而授予翰林院编修、检讨等官职。这是最初时期的第三阶段。综观这最初时期的三个段落，我们可以看出京师大学堂的几种特点：

第一，承受当时维新图强的潮流，想要把中西学术熔合在一炉；吴汝纶、严复诸先生同在一校担任重要教职，就是象征。但是旧学的势力当然比新的深厚。

第二，是要把"仕而优则学，学而优则仕"的观念，在此实行。当时学生半途出家的情形，演出了许多有趣的故事。如上课时，学生的听差，进房屈一膝打扦，口称"请大人上课"。除译学馆学生较洋化而外，仕学馆和以后的进士馆则官气弥漫。

第三，因为学生的学识和资历均高，所以养成了师弟之间，互相讨论、坐而论道的风气。这点对后来却留下了很好的影响。就在这里，让我写一段学术界的逸事。在清季象山陈汉章（字伯弢）先生是名举人，以博学闻于当世。于是京师大学堂请他来当教习。他到校后见一时人才之盛，又因为京师大学堂毕业以后可以得翰林（当时科举已废），于是他决定不就教习而做学生，在马神庙四公主府梳妆楼上的大学藏书楼里，苦苦用功六年，等到临毕业可以得翰林的一年，忽然革命了。他的翰林没有得到，可是他的学问大进，成为朴学的权威。

民国元年（一九一二），蔡元培先生任教育总长，特别选学通中西的严复先生为大学堂总监督，不久改为国立北京大学，仍以严先生继续担任。这正是着重在融会中国文化与西洋学术的传统精神。

民国五年（一九一六）底，蔡元培先生自己被任为北京大学校长。蔡先生本来在清季就不顾他翰林院编修清高的地位和很好的出路，而从事革命，加入同盟会。当时党内同志有两种意见，一种赞成他北上就职，一种不赞成。"国父"孙中山先生认为北方当有革命思想的传播，像蔡元培先生这样的老同志应当去那历代帝王和官僚气氛笼罩下的北京，主持全国性的教育，所以主张他去。蔡先生自己又不承认做大学校长是做官，于是决定前往。他在北京大学就职的一天发表演说，主张学生进大学不当"仍抱科举时代思想，以大学为取得官吏资格之机关"。大学学生应当有新的"世界观与人生观"，"当以研究学术为天资，不当以大学为升官发财之阶梯"。他又主张"发扬学生自动之精神，而引起其服务社会之习惯"。他又本其在教育总长时代的主张，认为任何挽救时弊的教育，"不可不以公民道德教育为中坚"。这种精辟、勇敢、诚挚而富于感动性的呼声，震开了当年北京八表同昏的乌烟瘴气，不但给北京大学一个灵魂，而且给全国青年一个新启示。

蔡先生对于北京大学及当时学术界的影响如此其深，所以我们不能不把他的思想和态度，重新平情和客观地认识一下。

第一，他是一位中国学问很深、民族意识极强、于中年以后再到欧洲留学多年的人,所以他对于中西文化,取融会贯通的态度。他提倡新的科学研究,但当时他为北京大学集合的国学大师,实极一时之盛。他对于双方文化的内涵,是主张首先经过选择而后加以保留或吸收。

第二,他研究哲学而又受希腊美术精神的影响很深,所以主张发展人生的修养,尤其当以美育来涵养性灵;以优美代替粗俗,化残暴而为慈祥。

第三,他在法国的时候,受到两种思想的感应:一种是启明时代一般思想家对文艺和科学的态度,以后他并赞成孔德(A. Comte)的实证主义;一种是法国大革命时代"自由、平等、博爱"的号召,所以他主张民主。

第四,他对于大学的观念,深深无疑义的是受了十九世纪初建立柏林大学的冯波德(Wilhelm Von Humboldt)[①]和柏林大学那时代若干大学者的影响(英国著名史学家谷趣G. P. Gooch称,当时柏林大学的建立是十九世纪一件大事)。蔡先生和他们一样主张学术研究自由,可是并不主张假借学术的名义,作任何违背真理的宣传;不但不主张,而且反对。有如马克思的思想,他以为在大学里是可以研究的;可是研究的目的决不是为共产党作宣传,而是为学生解惑去蛊,因为有好奇心而无辨别力,是青年被诱惑的根源。不过

[①] 即威廉·冯·洪堡。——编者

在"五四"时代,北京大学并未开过马克思主义研究的课程。经学教授中有新帝制派的刘师培先生,为一代大师,而刘教的是"三礼"、《尚书》和训诂,绝未讲过一句帝制。英文教授中有名震海外的辜鸿铭先生,是老复辟派,他教的是英诗(他把英诗分为"外国大雅""外国小雅""外国国风""洋离骚"等类,我在教室里想笑而不敢笑,却是十分欣赏),也从来不曾讲过一声复辟。

第五,他认为大学的学术基础,应当建立在文哲和纯粹的自然科学上面。在学术史上,许多学术思想的大运动、大贡献,常是发源于文理学院研究的对象和结果里。所以大学从学术贡献的基础来看,应以文理学院为重心。其他学院可在大学设置,但不设文理两院者,不得称大学。这个见解里面,确是含有了解学术思想全景及其进化的眼光。

第六,他是主张学术界的互助与合作,而极端反对妒忌和排挤的。他提倡克鲁波特金(Kropotkin)的互助论。他认为学术的研究,要有集体的合作;就是校与校之间,也应当有互助与合作。一个学校不必包揽一切。所以他曾经把北京大学的工学院,送给北洋大学。

第七,根据同样的理由,他极力反对学校内或校际间有派系。他认为只能有学说的宗师,不能有门户的领袖。他认为"泱泱大风""休休有容",为民族发扬学术文化的光辉,才是大学应有的风度。

第八，他幼年服膺明季刘宗周先生的学说，对于宋明理学的修养很深，所以他律己严而待人宽。他有内心的刚强，同时有温良恭俭让的美德，所以他能实行"身教"。不但许多学生，而且有许多教授，对他"中心悦而诚服"。

在他主持北大的时候，发生了三个比较大的运动。

第一是国语文学运动，也常被称为白话文运动或新文学运动。这是一种有意识的文学解放运动，以现代人的语言文字，表现现代人的思想感情，不必披枷戴锁，转弯抹角，还要穿前人制就的小脚鞋子才能走过狭长的过道。并且就可把这种"国语的文学"来形成"文学的国语"，使全民的思想意识都能自由的交流，而巩固中华民族的团结。英德义各国能形成为现代的国家，他们都经过这种文学革命的过程。这种运动当年受过许多猛烈的攻击，到现在也还不免，但其成效俱在，不必费辞。就是当今重要的文告都用国语，已足证明。至于多年来节省亿万小学生、中学生和一般青年的脑力和心血，使他们用在科学和有益的学问知识上，实在是全民族一种最大的收获。到现在新文学中还不曾有，或是有而不曾见到伟大的作品，是件遗憾。同时我们也得知道，从马丁·路德于一五二一年在华特堡（Wartburg）开始用德国民间的白话翻成《新约全书》以后，一直等到十八世纪中叶，才有哥德和席勒两大文学家出现，产生出最成熟的现代德国文学。我们正热烈的欢迎和等待中国新文学里的"哥德"和

"席勒"出现。至于当年北京大学的工作，只是"但开风气不为师"而已。

  第二是新文化运动。他只是从新文学运动范围的扩大而产生的。当时，不想到现在，还不免有人对他谈虎色变，其实他一点也不可怕。简单扼要的说，他只是主张"以科学的方法来整理国故"，也就是以科学的方法，来整理中国固有的文化，分门别类的按照现代生存的需要，来重新估定其价值。无论什么民族文化都是为保持他民族的生存，他自身也附丽在这民族的生存上。"处今之世而无变古之俗，殆矣！"若是国粹，自然应当保留；若是国糟，自然应当扬弃。文化是交流的，必须有外来的刺戟，才能有新的反应；必须吸收外来的成份，才能孳乳、增长和新生。我国在汉唐时代，不知道吸收了多少外来的文化，到今天吸收西洋文化是当然的事，是不可避免的事。科学方法最忌笼统，所以"全盘中化""全盘西化"这种名词，最为不通。我不曾听到当年发动新文化运动的人说过，尤其不曾听到蔡先生和胡适之先生说过。就以"五四"以前傅斯年先生和我编辑的《新潮》月刊来说。"新潮"的英文译名，印在封面上的是"The Renaissance"，乃是西洋历史上"文艺复兴"这个名词。当然这新文化运动的工作，至今还未完成。以前他曾收到许多澄清的效果，也产生了很多学术上有价值的著作。当年大陆上北平图书馆收集这种刊物，质量均颇有可观。近二十五年来中国学者在外国科学定期刊物上发表的贡献,为数不少,而且有些是相当重要的,断不容轻视和抹煞。只是新文化建设性的成绩,仍然还不足以适应国家当前的需要,这是大家应当反省和努力的。至于北京大学的任务,也还只适用于上节所引的龚定庵那一句诗。

第三是五四运动。五四运动也很简单,他是为山东问题,中国在巴黎和会里失败了。国际间没有正义,北京军阀官僚的政府又亲日恐日,辱国丧权,于是广大的热血青年,发生这爱国运动。这运动最初的起源是在北京大学,但是一转瞬就普及到全北京大中学生,弥漫到全国。不久全国工商界也就很快的加入,这是中国第一次广大的青年运动,也是全国性的民众运动。所以这运动不是北京大学可得而私,更不是少数身预其事的人所敢得而私。就北京大学而论,学生从军阀的高压和官僚的引诱中,不顾艰险,奔向一条救国的道路,实在是蔡先生转移学风的结果。蔡先生一面在校提倡大学生的气节,一面于第一次大战停后在中央公园接连三天的讲演大会,以国际间的公理正义来号召。嗣后不过数月,巴黎和会竟有违背公理正义的决定(因为英国与日本在战争后期,成立密约,把德国在山东权利让与日本,以交换他种权利。美国当时不是不知道,乃是有意缄默和优容,等到在和会中威尔逊总统竟公开的让步,牺牲其十四条中有关山东一条的主张。此事与雅尔达会议中同盟国和苏联订定违害我东北主权密约的经过，有若干相似之处）。当时北京军阀官僚误国卖国的逆迹，又复昭彰，于是五四运动遂在这适当时机而爆发。还有一点，就是中国历史上汉朝和宋朝太学生抗议朝政的举动，也给大家不少的暗示。"五四"那天发表的宣言，也是那天唯一的印刷品，原文如下：

现在日本在国际和会，要求并吞青岛，管理山东一切权利，就要成功了。他们的外交，大胜利了，我们的外交，大失败了。山东大势一去，就是破坏中国的领土。中国的领土破坏，中国就要亡了。所以我们学界，今天排队到各公使馆去，要求各国出来维持公理。务望全国农工商各界，一律起来，设法开国民大会，外争主权，内除国贼。中国存亡，在此一举。今与全国同胞立下两个信条：

（一）中国的土地，可以征服，而不可以断送。

（二）中国的人民，可以杀戮，而不可以低头。

国亡了，同胞起来呀！

这宣言明白标出"外争主权，内除国贼"八个字的口号。这是最显著的爱国目标。……"五四"是青年在北方军阀的根据地站起来对抗反动势力的第一次。受到"五四"的激发以后，青年们纷纷南下，到广东去参加国民革命的工作，有如风起云涌。蔡先生常说"官可以不做，国不可以不救"。到"五四"以后学生运动发现流弊的时候，他又发表"读书不忘救国，救国不忘读书"的名言。

但是，北京大学始终认为学术文化的贡献是大学应当着重的任务。因为时代的剧变，更觉得灌溉新知，融会中西文化工作的迫切。以前外国人到中国来教书的，大都以此为传教等项工作的副业，所以很是平庸，而无第一流的学者肯来讲学。就在"五四"这时候，北京大学请大哲学家杜威（John Dewey）来讲学一年有余，实开西洋第一流学者来华讲学的风气。以后如罗素（Bertrand Russell）、杜里舒（Hans Driesch）、泰戈尔（R. Tagore）均源源而来。地质学家葛利普（Grabau）长期留在中国，尤其能领导中国地质学界不断作有价值的科学贡献。

当然一个大学的学风，是各种因素构成的。如师生间问难质疑，坐而论道的学风，一部份是京师大学堂的遗留，但到民国七、八年间（一九一八至一九一九）而更甚。我尤其身受这种好处。即教授之中，如胡适之先生就屡次在公开演讲中，盛称他初到北大教书时受到和傅斯年、毛子水诸位先生（当时的学生）相互讨论之益。以后集体合作从事学术研究的风气，一部份也是从这样演变而来的。除了国语文学运动是胡先生开始提倡，和他对于新文化运动有特殊贡献，为大家所知道的而外；他对于提倡用科学的方法和精神，并且开始实地的用近代科学方法来治国学，其结果的重大，远超过大家听说的考据学的范围。

从民国十八年（一九二九）蒋梦麟先生继长北大以后，北京大学更有意识地向着近代式的大学方面走。那时候文史和自然科学的研究工作，沉着地加强。大学实在安定进步之中。到二十三四年（一九三四、一九三五）以后，日本帝国主义者和亲日派（以后许多在七七事变前后公开成为汉奸的）狼狈为奸，横行无忌。北平空气，混沌异常，反日的人们常感觉到生命的威胁。那时候北京大学的教授，尤其是胡适之先生和傅斯年先生坚决反对"华北特殊化"，面斥亲日份子，并联合其他大专学校的教授，公开宣称要形成文化战线坚守北平的文化阵地，决不撤退。在日本决定大规模作战以前，北平的教育界俨然是华北局势的安定力量。这仍然是表现着爱国运动的传统精神。

等到抗战胜利以后，胡适之先生被任为校长，而先以傅斯年先生代理。傅先生除了他个人的学术造诣而外，还有两件特长。第一是他懂得集体学术研究工作的重要，而且有组织能力来实现这种工作，如中央研究院的历史语言研究所的坚实的学术成就，就是一个显著的例子。第二是他懂得现代的大学是什么，而且应该怎么办。他把北京大学遗留下来的十九世纪初叶德国大学式的观念，扩大而为二十世纪中叶欧美大学式的观念。他又大气磅礴，能笼罩一切。于是把北京大学，扩大到文、理、法、工、农、医六学院，计三十二系，为北方最大规模的大学。

……………

［原载《传记文学》第十卷第一期（一九六七年一月号）］

蔡校长对北大的改革与影响

陈顾远

我是在民国五年（一九一六）暑假考上北大的，那时的校长是工科学长胡仁源代理；在民国十年（一九二一）我毕业的时候，校长一职则是蒋梦麟先生代理。在这期间蔡先生曾一度辞职。即是在"五四"时候，他留了一个条子曰："'杀君马者道旁儿'；'民亦劳止，汔可小休'，我欲小休矣。"当时我正在学校，亲见其事。现在我跟蔡先生的个人关系先不谈，先说说蔡先生在教育方面的思想和贡献。

有教无类创校役夜班

第一，他是有教无类，以求普及。亦即是知识的民主化、大众化，而不是少数人的专利品。而且他的教，并不是完全为实用而学，而是读书明理，以求大用，而不是小用。他这两种看法，我可举两个事实来说明。

他到北大之后，就实行他有教无类的政策，创办"校役夜班"，让工友上课进修，同学凡愿意教课的，可自动参加。头一次开会成立的时候，由蔡先生亲自主持并致辞。我记得我认识罗志希，就在这次会上，罗志希讲了几句话，说高深的知识需要用浅显的办法表达出来，他举吴稚晖先生的"上下古今谈"为例。我并在会中认识张国焘。我也在校役夜班中任课，我教的是植物学，因我在中学时写过"植物学表解"，用很浅显的方法解说植物学的奥秘，让很多人都能明白。这个校役夜班办了两年多。其后他又创办平民夜校，校长是四川人，我在抗战期间还见过他。

要求废除考试的"自绝生"

那时北大已有一部分学生开始在闹事，这些人许多后来是左派的份子。他们要求废除考试，闹得很厉害，他们就去见蔡先生。蔡先生说，你要文凭，就得考试；你如不要文凭，就不要考试；上课听你随便上，你愿意上就上，不愿意上就不上，但是你对外不能称是北京大学的学生，同时你也不能有北京大学毕业的资格。我们称这一批同学为"自绝生"。这也是一种求学自由，愿意来则可以旁听，但不是旁听生，不愿意待则去。这也是一种有教无类。

当时有许多人考北大没考上,他就办一个先修班,先修班能考试及格就可以入学。此外北大开始招收女生,开中国大学教育之先河,他的着眼点也正是有教无类以求普及。

改革课制为读书明理

其次,我说他的教学目的是在于读书明理,这也是他努力纠正一股社会不良的风气。当时有两句话甚为流行,说在北方的学生,就算是顶调皮的,"总带有三分官僚气";而上海的学生,就算是顶老实的,"总带有三分流氓气"。蔡先生为纠正此一风气,认为不能为求用而求学,尤其是不能为求官,蔡先生于是把北大的课制大肆改革。他认为一个大学应注重文、理、法纯粹学理基本科学的研究,而工科则是技术性,他就把北大的工科分出来,归并于天津的北洋大学,并认为法科的同学想作官,而有意将法科合并到法政专校去。法科有预科,原是从前清的译学馆演变而来,原译学馆毕业可有举人的资格,所以进入法科肄业者目的都是想做官。蔡先生一来,认为应该为学问而学问,如果大家一心求官,则这样的法科可以不办。同学都表示一心向学。而有些学生如段锡朋、胡文豹原是私立民国大学归并到北大来的,北大法科如果不办,他们要往那里去?因此表示反对,于是北大的法科就继续下去。

不要为成绩而求学

他另有一个重要的改革是考试分数不再公布。我在民五（一九一六）进北大，头一个学期成绩还是公布的。我在中学时成绩一向很好，九次考试八次第一，另一次因扣分成为第二。到了北大之后，音乐、体育什么科目考试都要计分，而自己喜欢的功课没有了，所以我到了北大，抱定不再争分数，但求及格就行。在此之前我曾考过北洋工业专门学校，虽然仍是第一，但是数学不行，〇乘三，〇除三，三乘〇，三除〇，我都等于三，于是复试时名次落后，仍回北大。在北大第一学期我只求及格，仍得了七十六分。但是第二学期蔡先生来了之后，分数不再公布，也许留级者私底下会得到通知，但是及格者得多少成绩则不知道。其时陕西省的官费必须八十分以上，我却补上了，毕业之后又在北大当助教，想来成绩还并不坏，但我在北大数年，除了第一学期得七十六分之外，以后我的成绩如何，始终不晓得。蔡先生之不公布成绩，目的是希望同学为学问而学问，而不是为成绩而求学。

根除法预科的洋化

而译学馆的遗风，不但有官气，而且洋化。在法预科里头，有英法（法律）班、法法班、德日法班。三班，都是用外文直接讲授，除了中国文字学及语辞以外，以外都用外文，例如为我们讲"法学通论"的郑天锡先生，也用英文讲课。讲"西洋近代史"的是一个英国人，另一英籍老师斯哇罗（燕子）教我们英文写字及作文。此外法文班有一位布拉斯教法文，我现在还记得一句法文。而教英文的是一位华侨郭先生，但不会讲中国话。教日文的也是一位日本人。当时规定必须修习两种外国文。我在预科念英文班，主修英文及法文，并选修日文。但是当时"年纪大了"，已经二十岁，单字记不住。那时连邮局的布告都是法文，看起来文法组织都晓得，意思却不懂，因单字不会。当时的法预科可说是完全的洋化。

蔡先生民国六年（一九一七）到了北大以后，就把这些外国教员解聘，那些人还不肯走，几乎闹了官司。

以后我进入本科，除了大一有外语之外，二年级以上的课程都用中文讲授，我的课除张慰慈先生教的"政治学"之外，其余都是中文。

主张以美育代宗教

刚才有同人谈到蔡先生主张以美育代宗教。我记得他的《祭黄夫人文》，即充满真挚丰富的感情，我当年读了为之流泪，大为感动。此文现已收入他的全集之中。

他的以美育代宗教的主张，也给我一种启发，我是以历史代宗教。推测之言固然不可尽信，但历史传说往往有其根源，只要不是胡乱的推测，如顾颉刚同学早年的论断，说大禹是一条爬虫之类，这实在要不得。如三皇五帝和黄帝之说，固然不能求真，然在课室之外可以求善，真和善是要分开。如果否定古代历史的传说，把我们中华民族起源的传统说法一起打破了，那岂不是大不应该吗？这不是真不真的问题，而是个信仰问题。

蔡先生对我个人的协助

以下我在说说我跟蔡先生个人的关系。

平常我跟蔡先生并没有接触。民国八年（一九一九）五四运动发生，学生罢课，没有考试，我就回陕西故乡。这个没有考试对我有好处。当时若是考试之后再回陕，则我因家境的关系和原来的计画，预科毕业后，我可能留在陕西的中学里教书，家里也不会放我出来。但因为没有考试，我预科没有毕业，必须再回北大来。可是经费却没有着落，那时于右任先生在三原做靖国军总司令，他也很苦，上下都没有钱。我只凑了四十五块钱，买了公债票，若从陕西坐骡车到北京那也很贵，非上百元不可，于是由于先生的秘书王陆一拿了白缎子请于先生给蔡先生写了一封信，请蔡先生替我找一个工作或者半工半读。我把信缝在棉衣的口袋里面，以免为北洋军所查获。我乃回到北京去找蔡先生。蔡先生看了信之后，觉得此事不大好办，多少北大的毕业同学都没有找到工作，他说我给你想个办法。那时北大有一个"成美学会"，由教授捐钱，有困难者若得到同意可以借一百元以应需要。蔡先生就写封信给胡适之先生，得到胡先生的同意，于是我就向出纳科的郑阳和先生支取一百块钱。我是个苦学生，这一百块钱对我的用处太大了，我从民国八年（一九一九）下半年用到第二年九月，我考上普通文官，每月有大洋三十块钱，足够应付。所以某同学叫我为"小官僚"，就是这么来的。

同时蔡先生因我写了《孟子政治哲学》《墨子政治哲学》，用白话文写的，登在北大的校刊上，同时经成舍我同学为我介绍把稿子卖到上海。就这么维持我的生活。所以有时说笑话，我是以四十五块钱的公债票一直混到现在。

蔡先生对有困难的同学固然很帮忙，但他认为太不应该的事情，他的处置也是毫不客气的。在开放女禁之初，有一位洋教授发生了一件事,蔡先生马上将之解聘。又有一位政治系四年级的同学,在《公言报》写文章,把学校机密的事写出来,他也不稍顾惜,立刻令其退学。

[原载《传记文学》第三十一卷第二期(一九七七年八月号)]

蔡元培先生与中央研究院

孙常炜

世界文明先进国家，无不仗赖学术之研究与科学之进步。"国父"孙中山先生于演讲民族主义时，勉国人对欧美科学亟应迎头赶上。故于十三年（一九二四）北上时，在广州筹设中央学术院为全国最高之学术研究机关。民国十六年（一九二七）四月，国民政府建都南京以后，蔡元培先生与张静江、李石曾诸先生，于五月十九日提经中央政治会议第九十次会议通过，设立中央研究院筹备处，并于同年十一月二十日召开第一次筹备会议，决定正式成立。蔡元培先生被推以大学院院长兼任研究院院长。中央研究院之任务有二：一、实行科学之研究；二、指道、联络、奖励学术之研究。（《中央研究院组织法》第二条）

中央研究院初成立时，首设理化实业研究所、社会科学研究所、地质研究所及观象台四单位。至十七年

（一九二八）四月十日，中央研究院脱离大学院而独立，成为中华民国最高学术研究机关（《国立中央研究院组织法》第一条）。同时，观象台分为天文、气象两研究所；理化实业研究所分为物理、化学、工程三研究所，又增设历史语言研究所。连原有之社会科学与地质两研究所，共为八个研究所。是年六月九日，蔡先生召开首次院务会议，宣告中央研究院正式成立。十一月十一日，国民政府公布修正之《国立中央研究院组织法》，明定直隶于国民政府，并规定设物理、化学、工程、地质、天文、气象、历史语言、国文学、考古学、心理学、教育、社会科学、动物、植物等十四研究所（《中央研究院组织法》第六条）。十八年（一九二九）春，增设自然历史博物馆与中央图书馆筹备处。又于工程研究所中附设中央陶磁试验场，于天文研究所附设天文陈列馆，于气象研究所附设北平气象台，于历史语言研究所附设历史博物馆。十八年（一九二九）五月，成立心理研究所，二十三年（一九三四）七月将自然历史博物馆改组为动植物研究所。惟以经费短绌，迄蔡先生逝世时止，仍只有以上十个研究所算是正式成立。延至三十四年（一九四五），计已成立者，亦不过数学、天文、物理、化学、地质、动物、植物、气象、历史语言、社会、医学、工学、心理学等十三研究所。

民国十七年（一九二八）十月三日蔡先生辞去大学院院

长职务，此后即专任中央研究院院长，迄去世为止。其间虽曾被选任为监察院院长（十七年十月八日），但未就职。曾再度任命为国立北京大学校长（十八年九月十六日），亦未到任，由陈大齐先生代理，一年后即连北大校长名义亦辞去（十九年九月二十四日）。乃以全副精神发展中央研究院工作。

中央研究院设院长一人特任，综理全院行政事宜（《中央研究院组织法》第三条），设总干事一人，受院长之指导，执行全院行政事宜（《中央研究院组织法》第四条）。故蔡先生于院长任内，实际行政事务工作皆由总干事分其劳；此一职务最初由杨杏佛（铨）先生担任，二十三年（一九三四）四月聘丁文江先生为总干事，二十五年（一九三六）丁文江逝世，聘朱家骅先生继任；是年冬蔡先生卧病，多次濒危，身体渐弱。二十六年（一九三七）日军侵犯平津，继而上海战事发生，中央研究院撤迁后方，蔡先生留沪兼任国际宣传委员会会长；冬，移居香港。以体弱多病，院务益不克兼顾。而此时国民政府任命朱家骅先生为浙江省主席，总干事一职，遂由历史语言研究所所长傅斯年先生代理，后朱家骅先生调国民政府中央党部秘书长兼代理青年团书记长，随国民政府迁往汉口，曾致函蔡先生恳辞总干事职务。兹抄录如下：

孑老院长尊鉴：在杭时因抗战开始，省务增剧，加以交通阻梗，对院事无法兼顾，曾奉书恳辞总干事职务，并请由孟真兄正式递补，以免贻误。谅尘清察，未闻复命，至用悬系。顷来汉皋，委座嘱在左右相助，且有数事见命。家骅必须随节驻鄂，不能远离，川鄂交通视京杭尤为不便，诚恐尸位素餐，益增罪戾。务祈长者鉴其苦衷，赐予照准。孟真兄数月来任劳任怨，甚具绩效，似可请渠接补以资熟手，否则请公就其他各所长中择一兼任，或竟向外物色，总以及早解决为妙。家骅夙承知爱，多蒙提撕，文化事业，尤生平所极重视，嗣后对于本院各事，为公为私，无不从旁尽力协助，不敢有所忽外。端肃，布臆。伏惟亮照。不胜惶悚待命之至。

恭颂

崇祺

朱家骅敬上

二十七年一月廿五日

蔡先生接信后，特于二月二日复函慰留。

不久，国民政府拟派朱家骅先生出使德国，再度函请物色替人，并为召开中央研究院院务会议，致函蔡先生：

孑老院长钧鉴：叠示敬承，二日尊发一函，奉到稍迟。蒙温谕慰留，感谢无既，院中诸务自当遵命暂行佐理，并劝孟真兄照常维持。惟介公又欲家骅出使德国，迭辞未允，倘必须浮槎前往一行，则院事更未由兼顾，仍请早日物色替人，无任感幸。廿八日开会地点，因英庚会改在香港饭店，本院同在一处较便，已由杭立武兄代定房室，时间定上午十时起，各所长处，俱已电达矣，肃此奉复。

恭颂

崇祺

朱家骅叩

二月十八日

蔡先生复函如下：（见蔡致朱函墨迹之一）

骝先生生大鉴：前奉长密电，甚佩高见，旋接一月廿五日惠函，弟即于本月二日奉复一函，所请谅荷允诺，无任感荷。近奉微齐两电，定于本月廿八日在港开院务会议，地点借梅芳女中，并属弟就近通告丁、庄、周、余四所长，又先后得仲揆兄两电、孟和兄一电，亦转示会期地点等。除子竞兄留港以尊电转示外，丁、庄、余三兄均在沪，用挂号函通知，已得丁、庄两兄复电称能来，并嘱转告先生，青松兄则先有一电称十七日到港，是三君均能来港无疑。

会议中应讨论之问题，想先生早已筹及，如大驾能于会期前早临几日，则可以预行商酌，尤幸。缉斋兄有一函附奉，专此

并颂

勋绥

弟元培敬启

二月十五日

再先生有一世电，弟于昨日始见到，想为转致者所误阁，致未能早复，甚歉。

培又启

廿七年二月十七日

十三日，蔡先生并有电文致朱家骅先生。录如下：

法界福煦街五号中英庚款会杭立武先生转朱骝先先生鉴：中研院全仗鼎力维持，务恳即到院视事，元培叩。

（以上函电钞自"中研院近史所"朱家骅先生史档）

二月廿八日中央研究院院务会议在港召开。是时蔡先生因病足，迁居九龙，并化名"周子余"。

此时，中央研究院总干事一职，名义为朱家骅先生担任，事实上仍由傅斯年先生以史语所所长兼代；二十七年（一九三八）五月十日，傅斯年先生致朱家骅函，如下：

> 骝先吾兄左右：久未奉来书，想一切安好，为念。院中各事正在清理，积压文件实在不少，且有外国文公事甚多，想本月内不易清完也。稍暇再当择重要者一闻。兄去德一事，近中有何变化？据蒋慰堂兄言，兄或者非去不可，但改船期至六月云云。弟意兄如非去不可，最好早去早归，向下推延未必甚便也。顷已以此意电闻矣。友人童冠贤，兄所熟识，亦深知者也。此君有见识，有气骨，有国士之风。彼为察哈尔人，实即宣化人，而察省有识者不多，今沦陷矣。此次参政会，有人觉得无聊如弟，有人觉得重要。此类人皆诚实可佩，然在沦陷之边省，终以得人望为宜。弟意彼可为察省之参政员，实无更妥当之人，深盼吾兄力为图之也。专此敬叩
> 日安
>
> 弟斯年上
> 五月十日

院务会议后，朱家骅先生因公务繁忙，再次恳辞总干事职务。二十七年（一九三八）夏，蔡先生致傅孟真函提

出三项办法（二十七年八月十八日）：

一、骝先兄居其名而仍请兄代行。

二、骝先兄居其名而躬亲其事，派一秘书驻院办事（前曾派过一人），或于该秘书外再指任一位可以信任之文书主任。

三、如兄来函所提于同事各所长中别请一位代行，但须由骝先兄指请，而不能由弟代请，又"轮流代理"之法，决不可行。

（蔡先生致傅孟真先生函十二封载拙编《蔡元培先生全集》）

朱家骅先生得悉以上三项办法后，曾致函蔡先生表示意见：

孑老院长钧鉴：月前奉上一缄，恳请准辞总干事职务，谅尘荃察，旋闻贵体违和，故未敢踵续奉渎。日前敬承电示，已言勿药，欣慰无量。孟真兄转示十八日大札，所开关于总干事职务之三种方式，独以家骅为言，家骅实深所未安。家骅之不可不亟图摆脱者，前函已详陈其故，此外更有困难之处，即总裁既以中央秘书长相嘱，此次奉命留汉，自未便即行入渝，且逆料将来亦必不能长时在渝办事，盖近顷家骅于中央秘书长外兼代青年团书记长，公务繁剧不言可喻。万一武汉有变，则家骅为便处理党务、团务计，势必退至湘南，而不入川，去院益远，何以兼顾？公既准孟真兄辞去代理职务，则第一方式，已无问题；至第二方式，家骅实不敢遵办。家骅当日因文书组有一干事出缺须补，曾荐用陈景阳君，职位甚低，并非秘书。陈君去后，复荐补徐达行君，今或尚在院中。

尊示驻院办事一节，既非小职员可行，且仍由家骅负责。身在异地，决难胜任。第三方式，则以兄准家骅辞职，再由公指定一人负责兼代为宜。家骅非敢自外，孤负知遇，徒以党务、团务职责太重，事务太繁，朝夕卒卒，常恐未遑。自惟长此尸素，于院中了无补益，且惧多所失坠，上累盛德，清夜抚心，莫能宁帖。敬乞垂鉴区区俯如所请。家骅离院之后，绵力所逮，凡有见命，无不从旁竭诚相助也。谨布腹心，伏惟亮照。临颖神驰。恭叩

道安

　　　　　　　　　　　　　　朱家骅敬上

是年夏蔡先生卧病，经医诊断系严重贫血，更因忧伤国事，精神益为不支。中研院总务主任王敬礼先生有函致朱家

骅先生，报告蔡先生病况。原函如下：

（一）

骝先先生道鉴：顷得香港雷女士来信，言孑民院长患病甚至倾跌；当时蔡夫人甚为恐惧，日来渐见康复。医云用脑过度及贫血，是以头目昏晕，血压较平时低，只有五十余至六十度上下。得病已将旬日，现时已能起坐，略事行走，饮食等渐次增进，唯精神及面色尚未复元。现遵医嘱：不见客，勿劳心，勿用脑。香港方面未令友人知悉院长有病，恐探病者来，又须招待；弟闻信后，当即函告孟真兄，并请其勿令孑竞兄知悉，恐渠闻信，旧病复发。

又蔡夫人嘱转告孟真兄，蔡先生病中千万勿辞代行总干事职务，因孟真兄曾上院长数书，言及此事，昨又来函嘱弟转向院长乞情。弟昨函孟真兄云，我公既不在渝，又公事太忙，劝其不必力辞。想尊意亦以为然。蔡先生病状如何，俟续有所闻，当再详。匆上敬叩
道安

弟王敬礼启
廿七、八、廿二夜

（二）

　　骝先生道席：奉二十日赐书，敬承一一，时昭涵君事，当即遵示转告文书处办理手续。港渝交通，因飞机出事后，多久未通。顷接院长九月五日长函，对于渠之病状及我公欲辞总干事等事，叙述颇详。兹特抄奉，即希察入是荷。专复顺叩
钧安

弟敬礼
廿七、九、廿二

（所附蔡先生自述病况函，载拙编《蔡元培先生全集》，原稿送商务排印中，不克在此录入）

朱家骅先生复王敬礼先生函如下：

　　毅侯先生大鉴：廿二日台扎承附示蔡先生五日函，并专悉。顷接蔡先生九日手函，鉴弟党务团务之繁剧，已允弟辞职，惟谓对此尚未有所准备，嘱宽以一个月之期，以便妥筹办法，弟已复函称当遵办。弟对院职，本不敢贸然担任。以蔡先生与各所长一再相劝，万不获已，勉承其乏。前年夏季委座命主湘政，以既就院事不便中途引去，数度坚辞，遂未实现。不意同年秋季而有

浙省之命，弟又坚辞，稽延数月，至十二月忽见明令，不得不前往接事。以院务重要不能兼顾，当时即决意摆脱，适蔡先生病危，未敢启齿，俟病就愈，即一再呈辞。蔡先生即未准可，始请孟真兄就近代理，此实为本院前途计，决无任何私意存焉。近者国难益亟，弟既不能兼顾，孟真兄亦再三求卸兼代职务；且本院当风雨飘摇之际，凡事勿拖，事关百年大计，弟精力有限，自问长此稽延，贻误不浅。现已得蔡先生俯允，实为快事，知关锦系，辄略道经过，即希台察。端此专复。顺颂
公祺

朱家骅上
九、廿七

朱家骅先生另有问候蔡先生电：

香港商务印书馆王云五先生转蔡孑民先生赐鉴：毅侯兄来函述尊体违和，日内已渐清泰，家骅初未闻知，有失奉候，歉甚。秋暑犹炽，伏祈加意珍啬，早复健康，无任祷切。朱家骅叩首。

蔡先生接电后复朱家骅先生电：

汉口福煦街五号中英庚款会朱骝先先生：有电敬悉，甚感关垂，弟近患贫血，就医渐愈。敬希勿念。元培感。

蔡先生于九月廿三日复朱家骅先生函：

骝先先生大鉴：奉十二日惠函，敬悉一切。徐柏园君已于廿二日来敝寓，面交港币一千九百三十二元八角二分，弟已照收，敬希勿念。

先生于百忙中为弟料理此等琐事，感荷无已，谢谢。闻大驾不久将往渝，孟真兄则有廿一日飞渝之说，未知确否。余容续布，祗颂
勋绥

弟蔡元培敬启
九月廿三日

朱家骅先生复蔡先生函：

孑公院长钧鉴：九日尊示，缘空邮停滞，顷始奉悉。同时并接诵廿三日手教，承嘱宽以一月之期，自当遵办。家骅所以冒昧叠陈，坚决求去者，实缘个人精力有限，论事则眼前党务、团务已不胜繁剧，论地则江汉

之与桂滇相去数千里，实有不能兼顾之苦衷。当转徙避地之际，院务特忙，且事事影响于今后百年大局。家骅尤惴惴自惧，与其因循以贻误，不如蝉蜕以求全，区区之意，谅蒙明察。奉命俯准，不胜欣跃。惟家骅素受知遇，多荷提撕，嗣后于院务倘有可以尽力之处，仍当随时从旁佐助也。中央银行补交港币一千九百余元，已由现在港之天津交通银行行长徐柏园兄转奉，至慰下怀。端肃奉复。恭叩

道安

朱家骅敬上

廿七日

蔡先生答应朱家骅先生辞总干事职后，于二十七年（一九三八）十月七日，曾亲函王世杰先生敦请其屈就中央研究院总干事。原函如下：

雪艇先生大鉴：久不晤，又疏修候，惟于报纸上见先生处理国民参政会事务，推知起居安善，以为忻慰。贵眷想亦已到渝，当皆安好。弟留港已半年余，病后体弱，不适于奔走，北不能至渝，南不能到桂滇，非常歉憾。幸此地适处三方面交通中心，函商尚便，聊以自宽而已。现在本院却有一较为紧要之务，即总干

事问题，不得不有求于先生。自骝先先生兼任浙江省主席以来，为党国要务所羁绊，不能常到南京及重庆视事，请孟真兄代行总干事任务。但自总办事处迁渝，而史语研究所迁滇，孟真兄已有两处难以兼顾之感。近来孟真兄又在行政上欲有所贡献，坚辞代行总干事及史语所所长，经弟再三恳留，允留任所长，而绝对不肯代行总干事，当朱先生屡辞总干事之期，请其别指一代行之同事，渠更有所借口，辞之益坚。且渠以中央党部秘书长兼代理青年团书记长，繁忙可想。弟不便强人所难，已允以别行设法，经弟与同事再三商榷，愈以为本院总干事之职，以先生为最相宜。先生曾任本院研究员，现又任本院评议员，又先生长教育部时，对于本院各事，无不关切提倡。

如先生肯屈就总干事之职，对于本院各方面之维持与进展，必有驾轻就熟之效，用特专诚奉恳，务请俯如所请，以慰云霓之望。专此敬颂

勋祺

弟蔡元培敬启
十月七日

再，弟寓九龙柯士甸道一五六号楼下二号，但姓名借用"周子余"三字，如蒙赐函，请直寄此处，较由商务印书馆转为捷也。弟培又启。

惟此时王世杰先生担任国民参政会秘书长之职，公务繁剧，不克分身。复因抗战时期，参政会为最高民意机构，全国各政党人士及社会贤达，荟萃一堂，王先生折冲其间，责位綦重，连兼任亦不可能。可于蔡先生致王先生第二函中见之：

雪艇先生大鉴：奉艳电敬悉弟在马电中所提议之兼任，亦不可能，良为怅惘。然先生允对于本院向政府方面一切接洽，均可代办，不胜铭感。将来当陆续奉商。敬复，并颂
勋祺

弟元培敬启
十一月三日

二十七年（一九三八）十一月十日蔡先生致朱家骅先生函，谓已商请任鸿隽（叔永）先生担任中央研究院总干事之职。原函如下：

骝先先生大鉴：本月三日托孟真兄转上一函，想荷鉴及。现已请任叔永兄任本院总干事，但渠虽允来帮忙，而要求暂勿发表，俟渠于两个月内往桂林、昆明及重庆考察一次，始能决定。如无别种阻碍，则明

年一月间，必可到院办事。此犹豫期间，敬请先生仍居总干事之名，而由孟真兄代行，想荷允诺，无任企祷。专此，敬颂

勋祺

弟元培敬启

十一月十日

朱家骅先生旋即复函蔡先生，表示欢迎任鸿隽，并促早日来渝。原函如下：

子老院长道鉴：十日手教敬承，家骅尸位素餐两年有余，材猥知下，毫无贡献，负罪滋深。前蒙准辞，感铭五内。叔永兄既允帮忙，闻之抃慰；尚祈转促早日来渝。家骅日前亦已径电速驾矣。嗣后家骅仍当从旁多多协助，以补昔日之愆，仰答知遇之隆。端肃奉复，伏颂崇祺

朱家骅敬上

困扰多时的中央研究院总干事问题圆满解决后，蔡先生遂安心在港养病；院务由任鸿隽先生负实际责任。直至二十九年（一九四〇）三月初，蔡先生失足仆地，胃瘤出血逝世，才算结束了与中央研究院的关系。

蔡先生高瞻远瞩，毕生以学术之研究与科学之提倡为务，已为我国科学研究建立良好之根基。今年适逢蔡先生百年诞辰，又是他手创之"国立中央研究院"成立四十周年，爰撰此文并记述往事以志念。

与"国立中央研究院"性质相同亦以科学学术研究为任务，且与蔡先生也有深切关系的尚有国立北平研究院。该院院长，由教育部于十八年（一九二九）八月八日聘李石曾先生担任。李氏就职后，聘李书华先生为副院长。先成立生物部，内分设动物学、植物学与生物学三研究所。至十一月间，又成立理化部，内分设物理学研究所及化学研究所；另又成立史学研究会、水利研究会、字体研究会。旋又成立海外部为中国国际研究机构之先声。谨附记于此。

［原载《传记文学》第十二卷第二期（一九六八年二月号）］

我最崇敬的蔡董事长

程本海

记得民国十六年（一九二七）三月间，蔡元培先生曾为全国首创的第一所试验乡村师范学校（即国人所称南京晓庄师范）做了一件空前绝后的大事，就是他以毛笔书写"我们的信条"，共有四百字之多，计条屏四幅，裱挂在学校的大礼堂中。由于信条内容新颖，意义深远；出自名家手笔，字体挺秀，令人喜爱。凡是前往学校参观的人，起初看见宫殿式的校舍和犁宫，有焕然一新之感！一进礼堂，那秀丽的书法，一幅幅映入眼帘，细阅词句，不同凡俗，绝非深奥，更富亲切之感，且油然兴起振奋之情。尤其教育界人士承认过去的教育是失败了，不得不依照此"信条"及"校训"和"对联"所揭示的，应如何努力，从头做起呢？！

蔡元培先生是试验乡村师范的董事长，他接受陶知行校长的教育改革意见及其抱负与理想，亲书"教学做合一"为校训，悬挂在礼堂。另由陶校长书写："以教人者教己，在劳力上劳心。"内涵新意义，启发新教师，作为对联，配合校训，使大家有个新观念，迈步前进，为教育辟一新纪元！

当年（民十六），笔者是陶知行先生创办的晓庄中心小学校长。同时，在晓庄学校大学部（设有幼稚园、小学部、中学部、大学部、研究所等）研究各科"教""学""做"活动及编辑"晓庄丛书"。曾经代表陶校长，自南京前往上海蔡先生公馆洽请为晓庄书写"我们的信条"。此事在晓庄同仁看来，兹事体大。因并非仅为学校增加一装饰品，而对全国教育界人士前来参观者能予以至大且深远之影响。因此，我为此一"我们的信条"以及"校训"之书写问题，先后往返蔡先生公馆三次，在洽谈间，获益良多，卒能如愿以偿，完成使命，快慰何如！蔡先生给我的印象太深了，我深信他具有"温良恭俭让"之美德，至今已整整半个世纪，但仍历历在目，且将永垂不朽！

最后，谨将母校礼堂（犁宫）所悬挂的四幅条屏，即"我们的信条"，抄录于下，作为我对最崇敬的蔡先生之怀念。

我们的信条

我们深信教育是万年根本大计。

我们深信生活是教育的中心。

我们深信健康是生活的出发点,也就是教育的出发点。

我们深信教育应当培植生活力,使学生向上长。

我们深信教育应当把环境的阻力化为助力。

我们深信教法学法做法合一。

我们深信师生共生活共甘苦为最好的教育。

我们深信教师应当以身作则。

我们深信教师必须学而不厌,才能诲人不倦。

我们深信教师应当运用困难,以发展思想及奋斗精神。

我们深信教师应当做人民的朋友。

我们深信乡村学校应当做改造乡村的中心。

我们深信乡村学校应当做乡村生活的灵魂。

我们深信乡村教师必须有劳动的身手,科学的头脑,艺术的兴趣,改造社会的精神。

我们深信乡村教师,应当以科学的方法去征服自然,美术的观念去改造社会。

我们深信乡村教师要用最少的经费,办理最好的教育。

　　我们深信最高尚的精神，是人生无价之宝，非金钱所能买得来；也就不必靠金钱而后振作，尤不可因金钱少而推诿。

　　我们深信如果全国教师，对儿童和青少年都有鞠躬尽瘁，死而后已的决心，必能为我们民族创造一个新生命。

　　民国十七年（一九一八）暑期，笔者携带《在晓庄》原稿（"晓庄丛书"之一），前往上海蔡公馆，拟请蔡元培先生为本书题署封面，以便将书稿送交上海中华书局印行。这一天很巧，蔡先生刚从外面返家，尚未休息，即洽谈此事，他随手把文稿从头到尾翻阅一遍，同时，看了晓庄全景及作者个人活动照片共四帧，觉得满意，很高兴走进书房，拿起毛笔书写"在晓庄"三个大字，以及上下款之后，便递给我。我连声表示至诚的谢意，起立告辞，他一直送到大门口，使我铭感非常，鞠躬而返，即前往中华书局接洽出版事宜，一切进行顺利，深感愉快。按此书于民国十九年（一九三〇）一月发行，民国廿一年（一九三二）十一月五版。我于民国卅四年（一九四五）双十节后一日在新赣南正气中学教书，正准备疏散至安远时，忽然收到钟杭荣同学自江西南昌寄给我这一本早已绝版的书，真是喜出望外，值得一记的！如今，我以无比兴奋的心情，愿将母校董事长蔡元培先生亲笔题署的"在晓庄"书名，影印附刊于本文之殿，永作怀念。

一九七七、七、七于台北植物园

［原载《传记文学》第三十一卷第二期（一九七七年八月号）］

蔡先生的文化思想及与北大中公的两件事

杨亮功

我在民国四年（一九一五）进北京大学（民国九年毕业，与在座毛子水兄同年），蔡先生是民国六年（一九一七）一月出长北京大学，我那时还是预科学生。我今天所要讲的分成两部份：第一部份我想很简单的介绍蔡先生的学术思想；第二部份谈一谈早年北大与蔡先生有关的几件事情。

蔡先生在文化思想及教育上可以说是一位划时代的人物。他真正做到"融会中外新旧冶于一炉"。

融会中外新旧思想于一炉

关于蔡先生融会中西文化方面的情形，我在几年前曾写过一篇文章加以介绍，蔡先生对于融和中西文化有其独到的见解，我们现在讲起来还是很有价值的。蔡先生认为一个民族文化之能进步，一定要能吸收和融合外来的文化。他举例说："希腊民族吸收埃及、腓尼基诸古国之文明而消化之，是以有希腊之文明。高尔日尔曼诸民族吸收希腊、罗马及阿拉伯之文明而消化之，是以有今日欧洲诸国之文明。"蔡先生不仅仅主张接受西洋文化，而且进一步研究怎样接受西洋文化。对这方面他提出三点意见：

对接受西洋文化的看法

（一）消化而非同化：消化是以"我"为主体。择其有益于我可以消化者而消化之，使成我的一部份。有如生物吸收外界食料而制炼之，使类化为本身的分子以助其发展。同化则为囫囵而吞之，不加选择，不是以"我"中心，俯仰依人，忘其在我，而一味模仿太过，忘却本国特性。

（二）择善而从：接受西洋文化要知道那些是好的，那些是不好的，不能照单全收，要有选择性。所谓"择其善者而从之，其不善者而改之"。

（三）接受西洋的科学方法，创造新义：蔡先生认为接受西洋文化不能光接受西洋文化的成果，最紧要的是接受西洋科学方法，利用西方科学方法来创造新义，必须于欧化之中为更进一步之发明，如此方能达到"迎头赶上"之目的。

至于蔡先生对教育方面的贡献，由于时间的关系，我不准备多讲。蔡先生制定教育五种宗旨，仍是本着"融和古今中西思想"而来，其中世界观主张，由政治教育而达到超轶政治教育，由现象教育而达到超越现象教育。其所谓世界观颇接近柏拉图观念论（Idea），亦是大学所谓"止于至善"，蔡先生一生受希腊哲学思想影响甚大。所以他把每个人都当作好人。

北大教授会议改讲中文引起洋人告状

北大在蔡先生未当校长以前，开教务会议的时候，多半用英文，特别是预科教务会议全讲英文。不懂英文的教授只有像哑子吃黄连有苦无处诉，蔡先生到北大后，开校务会议一律改用中文，外国教授起而反对，说："我们不懂中国话。"蔡先生回答说："假如我在贵国大学教书，是不是因为我是中国人，开会时你们说的是中国话？"从那时起，开会发言，一律讲中文，不再用英文。蔡先生为人虽然很和平，但有时却很固执。当时北大有两位英国教授品性不端，常带学生逛八大胡同。蔡先生很不高兴，到聘约期满的时候，不再续聘。那个时候，外国教授多是由公使馆介绍来的，当时英国驻北京公使朱尔典为此事找蔡先生谈判，要求续聘，蔡先生拒绝了。朱尔典背后向人说："我看你蔡鹤卿还能做几天校长？！"为了此事，两位教授告到法庭，蔡先生委托王宠惠先生出庭，结果学校胜诉。

我在北大读书绝少参加各种活动，故很少与学校当局接触。有一次我祖母八十大寿，我特请求蔡先生题字，他亲笔写了"美意延年"四个大字制为匾额。

中国公学校董兼任行政职务问题

毕业时我最初打算到法国读书。蔡先生替我写信介绍见吴稚晖先生，后来并未成行。一直到民国十七年（一九二八）我从美国回来，那时蔡先生正担任上海中国公学董事长。预备改组学校，请胡适之先生做校长。因为我学的是教育，因此教我修改董事会章程，以便根据新章程改选校长，我拟订了十四条章程，其中有一条规定"校董不得在学校兼任行政职务"。蔡先生问我何以有此一条规定，我说："董事地位在校长之上，有选举校长之权，如果在校担任行政职务，势难受校长管束，万一发生歧见，可以利用其董事职权施行报复。"蔡先生认为当时学校有两位董事兼任学校秘书长和总务长，学校恢复经费都由于他们援助，未便加以更换，遂将此一条删掉。后来胡适之先生离开中国公学，由马君武先生接替，不久马先生与秘书长闹翻了，董事会发生倒马风潮，而学校因此一蹶不振。最近不久"立法院"为了校董在校兼职问题,争执很厉害,我因而想起来这个问题,早在四十年前已经发生了。现在"立法院"总算对这问题有了解决。

有一技之长者无不乐于相助

教育界都有一个感觉,认为蔡先生的介绍信太多。实际上系蔡先生基于提携后进的一种信念。但凡有一技之长,他总设法帮忙,使他有发展机会。我记得民国十九年(一九三〇)我担任安徽大学校长的时候,有一次蔡先生给我一封信,介绍一位国文教师,那时在学期中间,安插不易,我回了一封信说:"等到暑假,再行设法。"暑假时我回到上海,遇见蔡先生,我以为事隔数月,可能蔡先生已将此事忘记了,那知蔡先生突然问我:"我介绍的人怎么样?"他随即又说,"此人现在上海,我明天叫他来见你。"我不曾想到蔡先生何以为此人特别郑重介绍。我遂请他任国文课程。后来发现这位先生并不能教书,改调到图书馆为馆员。我偶然问这位先生,如何认识蔡先生,他说,他与蔡先生素昧平生,有一天在京沪车上,适逢其会,他与蔡先生对面坐着,两人闲谈。蔡先生问他学什么的,他把一本关于文字学的著作拿给蔡先生看。蔡先生看后很满意,问他那里人。他说:"安徽人。""做什么的?""现在没有事做,颇想教书,是不是可以介绍我到安徽大学任教？"蔡先生说："好，我介绍你去。"因为这一面之缘，看了他的著作，认为不错，遂认真推荐。可见蔡先生对稍有一技之长的，无不乐于相助。可能这本著作并非这位先生所做的。

［原载《传记文学》第三十一卷第二期（一九七七年八月号）］

我的姑丈及其教育理想

周　新

和蔼的长者

我初次见到蔡先生，是在民国十二年（一九二三）初夏，他与我姑母在苏州留园结婚之时。当时贺客，多有远道赶来，整个留园，厅轩廊宇，全都挤得人影幢幢，大有寸步难移之感。我挤在人群之中，也就无法走前与他接近。只有在大厅举行婚礼时，远远看到他站立高台（原为演戏用的戏台）上，这位姑丈是身穿长衫马褂的和蔼长者。其余便很少印象。当时我家住在苏州，婚礼后次日，他曾与我姑母，一同来到我家，随后便和姑母回到上海，并即携同姑母出国。后来回国参加北伐，在南京参加国民政府，这段时期，我都一直留在苏州，直到十八年（一九二九）我到上海进大学，才又再见到他们。在我求学期间，以及毕业以后，虽在星期假日，或有宴庆之时，也常去到他家，但都是跟随家人同去，长者们闲话家常，谈些往昔旧事，我也只是一旁恭听而已。

在港常相陪伴

七七事变，对日抗战爆发，政府内迁，蔡先生举家迁港，我亦于廿七年（一九三八）四月赴港，先去广州，住一月，再返香港，进入《星岛日报》。蔡先生赴港，原拟转赴内地，却因健康未复，尚待休养，一时无法成行。但香港环境，亦甚复杂，因此深居简出，很少对外接触。当时姑母便常要我去到他们家里，一则可略为蔡先生解闷，同时，蔡先生虽健康欠佳，但于国内战局、国际情势，深为关切，总觉我在报馆工作，可能消息比较多些。我很了解姑母的用意，因此，我与蔡先生谈话的题目，也多半以时事问题为中心，很少有像今天在座各位前辈，在学问方面，能有机会亲炙蔡先生的教诲。

不过，我从蔡先生的谈话与著述之中，对于他的思想，却有一点肤浅的印象。

蔡先生一生，除献身革命外，几乎都以致力教育为职志。他参加革命，也以爱国学社、中华教育会、军国民教育会等名义，作为策动革命的机关。因此，辛亥奉命成功，孙中山先生就任临时大总统,立即以全国教育重任,委之于他。

新的五项教育纲领

蔡先生在教育方面的理想,可从他就任民国第一任教育总长时发表的《对于教育方针之意见》一文,明白表露出来。他在《我在教育界的经验》一文中写到:"民国元年,我任教育总长,发表《对于教育方针之意见》。据清季学部忠君、尊孔、尚公、尚武、尚实的五项宗旨而加以修正,改为军国民教育、实利主义、公民道德、世界观、美育五项。"

关于这五项宗旨,他所提出的解释,于世界观教育、美育教育、公民道德三项,均有详细说明,而于公民道德一项,尤为详明。据他说:"前三项,与尚武、尚实、尚公相等,而第四、第五两项,却完全不同,以忠君与共和政体不合、尊孔与信仰自由相违,所以删。"

他所说的前三项,即军国民教育、实利主义、公民道德,既与尚武、尚实、尚公相等,则公民道德,亦即与尚公同为一事。但他于尚武、尚实两项,并未再加说明,而于公民道德一项,却较他所提到与学部五项内容完全不同的第四、第五两项,作了更为详细的说明。此则或可以说,他在民国二十六年(一九三七)草此文时,对此五项教育宗旨,轻重分际，与他在民国元年（一九一二），革命初定，满怀热情理想，发表《对于教育方针之意见》时，所有的心情，已有不同。

蔡先生在其《对于教育方针之意见》一文中，于此五者，逐条缕述，均有极详细之阐明。他认为："世界有二方面，如一纸之有表里：一为现象，一为实体。现象世界之事为政治，故以造成现世幸福为鹄的；实体世界之事为宗教，故以摆脱现世幸福为作用。而教育则立于现象世界，而有事于实体世界者也。故以实体世界之观念，为其究竟之大目的，而以现象世界之幸福，为其达于实体观念之作用。"

据他说明："军国民、实利两主义，所以补自卫力自存力之不足，道德教育则所以使之互相卫，互相存，皆所以泯营求而忘人我者也，由是进以提撕实体之教育。"

"提撕实体观念之方法如何？曰：消极方面，使现象世界，无厌弃亦无执着；积极方面，使对于实体世界，非常渴慕而渐进于领悟。循思想自由、言论自由之公例，不以一流派之哲学，一宗门之教义梏其心，而惟悬一无方体无始终之世界观以为鹄。如是之教育，吾无以名之，名之曰'世界观教育'。"

不过，他说："世界观教育，非可旦旦而聒之也。且其与现象世界之关系，又非可枯槁简单之言说袭而取之也。"因此，他提出美感的教育，作为通往世界观念的途径。他说:"美感者,合美丽与尊严而言之,介乎现象世界与实体世界之间,而为津梁。……在现象世界,凡人皆有爱恶惊惧喜怒悲乐之情,随离合生死祸福利害之现象而流传。至美术则以此等现象为资料,而能使对之者,自美感以外,一无杂念。……是则对于现象世界,无厌弃而亦无执着者也。既脱离一切现象相对之感情,而为浑然之美感,则即所谓与造物为友,而已接触于实体世界之观念矣。故教育家欲由现象世界而引以到达于实体世界之观念,不可不用美之教育。"

他总括说:"五者皆今日之教育所不可偏废者也。军国民主义、实利主义、德育主义三者,为隶属政治之教育(吾国古代之道德教育,则间有兼涉世界观者,当分别论之);世界观、美育主义二者,为超政治之教育。"

由此可见,他的教育理想,是将教育分为两部分:一部分是求现世的幸福,"积一人之幸福而为最大多数,……进而达礼运之所谓'大道'为公,社会主义家所谓未来之黄金时代"。二是"超轶现世之观念",因为"非有出世之思想者,不能善处世间事"。

他的理想,不仅要使教育做到"人各尽其所能,而各得其所需"的大同世界境界,而且要达到"意识界之营求泯,人我主见亦化"的超轶现世的境界。

强调公民道德教育的重要

而公民道德,显然就是第一部分的目标,所以他说:"教育而至于公民道德,宜若可谓最终之鹄的矣。"不过,他说:"未也。"因为还有第二部分需要努力。因此,如公民道德教育不能完成,自亦无法再谈"超轶现世之观念"。

蔡先生写《我在教育界的经验》,距其发表《对于教育方针之意见》一文时,已逾二十五年,然当时道德教育的效力,始终不彰。也许在此方面,过去的教育方法,所做的努力,仍嫌不够,因此,他在《我在教育界的经验》一文中,于公民道德一项,较其他四项,特别作了加强的说明,重述《对于教育方针之意见》一文中所提出的古之仁、义、恕三者,作为公民道德的纲领,并以"富贵不能淫、威武不能屈""己所不欲,勿施于人""己欲立而立人,己欲达而达人",分别为三者作注释。

我国自古以来,向以修齐治平为立身处世之道。所以一切教育,均以修身为根本。修身也就是在这五项中所称的公民道德。蔡先生对此问题,本来就向极重视。在辛亥革命爆发前,蔡先生留德四年期间,便曾翻译了包尔生《伦理学原则》一册,写了《中国伦理学史》一册,并编《中学修身教科书》五册。民国五年(一九一六),他在留法期间,又曾为当时在法国的华工师资班写了《华工学校讲义》四十篇,其中包括德育三十篇、智育十篇，而德育篇竟占全书篇幅四分之三。这都是他在道德教育方面所下的工夫，也可见他对此一方面的重视。

刚才蒋先生讲到，他在年幼时，就曾读过蔡先生所编的《中学修身教科书》，一生得益匪浅。我虽并未读过这部书，但很幸运的是，我在小学时代念的尚为修身课，大半以先贤圣哲言行轶事为教材，对于儿童，颇能留下深刻印象，使我处身社会，获有很大益处。这也不能不说是蔡先生的高瞻远瞩，在民国立国之初，即订下了正确的教育纲领的结果。个人认为，他所提出的五项教育纲领，仍然适用于中国当前的教育，尤以道德教育的加强，更有迫切的需要。

［原载《传记文学》第三十一卷第二期（一九七七年八月号）］

众贤评说蔡先生

蔡先生的贡献

王云五

蔡先生的贡献，方面甚多；现就其关系最大的三方面，即（一）政治方面，（二）教育方面，（三）学术方面，按个人见闻所及，简单叙述如下：

一、政治方面

此可分为（甲）直接的和（乙）间接的两部分。所谓直接的系指蔡先生本人所致力，而发生直接的效果者。蔡先生对政治方面直接的贡献，举其大者，为（一）清末鼓吹革命，（二）民元（一九一二）首倡责任内阁，与（三）民十四（一九二五）以后赞助国民革命。

（一）蔡先生在清末鼓吹革命，实导源于其爱国心与自由思想。自从甲午中日一役，国势凌夷，蔡先生爱国心长，愤懑之情自很热烈。戊戌行新政，蔡先生虽然生性不喜赶热闹，未尝一访康梁，但他内心却很表同情；因此，是年八月六君子被杀，康梁被通缉，他很为愤懑，遂于九月携眷回绍兴。次年担任绍兴中西学堂总理，因容许新旧两派教员自由论辩，为该学堂督办（即校董）所不满，适《申报》载有一道正人心的上谕，就把这道上谕送来，请蔡先生恭录而悬诸学堂。蔡先生复书痛诋，并辞职；后经多人调停，始暂留。可见蔡先生的革命思想已肇端于彼时。因蔡先生为爱国心激动以后，再发挥其思想的自由，不为忠君的旧观念所束缚，自然而然的便走到革命的道路上。其后数年蔡先生来上海，对内忧外患，接触更多，革命思想，益为坚定，所以在民国前十年他便和一班同志，在上海发起中国教育会，被推为会长。该会虽以教育为掩护，暗中实在鼓吹革命。稍后，爱国学社、爱国女学、军国民教育会及《苏报》等，先后成立，蔡先生直接或间接上都是主持人，而其目的均在鼓吹革命。可是蔡先生的鼓吹革命，和当时邹容所作《革命军》，主张仇满的见解不同，曾于《苏报》中揭"释仇满"一文，谓"满人之血统久已与汉族混合，其语言及文字，亦已为汉语汉文所淘汰。所可为满人标识者，惟其世袭爵位及不营实业而坐食之特权耳。苟满人自觉能放弃其特权，则汉人决无仇杀满人之必要"云云。及辛亥革命，则蔡先生此种主张已成为舆论了。

当蔡先生发起中国教育会时，虽尚未与中山先生认识；然而志同道合，早于彼时发生精神上的合作。后来由何海樵氏介绍，加入中山先生所组织的同盟会，他对于革命工作，更积极进行。第一次留学德国期内，一面从事研究，一面鼓吹革命。因此，武昌起义，南京政府成立，便被任为第一任之教育总长。

（二）蔡先生在民元（一九一二）首倡责任内阁，系在临时政府北迁，唐少川氏组织南北混合内阁之时。此混合内阁中，除总理唐少川新加入同盟会，蔡先生与王亮畴、宋遁初、王儒堂四阁员系同盟会员外，其余皆非同盟会员。非同盟会员主行总统制，最当冲之财政军政大问题，皆直接由总统府处理，并不报告于国务会议。蔡先生固首倡内阁制最力者，愤然谓不能任此伴食之阁员，乃邀王、宋、王三氏密议，如力争无效即辞职，旋以四人公意告唐少川氏，唐亦赞成。其后唐氏辞职，蔡先生虽备受挽留，决不反顾。人或疑其何以固执若此；不知蔡先生熟虑彼时政情，非厉行内阁制不能抑总统之专制；合则留，不合则去。其政治家之风度，实开民国之先河也。

（三）蔡先生于民十四（一九二五）以后，赞助国民革命，除始终在国民党中努力推行中山先生的遗训和指导后进以外，并于国民政府成立后，相继担任大学院长、监察院长、国民政府委员兼中央研究院院长等要职。每当国家的重要开头,蔡先生都能以元老资格斡旋大局。只因蔡先生恬淡为怀,外间或误认为蔡先生近年侧重于学术的提倡,而不知其与国家大计固息息相关也。

以上所述,皆蔡先生对于我国政治的直接贡献;至其间接的贡献也很重要,最显著的莫如五四运动。因为五四运动是由学生爱国运动为起点,而渐次达到全民爱国运动,这种运动的意义至为深远重大,而其起源则为蔡先生担任校长时的北京大学。其后北大人材辈出,直接间接助成国民革命,其功至伟。在此抗战建国期内,北大同学为国家致力者济济多士,溯其渊源,蔡先生实与有大力。

二、教育方面

此可分为(甲)行政的、(乙)实施的和(丙)推广的三部分。略述如下:

蔡先生对教育行政方面的贡献,可先从其就第一任教育总长时所宣布之教育方针见之。先是,清末教育界感于国家之贫弱,或提倡军国民主义,或提倡实利主义,蔡先生则谓:"教育界所提倡之军国民主义及实利主义,固为救时之必要,而不可不以公民道德教育为中坚。欲养成公民道德,不可不使有一种哲学上之世界观与人生观;而涵养此等观念,不可不注重美育。"蔡先生所谓公民道德,依其自己所下之定义，盖以法国革命时代所揭示之自由、平等、友爱为纲；而以古义证明之，则"自由者，富贵不能淫，贫贱不能移，威武不能屈是也；古者盖谓之义。平等者，己所不欲，勿施于人是也；古者盖谓之恕。友爱者己欲立而立人，己欲达而达人是也；古者盖谓之仁。"蔡先生所谓美育，依其所下之定义，则"美育为美感之教育。美感者，合美丽与尊严而言之，介乎现象世界与实体世界之间而为津梁。……在现象世界，凡人皆有爱恶惊惧喜怒哀乐之情，随离合生死祸福利害之现象而流转。至美术则以此等现象为资料，而能使对之者自美感以外，一无杂念。例如……火山赤舌，大风破舟，可骇可怖之景也。而一入图画，则转堪展玩。"蔡先生这种教育方针，虽因其不久便辞去教育总长之职，未能按其原意切实施行；然民国以来教育方针能兼顾各方面，不若清末头痛医头、脚痛医脚、支离杂碎之方针，则实由于民国元年（一九一二）蔡先生在第一任教育总长时期内所示的良范。至于教育行政之具体方案，如学制之改良，课程之修订，义务教育之推行，社会教育之注重，以及大学教育之推广整顿，无一不从民国元年（一九一二）蔡先生任教育总长时，作划时代的革新。民国十七（一九二八）至十八年（一九二九），蔡先生任大学院长时，除大致本其民元之方针外，并使大中小学的设施益加贯串，同时并注重学术研究之具体化。凡此，都是蔡先生对于教育行政的贡献。

蔡先生对教育实施的贡献，最显著的为（一）讲学自由与（二）人格陶冶。

关于讲学自由，蔡先生于清光绪二十六、二十七年（一九〇〇、一九〇一）任绍兴中西学堂总理时已开始实行。该校教员新旧两派并立，蔡先生一视同仁，新派中有提倡民权女权者，有提倡物竞争存之进化论者，旧派时加反对。蔡先生本人虽赞成新派，然对旧派教员仍予优容。民八（一九一九）以后蔡先生任北大校长，仍持同一态度。凡学有专长可为教授者，不因其思想稍旧或稍偏而弃置。据蔡先生说："我素信学术上的派别是相对的，不是绝对的，所以每一学科的教员，即使主张不同，若都是言之成理、持之有故的，就让他们并存，令学生有自由选择的余地。最明白的，是胡适之君与钱玄同君等绝对的提倡白话文学，而刘申叔、黄季刚诸君仍极端维护文言的文学，那时候就让他们并存。"甚至就我们知道的，还有挂着辫子的辜鸿铭氏，在那时候的北大教授英文学，可见蔡先生真是"无所不包"了。因为蔡先生有这样"无所不包"的度量，所以北大便在蔡先生主持的几年中间，荟萃一时的人材，自由讲学；于是学风一变，人材蔚起。

关于人格陶冶，蔡先生于其先后所主持的各学校，都很注重，而且都有很显著的成绩。蔡先生之实施教育，除按他任教育总长时所定的教育方针，注重公民道德与美育外,并以他自己的高尚人格示其模范;所以时时和蔡先生接触的学生,真是如坐春风,自然而然的会将人格提高了。

蔡先生对于教育推广的贡献,就是在他担任校长的北京大学内,产生一个白话文运动,由这个运动树立了语体文教学与写作的根蒂,渐渐普遍于全国和各阶级的人,使我国的语文教学减少了许多的困难,读书求学的人增加了许多的便利。这固然是胡适之、钱玄同、陈独秀诸君的直接功劳,但是没有蔡先生以教育界领袖和旧学耆宿的提倡赞助,纵然博得一般人的同情;上层阶级总是不肯让步和不屑仿行的。

三、学术方面

蔡先生于学术的贡献,可分(甲)研究与(乙)提倡两部分。兹述其概略。

蔡先生自己对于学术的研究,在二十九岁以前完全为旧学,三十岁始阅科学书,三十二岁始习日文,三十七岁始习德文,四十一岁第一次游学德国,研究哲学及美学,四十六岁第二次游学德国,研究世界文化史,四十七岁游学法国,习法语。旧学方面,自十七岁补诸生后,即不治举子业,专治小学、经学、史学。其治经,偏于故训及大义;其治史,偏于儒林文苑诸传、艺文志及其他关系文化风俗之记载。其议论奇特，文章古朴；然乡会试联捷得翰林院庶吉士，补编修，在蔡先生亦自以为出于意外。通籍后，更于书无所不读，备极淹博。新学方面，于文、史、哲及美学多所研究。更能融会中外新旧，冶于一炉。当蔡先生六十五岁生日，中央研究院同人各为论文以庆祝，撰文人共上蔡先生之书，称其"萃中土文教精华于身内，泛西方哲思之蔓衍于物外"，的系切当之言。蔡先生在学术上独特的创见甚多，最显著者为（一）以科学方法整理国故；（二）以美育代宗教。其说影响于学术界至为深远。

蔡先生对于学术的提倡，除在北京大学促进研究之学风，甚著效果外，国立中央研究院之创设与主持，实为蔡先生对于我国学术之最大贡献。蔡先生以其无所不包之精神，树立研究不息之模范，网罗各科研究之专材，先后成立各研究所，虽为时未久，物力有限，成绩业已渐著，假以时日，并扩充经费，将不难比美欧美各国之最高学术研究机关也。

［原载于民国二十九年（一九四〇）四月教育杂志］

蔡先生的生平事功和思想

王世杰

诸位老朋友：今天我本不打算来此作什么讲演；但因原定的主讲人王云五先生，因为健康的关系，不能来，我只好勉为替代。我今天所讲的很短，也没有在这里作长篇讲演的必要，因为在座各位先生对蔡孑民先生的思想和生平事迹，大都了然。不过，尽管如此，一般社会对于蔡先生的事迹与思想，实在是不够了然。所以传记文学社举办蔡先生的座谈会，以蔡先生的生平事迹为专号，在现在这个时候，是有必要的。我现在耗费诸位老朋友少许时间，只可说是抛砖引玉的意思。

在思想方面站在中国社会的前面

蔡先生生于一八六八年一月十一日（清同治六年十二月十七日），民国二十九年（一九四〇）三月五日逝世于香港，享年七十四岁。我可以说，蔡先生自他成年的时候起，在思想方面，永远——真正可以说是永远——站在中国社会的前面。

蔡先生的伟大，不是一般人充份了解的。他最令人钦佩的是一生之中，言行一致，说的话跟他的作为完全一致。这件事看来好像不是什么顶了不得的行谊，但在实际上，我们观察历史上的人物，可以称他为言行一致的，实在很少。蔡先生却是言行一致的人，而且一生不作空言，他决不说假话。所以言行一致与不说空话或假话，我认为是蔡先生的美德，也是他的伟大地方。

学人而兼通人

蔡先生的为人，刚才刘绍唐兄也曾提到吴稚晖先生的品评。民国二十九年（一九四〇）三月蔡先生逝世，我们在重庆开了一个追悼会。当时吴稚晖先生很郑重的作了一副挽联，并作了一篇短的追悼文字，叫作《四十年前之小故事》（这篇悼文的原稿墨迹，一直保存在我的手上，十三年前我写了一篇短序在《传记文学》第四卷第五期制版刊出）。吴先生的赞扬，我认为是很确切的。他对蔡先生的评价说，蔡先生不只是一个学人，而是学人而兼通人。有专门高深学问的学人，其数不少，要想做这样的一个学人也并不是一件很难的事。通人则甚难。吴先生说，如果讲美学，蔡先生是一个专门的学人，然而他不仅是一个学人，而是学人兼通人。所谓通人者，是开通风气之人，蔡先生始终是一个开通风气之人。在重庆的追悼会上，吴先生挽蔡先生联曰："生平无缺德，举世失完人。"吴先生誉蔡先生为通人和完人，决不是普通的赞美之词，而是衷心的推崇。

言行一致　不作空言

所以就蔡先生的生平而言，我的第一感觉是他言行一致。蔡先生说话并不一定很多，但他说的就是他自己所相信的，也正是他自己所作的。不单如此，蔡先生并且是一个学人而兼通人，所谓通人，即就社会所最需要的事项提出主张或加以纠正，以开通风气。就民国五年（一九一六）冬天，蔡先生从欧洲回来，到北京担任北京大学的校长一事而言，也是一件开风气的举动。这件事当时他许多朋友劝阻他，但是蔡先生毅然决然的北上就任。当时我也在欧洲，即感觉得蔡先生是一个具有莫大勇气的人。这件事现在看起来或许有人觉得没有什么了不起，但就当时北平的环境和中国社会的情形细细观察，蔡先生决然的前往就任北大校长的职务，实在是很不容易的事。学术界的新气氛也就从此产生了。

以下我再讲讲蔡先生的思想。今天在座的各位先生，对蔡先生的思想行谊，大都知之甚深，用不着我来多说。兹姑就蔡先生的思想，对我感受最为深刻的，简单的提出来请各位指教。

我觉得蔡先生的思想有以下几个重点：

早有民主政治思想

（一）民主政治思想。蔡先生的民主政治观念，或许有些人以为是他中年或晚年以后发生的思想。其实不然，这是他早年的思想。在康梁师弟倡导维新，炙手可热之时，蔡先生即不愿与康梁等人发生关系。这有两个原因。第一，他认为康梁在戊戌年间之大维新，却不曾注意到教育改革和人才培植的重要。蔡先生当时即认为康梁诸人，不打算从改革教育和培植人才入手，那便是空言。这一点蔡先生也曾自己提到。第二，康梁等人主张君主立宪，仍然拥护清皇室，维持君主政体。蔡先生不愿意同康梁合流，大半就因为这些与他的基本政治思想不合。戊戌政变后不久（一九〇五年）孙中山先生同盟会即成立于日本东京，蔡先生在当时不但参加了，而且他是一个领导者。这可见蔡先生早年就反对保皇主义，而赞成民主政治。

主张学术自由与兼容并包

（二）主张学术自由与"兼容并包"主义。在学术思想方面，蔡先生极力赞同学术自由，终其一生，都注重理智和科学方法。在民国六年（一九一七）蔡先生做了北大校长以后，他公开的宣布他办学的宗旨是"兼容并包"。他所聘请的教授，最注重的是他们有没有专门学问。至于其私人的政治见解，只要不影响他所讲授的科目，他就不以之作为取舍的标准。在座许多先生都是北大出身，对此皆知之甚稔。当年在北大教书的如辜鸿铭、刘申叔，虽然他们的思想保守顽固，却是学有专精，蔡先生并不因他们个人的学术思想而排斥他们的教席。另外对于从国外留学回国的积学之士，他更尽力设法延致。他是真正的注重学术自由，兼容并包。

首创教授治校

（三）主张教授治校。蔡先生到北大以后，即采取以教授治校的原则，就是学校由教授来管理主持。我在民国九年（一九二〇）入北大教书，这一点给我很深刻的印象。说到教授治校，并不是很容易做的。蔡先生到北大以后，组织一个教授聘任委员会，以决定教授延聘问题。新教授的延聘，要经过教授委员会的审查与投票决定。而教授委员会的审核是严格的。教授治校的原则使大校不至成为官僚式的机构，像原来的北京大学那样，并且不易于为政治力量所左右。

倡导女权　开男女同校之先河

（四）倡导女权，主张男女平等。蔡先生在早年就提倡男女平等，他认为中国社会要有大改革，则女权必须扩张。上海的爱国女校，从兴办开始他一直都是积极的支持者，始终参预。他看到当时的中国社会，妇女的确是受了压迫，尤其是思想方面的压迫特别重，他看到这一点，所以早年即极力提倡男女平等。蔡先生与其继配黄夫人结婚之前，就在理论上表示提倡女权，并同时极力提倡女学。他提倡女学甚早，而且可以说是他毕生的意志。他公开提倡男女平等，并开始主张男女同校。民国九年（一九二〇）我初到北大任教，发现到我的教室里有女生，甚感惊讶，因为在此之前，公立大学是没有男女同学的，但是蔡先生不顾当时教育部的反对和社会的批评，在北大即开始招收女生，开男女同校之先河。

蔡先生留给中国妇女莫大的纪念

讲到这里,我记起了一段小小的往事。民国二十二年(一九三三)我出任教育部长,记得有一次罗志希夫人介绍一位日本女子高等师范学校长来看我。那位日本女校长问我,我们今天教育政策是什么?我说,我们现在的教育政策是要男女同校,不但小学和大学男女要同校,就是中学也当如此,为什么呢?因为有些偏僻的地方至多也许只能办一个学校,若不采男女同校的方式,往往只能办一间男子中学,女子就没有读书的机会。所以我在教育部,就力赞蔡先生的政策,主张小学、中学和大学,都要男女同校。我这样与那日本女校长谈了之后,那位日本女子于出门之后,对罗志希夫人说:"唉!我们日本没有这样贤明的政策。"言下为之流泪。其时日本军阀是不准男女同校的。这些制度现在看来已很普遍,没有什么了不得,但是这种制度在开始的时候,不但一些顽固份子极力反对,即一些比较开通的人士也不大赞成,尤其是中学男女同校,更是一而再再而三的反对。中国的社会素主男女有别,似乎是很难做到的,但是蔡先生把这个风气打开之后,行之数十年,并无重大的障碍和特别的流弊。这是蔡先生留给中国妇女的一种莫大的纪念。

对中西文化采择善主义

（五）文化问题的择善主义——不偏袒，不盲从。中西文化的问题，大家曾经讨论甚多，蔡先生始终主张"择善而从"。并不像有些人对中西文化作笼统的评判，认为中国文化好或者是西洋文化好，他从来不说这种话。他认为中国文化的优点应该保持，其缺点与不如人之处应该纠正改革，兼容并蓄，采取东西文化之菁华，以造成中国新文化。他服膺《论语》上一句话："择其善者而从之，其不善者而改之。"例如在中国文化方面，当时有人主张尊孔，定孔教为国教，蔡先生便始终表示反对。

主张一夫一妻制度

说到这里，我记取一段我个人遇到的一件趣事，可以当作一段笑话来说。在我初到台北的一天早晨，有一位外国青年传教士到我家来，要跟我谈话。我不知道他要传的是什么教，就请他到里面坐。他问我，在一般中国人的眼光中，那一种宗教是比较好的教？我说，优点和缺点每一种宗教都有，不过就我看来，耶教[①]有一个地方为其他宗教所不及。

---

① 指基督教。——编者

他问是什么地方。我说不管是中国的孔教也好，佛教也好，或是穆罕默德的回教①也好，对于夫妇关系，都不曾主张一夫一妻的，而都允许多妻制度。耶教则主张一夫一妻。耶教的教义，在旁的地方我也许并不很信服，就这一点而论，确为其他宗教所不及。那位青年传教士听了我的话，却有不以为然的样子。我就问他信什么教。他说他信的是摩门教②，而摩门教是赞同多妻制度的。

刚才说蔡先生提倡女权，在他与黄夫人结婚之前，他即主张一夫一妻的制度，男子要不纳妾。他这种议论亦即耶教教义中比较优良之点。所以在文化的思想方面，他并不固守中国的传统文化和社会制度，他从不笼统的说中国的文化和社会制度比西洋的好，或是西洋的文化和社会制度一定比其他的好。他对世界上的许多文化和制度，都是先有具体的研究，然后撷取其菁华，择善而从。所以文化上的择善主义，是我认为是蔡先生思想的另一个特点。

以美育代宗教

（六）美育代宗教。蔡先生的思想还有一个特点使我有深

---

① 指伊斯兰教。——编者
② 亦称"耶稣基督后期圣徒教会"，1830年由史密斯（Joseph Smith，1805—1844）创立。——编者

厚感觉的，就是他主张以美育代宗教。在他那个时代，中国人在宗教的信仰方面，以佛教和道教为最有力量；而西方的基督教也渐渐有势力。蔡先生是一个反对盲从主义的人。他反对中国的学术界对印度文化以及到外国留学的人对若干西方社会制度，都不免盲从而不能消化。他对宗教并不持完全反对态度，但他认为宗教，不论是佛教或耶教，并不能够充份的发挥它的力量。如果我们要改进社会的道德，需要以美育代替宗教。他这个见解和理论是很深刻的。如果这几十年来，我们从事教育工作的人，能对蔡先生的这一主张曾特别重视并切实去做，我想我们的教育不应当是现在这个样子。如果我们的政府和教育界对于蔡先生的这一思想，能确实去做，充份发挥美育的效力，则我们社会道德的改进，比我们过去提倡佛教、耶教或其他宗教，效果必更大。

以上六点可说是我所认为蔡先生思想的重点，也是我个人非常佩服他的地方。当然蔡先生其他的言行，足为我们表率的很多，我不想耗费各位太多的时间，此处不必深论。总而言之，蔡先生正像吴稚晖先生所说，是一个完人——一个生平无缺德的完人，也是一个学人兼通人——一个学有专精和开通风气的人。

最后我还说几句话。蔡先生去世到现在已经三十余年了，记载他生平的行谊和思想的书籍也不少。但是我觉得，到现在还没有一本完好的蔡先生的传记，甚至也没有一本比较完善的年谱。我希望传记文学社诸君或者其他作家，能够在短期间内完成一部严谨翔实的蔡先生传记或一部详明年谱。

　　［原载《传记文学》第三十一卷第二期（一九七七年八月号）］

想念蔡元培先生

林语堂

蔡先生就是蔡先生。这是北大同人的共感。言下之意似乎含有无限的爱戴及尊敬，也似乎说天下没有第二个蔡先生。别人尽管可有长短处，但是对于蔡先生大家一致，再没有什么可说的。所以也没人称他为蔡校长。做北大校长也好、中央研究院院长也好、教育部长也好，总是给人心悦诚服的。一个国家有这么一个老成人，大家总觉得兴奋一点。何以这样？因为他是蔡先生。论资格，他是我们的长辈；论思想精神，他也许比我们年青；论著作，北大教授很多人比他多；论启发中国新文化的功劳，他比任何人大。可惜他过去在我们战乱时期中，到现在还没有一个纪念碑。这回百年寿诞，大家以口为碑，以心为碑，以文为碑，是应该的。

北伐时代，他还为国事奔走，路过厦门。那时我在厦门大学主文科及国学研究院。北大名教授，如沈兼士、顾颉刚、鲁迅、张星烺、陈万里等都跑到厦大来,略有北大南迁的景象。蔡先生来(有马叙伦同行)我们北大同仁自然十分热情的欢迎。刘树杞驱鲁迅,鲁迅走而学生驱刘树杞,引起极大学潮。我所请的北大教授一一走了,而我自己也走,赴武汉。那是民十六年(一九二七)春,那时刚刚要宁汉分裂,南京政府刚要成立。路过上海时,蔡先生劝我勿往武汉。我因为佩服陈友仁的英文及其革命外交,所以还是到武汉去。因为这些关系,宁汉合作以后,我退居上海之时,蔡先生出长中央研究院,拉我当英文总编辑。那时中央研究院在法租界亚尔培路。我的办公室安顿在二楼一间极小的房间,专放元明善版画,倒也清闲自在。却有一样,蔡先生和我都家居愚园路,每天上班,得与蔡先生同车,使我更亲切认识蔡先生。果然是一位温文尔雅的长辈,说话总是低微的声音,待人总是谦和温恭,但是同时使你觉得他有临大节凛然不可犯之处。他的是非心极明。本来他每餐必有绍兴酒,气色很红,到了他不高兴的时候,眼光炯炯有神。又我认识,在他一辈中所谓有新思想新学问的人物,只有蔡先生真懂得西洋的思想与文化。

民国二十三年(一九三四)周岂明(作人)先生年五十,偶作自寿诗寄登我编的《人间世》杂志。那时我也怂恿北大同仁来和岂明的自寿诗登《人间世》。前后计有蔡先生、沈尹默、钱玄同(署名"无能子")、刘复(半农)诸先生所和数首,并以墨迹刊出。岂明的诗用险韵,和颇不易,尹默居然和了七首,又极工,多愤慨语("图中老虎全成狗,壁上长弓尽变蛇"),足以反映当日华北岌岌可危、人心愤懑之情。又岂明原题为《偶作打油诗》,故和诗亦多轻松谑语,故有"博士伪劳拾豆麻"之句(即指刘半农)。钱玄同也借兴骂桐城选学妖孽,更全以白话为诗("要是咱们都出家,穿袈是你我穿裟")尤为难得的白话七绝。蔡先生共和了三首,其中一首专讲绍兴儿时的回忆,倒也闲适。这也可说是过去的一段文坛佳话。

(元月十八日晚)

[原载《传记文学》第十卷第二期(一九六七年二月号)]

蔡元培先生的旧学及其他

蒋复璁

谈到蔡先生的生平,今天在座的有当年北大的师长王雪艇先生,以及杨亮功先生和毛子水先生等老学长,都知道得比我多,讲的也比我都好,因此我就不多说了。今天我只提出两点来谈谈。

第一点:蔡先生的旧学。蔡先生是前清光绪十八年壬辰(一八九二)科中的进士,时年二十六岁,同榜者有张元济、屠寄、叶德辉、唐文治等。正考官为户部尚书翁同龢。蔡先生于五月十七日谒翁同龢。我们看翁文恭日记,曾于是日日记中特为著录,曰:

新庶常来见者十余人,内蔡元培乃庚寅贡士,年少通经,文极古藻,隽材也。绍兴人,号鹤青,向在绍兴徐氏校刊各种书。

由此可见翁同龢对蔡先生非常赏识，称其"年少通经，文极古藻"，誉为"隽材"。吴稚晖先生也曾说蔡先生能作骈文。然而我们从蔡先生所遗留下来的文章中，却找不到一篇骈文。陶英惠先生撰写蔡先生的年谱，上册已经出版，资料非常详尽，我现在找到一些材料，或可对陶先生所写的年谱作一点小补充。

根据翁同龢的日记，蔡先生是光绪十八年壬辰科进士，而他是光绪十六年庚寅（一八九〇）会试中的贡士，蔡先生为什么在庚寅中了贡士而且他的名次并不低，却未即参加本科殿试，要等到下一科即壬辰科才中进士点翰林？陶先生在他所写的年谱中表示不知其故，未予解答。我因为认识一位先生，知道这个原故。

我认识王季烈，号君九先生，苏州人，他是蔡先生的老师王颂蔚（蒿隐）先生的儿子，甲辰进士，曾任前清学部郎中，做专门司的司长，留学日本，曾在民国初年商务印书馆出版的共和国中学教科书中，写了一部"化学"、一部"物理"。他唱昆曲，编有《集成曲谱》及《与众曲谱》，因此我认识他。他晓得我是北大毕业的。在北平时，有一天王君九先生突然问我，知不知道为什么蔡先生于庚寅会试中了贡士，却未即应殿试，要等到壬辰科才中进士呢？因为蔡先生喜欢写古字，"多用周秦子书典故"，文章古奥，不适合科举八股。吴稚晖先生称为"怪八股"。然而蔡先生在光绪十五年己丑（一八八九）应浙江乡试，詹事府少詹事李文田为正考官，对蔡先生之文奇古博雅，极为赏识，取中为举人。次年即光绪十六年庚寅（一八九〇），蔡先生入京参加会试。会试完了之后，他去拜望其老师李文田，以其所作之文章呈阅。李文田看了之后，太息说："你真糊涂！我告诉过你，你这种文章是不适宜于科举的，只有我李某人能够赏识，你才中了举人，没有第二个人会再来赏识你的文章，你怎么现在还再作这样的文章！你没有希望，没有希望！"因为李文田说他没有希望，蔡先生也以为这一科必定不中，于是他会试完了不久，他就出京南下。那里想到发榜之时，蔡先生却又中了，成为贡士，但他已经南下，致未能再应殿试。这是蔡先生料不到的事，也大出李文田的意料之外。事后李文田说："啊！我了解了，今年有个王颂蔚做房官，一定出在他的房，是他赏识鹤青的卷子。"这位王颂蔚就是王菊隐先生，可说是蔡先生的知己。因为这位王老师取中蔡先生为贡士，然而蔡先生却未应殿试，乃于下一科即壬辰科方成进士，点翰林，做翰林院编修。

我们看叶昌炽的日记，他有一段提到蔡先生。在光绪二十四年（一八九八）三月廿七日蔡先生访叶昌炽，未遇。叶之《缘督庐日记钞》云：

昨蔡鹤庼来，未见，欲观菊隐遗集，即作函请其编

352

校。鹤庼，蒿隐门人也。

这位王蒿隐先生的集子，后来即由蔡先生编校梓行。王君九先生就是王蒿隐先生的少君，他又告诉我，蔡先生在任中央研究院院长的时候，王夫人病故，蔡先生曾亲往苏州吊祭。可见蔡先生对其老师的诚敬。

按：王蒿隐名颂蔚，字芾卿，长洲人。道光五年（一八二五）进士，选庶吉士，散馆改官户部补军机章京，光绪二十一年七月一日（一八九五、八、二十）卒。著有《写礼庼文集》《诗集》《读碑记》《古书经眼录》各一卷，《明史考证捃逸》四十二卷（商务印书馆出版）。与叶昌炽为髫丱至好。叶为苏州人，亦当时名儒，与翁同龢、李慈铭同时。

至于蔡先生旧学的文章，究竟有没有留传下来呢？蔡先生在他的《我的读书经验》一文中说："我曾经想编一部说文声系义证，又想编一本公羊春秋大义，都没有成书。所为文辞，不但骈文诗词，没有一首可存的，就是散文也太平凡了。"这是蔡先生非常谦虚的话。民国二十四年（一九三五）我在南京办中央图书馆筹备处的时候，蔡先生到南京来，有一天他对我说，他这两天想借一部《绍兴先正遗书》看看。

我把书找来给蔡先生送去,他亲口对我说:"这部书是我编的。"我把这书打开来一看,上头刻了一行"赐进士出身翰林院编修蔡元培编校"。我赶紧说:"我实在荒唐,竟然不知道这书是老师编的!"今天我在台北找寻此书,只有台大有一部全的,但是"赐进士出身翰林院编修"这一条,台大所藏的这一部却没有,我想可能是在装订时把这一页拿掉了。就在这一部《绍兴先正遗书》中,蔡先生校的有四种,一是《重订周易小义》,下署"山阴蔡元培校",二是卢文弨的《群书拾补初编》,三是《群书拾补补遗》,四是王端履的《重论文斋笔录》。这四种书都有跋。我们知道,从前编印丛书的习惯,是由出钱者刻书,聘请一学者来编辑,跋语由编者代撰,而由刻者具名。因此我相信这四部书的跋是蔡先生的手笔。而且这部《绍兴先正遗书》是会稽徐氏刻的,书前的序是骈文。这书虽然只有四种署名是蔡先生所校,但是我相信整部书也是他编的,因此这篇骈文的序也极可能是蔡先生作的。蔡先生虽然自谦其旧作无一篇可存,我们如细心搜求,还是可以找到一些。

此外,蔡先生还编了一部《修身教科书》,商务印书馆出版,用的名是"蔡振"——因清末革命,避免清吏注意所用的化名。我在中学时曾读过此书,文字好极,可以作为大学及高中的国文教科书。蔡先生全集没有收入,我想应该是不难找到的。

以上所谈关于蔡先生的旧学方面，希望对于陶英惠先生所编的年谱能有一点补充。其次我还希望陶先生于编撰年谱之外，能重新再编一部蔡先生的全集。关于蔡先生的集子，市面上已有多种，其中以孙德中学长所编（由其侄常炜完成）的《蔡元培先生全集》收录最多，共有一千七百多页。然而孙德中学长所编的这部全集，错误亦复不少，其中尤以书札为最，其前后次序和年月许多是错的，我们从文字上就可以看出来，所以书札部份必须重编。此外蔡先生的文章遗漏未收的也复不少，仍然有待搜集，兹举一例。有一部英华合解的字典，有蔡先生写的序，在今天的全集里就没有。而蔡先生平日有人请他写介绍信、写序文和题字的人很多，他从不拒绝，而且都是亲笔。因此我相信蔡先生的文章，没有收进全集的很多，应当重新搜集，并且重编全集。

吴稚晖先生曾说蔡先生写的是黄山谷的字；钱玄同先生也说，他曾问过蔡先生为什么中两榜，蔡先生回答说，因为他写的是黄山谷的字，而当时的人都喜欢黄山谷的字。关于这一点，与我所见者不同，我于此再作一点补充。

抗战前在杭州的浙江文献展览会上，曾经展出蔡先生乡试和殿试的卷子，我亲眼看过，蔡先生写的是柳（公权）字，非常秀逸。我曾向蔡先生提过此事，他说他在北平的东西，带回来的都放在他的堂弟蔡元康（谷清，浙江中国银行行长）那里，许多东西都遗失了，大概这两份卷子是在杭州蔡元康家里遗失出去的。此次浙江文献展览会的目录，曾经刊载在浙江图书馆出版的《文澜学报》上，这本学报此地当能找到。蔡先生后来写的是黄山谷字。

以上略谈几点小事。至于蔡先生在教育文化上的贡献，诸位都知道得比我清楚，我就不多说了。

[原载《传记文学》第三十一卷第三期（一九七七年九月号）]

蔡元培先生的百岁生日

孙德中

蔡元培先生生于清同治六年，岁次丁卯，十二月十七日，在西历则为一八六八年正月十一日。民国二十九年（一九四〇）三月五日，先生在香港病逝以后，中央研究院的同仁和国立北京大学的校友，为对这位品德崇高、学识渊博，毕生献身于教育学术事业的院长、校长，表示景仰怀念起见，规定每年在正月十一日这一天，联合举办一次纪念会。因为我们相信蔡先生是重视教育科学的，所以纪念会以"学术讲演"为主。次则，我们愿常聆蔡先生的思想与行谊以自勉，所以又列"蔡先生的生平"一个项目。这个纪念会是公开的，欢迎各界参加。抗战时在重庆，胜利后在南京，现在台湾，二十多年未曾间断过。

去年春间，我们就想起了今年蔡先生纪念会的名称问题。"百岁冥寿"应该是明年呢？还可以延至后年？蔡先生本人向无权势名利之念，他只愿多尽义务而少享权利；他的贡献，在历史上会显露价值，似乎不待什么纪念褒荣，以为点缀。不过一个民族对于值得崇敬的人物表示崇敬，这也是一种高度民族文化的表现，大有示范作用，因此，我拟提出如下的两点建议：

一、今年正月十一日举行"蔡元培先生百岁生日纪念会"；

二、明年正月十一日举行"蔡元培先生百周年生日纪念会"。

上面这个建议，好像很怪，但颇有苦衷，而且也各有理由和先例。

我国社会习惯，对年龄都采用虚岁计算——即出生后是一岁，过了年就是两岁。所以婴孩在除夕晚间（在午夜子时之前）出世，过了凌晨为次年元旦，就是两岁。各人称寿，依例以九作十。如"国父"生于一八六六年十一月十二日，殁于一九二五（民国十四）年三月十二日，称六十岁（是虚岁而非十足年龄）。到了一九六五年十一月十二日，全国同胞热烈庆祝"国父"百年诞辰纪念，也是虚岁。吴稚老比"国父"大一岁，生于一八六五年三月二十五日，殁于一九五三年十月三十日，称八十九岁，也是虚岁。他平时严拒别人替他做寿，但到了一九六四年三月二十五日，大家因为钦佩他老人家的学问、人格和对国家的贡献，终究又依虚岁（比实足年龄早一年）替他举行了一次大规模的百年诞辰纪念。

蔡先生生于一八六八（民元前四十四）年正月十一日，殁于一九四〇（民国二十九）年三月五日，照虚岁称七十四岁，那么今年一九六七年正月十一日，应该算是百岁生日（或百年诞辰）纪念日。我试再依照稚老、"国父"与蔡先生三位年龄的顺序，列表如下：

吴、孙、蔡三公百岁生日纪念年月日表

姓　名	农历出生年月日	西历年月日	百岁生日
吴稚晖	同治四年二月二十八日	一八六五年三月二十五日	一九六四年三月二十五日
孙中山	同治五年十月初六日	一八六六年十一月十二日	一九六五年十一月十二日
蔡元培	同治六年十二月十七日	一八六八年正月十一日	一九六七年正月十一日

看上表可知蔡先生的百岁生日的纪念，不能不紧接着在今年先作小规模的表示。

但是蔡先生对于中国的革命，尤其是在教育上、思想上的贡献甚大，似乎在此提倡民族文化复兴运动初期，蔡先生的道德、言论、文章，正可作为宣扬的资料，因此我才有上面第二条的建议。

或问，我们明年再为蔡先生举行稍稍扩大的纪念会，有否先例？有否理由？我以为有根据的。

欧美各国对人称寿，似乎都是依照十足年龄，生时庆贺，死后追思，或以集会，或以宴舞，或出版诗文以资纪念。杜威博士民国八年（一九一九）来华讲学，十月二十日是他六十岁生日（生于一八五九年），即系依十足年龄。十足年龄等于我们称满月满周，这完全是习惯问题，并非可不可以的问题。外国对历史上著名的学者，往往于其一百年、数百年后，召开各种纪念会，大概是依照十足年龄推算的。

其实中国在机关、团体、学校等的成立庆典，似乎又多按照十足年数计算。例如国民党的最早革命组织为兴中会，成立于一八九四年十一月二十四日，我们曾分别于一九五四年和一九六四年十一月二十四日举行"六十""七十"两次的纪念会。台湾澎湖是胜利后于民国三十四年（一九四五）十月二十五日接收的，"台湾光复二十周年纪念"也是于一九六五年十月二十五日举行的。北京大学的前身京师大学堂，创立于一八九八年，所以在蔡先生任内举办过"北大成立二十周年"的纪念（一九一九年，民国八年）。因此，如教育界朋友与社会人士认为蔡先生是值得大家敬仰，那么明年再举行百岁纪念，理由自亦充足（我不在此处详列），例子亦复不少。

[原载《传记文学》第十卷第一期（一九六七年一月号）]

关于研究蔡先生的史料

陶英惠

程沧波先生在座谈会发言时,首先说在座者多北大前辈,自己谦称为"后生小子",其实笔者才是真正的"后生小子"。笔者因研究蔡先生史料有年,并撰写《蔡元培年谱》(现已完成上卷出版)的关系,得应邀与会。在聆听诸前辈畅谈之际,我这"后生小子"除感到获益匪浅外,实无置喙余地;承刘社长要我发言,谨就研究心得,提出数点,就教各前辈。

未见诸文字记载的史料最珍贵

从事历史的研究工作,特别是有关近代人物传记的研究工作,最感困难的便是史料不足,或错误的史料无法辨别。例如《蔡元培先生全集》附录部分纪念蔡先生的文章中,有数处提到蔡先生不饮酒、不吸烟。这大概是因为作者认为蔡先生是进德会会员,而进德会又有不饮酒、不吸烟的戒条,他的人格是那么完美,因而推想他是不饮酒、不吸烟的。殊不知蔡先生是生在"五家三酒店"盛产名酒的绍兴,他的酒量之大、酒品之好,很多纪念文中都曾提到过。可是他的吸烟,除姜绍谟先生在《随侍校长蔡先生琐忆》(刊《传记文学》第十二卷第一期。蔡先生是十五年初自欧返国的,姜先生是文作十五年秋回国,想系记忆之误。)一文中曾提到外,似未再见诸文字记载。姜先生此次又在座谈会中说,蔡先生经常吸的是一种叫"梅兰芳"牌的香烟,但别人敬他别种牌子的香烟时,也不挑剔。类似这种亲见亲闻的第一手史料,对正在从事蔡先生年谱编撰的笔者来说,弥足珍贵。近年来,口述历史工作之受人重视在此,《传记文学》举办的每月人物座谈会之受人重视亦在此。从事人物研究的工作者,往往犯一通病,不是把所有的好处都归在一个人,就是把所有的坏处都归在一个人。凡事应求其真相,才能得到正确的了解,不必为贤者讳。蔡先生完美的人格,并不因为不沾烟酒就更伟大;事实上,他的饮酒、吃烟,也丝毫无损于他的伟大。

乡会试连捷未即参加殿试之谜揭开

蔡先生在光绪十五年（一八八九）、十六年（一八九〇）"己丑、庚寅乡会试连捷"，但未即参加殿试，于十八年（一八九二）壬辰入京补行殿试，始成进士。至于为何未参加庚寅科之殿试，笔者在撰写蔡先生年谱时，查遍了所有有关的资料，费时甚多，仍不得其解，只好写下存疑。今年（一九七六）一月十一日，为蔡先生一百零九岁冥诞，"中央研究院"与北大同学会联合举办纪念会，特请蒋慰堂先生以"蔡孑民先生对于文化教育之贡献"为题，发表演说，内容十分精彩。最令我高兴的是，蒋先生将拙编《蔡元培年谱》（页四七）中未参加庚寅科殿试的原因，根据王季烈（君九）先生告诉他的事实，作了详细的说明。在这次座谈会中，蒋先生又加以补充。（详见蒋先生发言纪录稿，不赘。）存在心中很久的疑团，顿获解答，不禁为之雀跃！

影印《四库全书》之波折

七月四日上午，蒋慰堂先生因事来"中央研究院"，殷殷垂询《蔡元培年谱》下册撰写情形，长辈关怀之情，令人铭感五内。又承面告民国二十二年（一九三三）教育部及中央图书馆发起影印《四库全书》之事。其详细情形，有《影印四库全书之经过》一文，收在《第一次中国教育年鉴》戊编页三六二至三九六（一九七一年十月台北传记文学社影印出版）。时蔡先生为北平图书馆馆长，而由副馆长袁同礼（守和）先生实际负责。袁先生与教育部意见相左，曾致函教育部表示异议，教育部之复函，系蒋先生所写，时蒋先生正主持中央图书馆，往复函商，意见无法一致，后经蔡先生请傅斯年（孟真）先生出面斡旋，始告解决。蔡先生于二十二年（一九三三）八月十八日致傅先生函，谓："教育部影印四库未刊珍本事，守和兄叠表意见，颇引起物〔议〕，现渠已变计，有致兄一函，并附报纸上评论，特转上，有谈及者，请为解释。"（见《蔡元培先生全集》页八七）经蒋先生之解释，此信之来龙去脉，方才完全明白。

"全集"不全，亟待增补

关于蔡先生的著述，曾经多次的搜集和重复刊行（请参阅拙撰《蔡先生小传》），最后结集的则为《蔡元培先生全集》（以下简称《全集》）。王雪艇、蒋慰堂两先生在座谈会中均曾提及，此"全集"不仅不全，而且错讹甚多，对研究蔡先生生平志业的人，颇为不便。笔者兹举较严重的二例为证：（一）《全集》页一〇二四至一〇二五所收《张季信著中国教育行政大纲序》，蔡先生原文约四百字，此处竟漏掉一百八十字，实在令人无法卒读。（二）《全集》页一二六八《致李宗仁电》，劝其即释兵柄，暂避海外，为十八年（一九二九）五月十日所发，系指五月五日桂军攻粤事，《全集》误植为十五年（一九二六）八月十日。如不加改正，实不知所指何事。因此，蒋先生特别呼吁应赶快进行重编《全集》。临散会时，杨亮功先生亦促请与会诸公注意，为蔡先生编印一部完整的文集，是件非常有意义而刻不容缓的事！

近年来，笔者在搜求蔡先生的著述方面，已尽了最大努力；不仅自己动手动脚去找，并托各方的朋友随时代为留意。如今粗略估计，在《全集》之外，笔者又搜集到蔡先生的遗文一百五十篇，总计约三十万字，而纪念文及研究蔡先生之作，尚不在内。数量不可谓少，但仍然有些已知道题目及出处而无法找到原文的，其他根本不知道的，一定还不在少数。个人的力量究属有限，见闻也不广，在史料散佚的今天，希望能由"中央研究院""国史馆"或传记文学社以及与蔡先生有深厚关系的商务印书馆，分头广事征求，然后仿编印《戴季陶先生文存》之例，在《全集》之外，编印"续编"，在续编之外，若再有发现，俟汇集相当数量后，再编"三编""四编"，以使青年朋友们，对这位曾经在多方面有所贡献的人物，能有一更清楚的认识和了解！

对蔡先生家世获得了解

此次与会的周新先生,是蔡先生在台的亲戚。承周先生不厌其烦的为笔者解说蔡先生及周夫人的家世情形,此为文字记载方面所最缺乏的。由于周先生的指教,很多疑问,都获得颇为满意的答案,更是此次参加座谈会的一大收获!

[原载《传记文学》第三十一卷第二期(一九七七年八月号)]

图书在版编目（CIP）数据

激荡百年的回响：蔡元培传稿 / 蔡元培，王云五等著. — 长沙：岳麓书社，2024.10. — ISBN 978-7-5538-1958-7

Ⅰ.I25

中国国家版本馆 CIP 数据核字第 20249P63G1 号

JIDANG BAINIAN DE HUIXIANG: CAI YUANPEI ZHUANGAO
激荡百年的回响：蔡元培传稿

作　　者	蔡元培　王云五等
出版人	崔　灿
责任编辑	刘书乔　冯文丹
责任校对	舒　舍
书籍设计	赤　徉
营销编辑	谢一帆　唐　睿　向媛媛

岳麓书社出版发行

地　址｜长沙市岳麓区爱民路 47 号
承　印｜湖南天闻新华印务有限公司

开本	880mm×1230mm 1/32	印张	11.875	字数	225 千字
版次	2024 年 10 月第 1 版	印次	2024 年 10 月第 1 次印刷
书号	ISBN 978-7-5538-1958-7
定价	56.00 元

如有印装质量问题，请与本社印务部联系
电话｜0731-88884129